ACCESO GRATIS *a la Lectura en la Nube*

Para visualizar el libro electrónico en la nube de lectura envíe junto a su nombre y apellidos una fotografía del código de barras situado en la contraportada del libro y otra del ticket de compra a la dirección:

ebooktirant@tirant.com

En un máximo de 72 horas laborables le enviaremos el código de acceso con sus instrucciones.

AF276022

La integración de la inteligencia artificial en la comunicación digital

Eglée Ortega Fernández
Leonardo La Rosa Barrolleta
María José Ufarte Ruiz
Editores

La integración de la inteligencia artificial en la comunicación digital

tirant humanidades
Valencia, 2025

© Varias autoras y autores

© TIRANT HUMANIDADES
EDITA: TIRANT HUMANIDADES
C/ Artes Gráficas, 14 - 46010 - Valencia
TELFS.: 96/361 00 48 - 50
FAX: 96/369 41 51
Email: tlb@tirant.com
www.tirant.com
Librería virtual: www.tirant.es
DEPÓSITO LEGAL: V-2145-2025
ISBN: 978-84-1081-328-1

Si tiene alguna queja o sugerencia, envíenos un mail a: *atencioncliente@tirant.com*.
En caso de no ser atendida su sugerencia, por favor, lea en *www.tirant.net/index.
php/empresa/politicas-de-empresa* nuestro Procedimiento de quejas.

Responsabilidad Social Corporativa: *http://www.tirant.net/Docs/RSCTirant.pdf*

Índice

Parte II

Desinformación, alfabetización mediática y accesibilidad

Prólogo
Caminar juntos para integrar la IA en la comunicación con responsabilidad

José Alberto García Avilés
Catedrático, Universidad Miguel Hernández

El viaje hacia el futuro comienza con la comprensión de la inteligencia artificial (IA) y su potencial impacto en las actividades humanas. Esta tecnología siempre ha fascinado al ser humano. Los mitos y leyendas de la antigüedad a menudo presentaban objetos inanimados que cobraban vida o autómatas dotados de inteligencia propia. Escritores de la talla de Isaac Asimov, Mary Shelley, Arthur C. Clarke y Philip K. Dick imaginaron mundos de ciencia ficción poblados por androides, replicantes y demás seres artificiales.

El futuro que nació de la imaginación de aquellos sueños prometeicos hoy se está haciendo realidad a golpe de algoritmo y aprendizaje automático. Pocas tecnologías se han integrado en la sociedad tan rápidamente como la IA, provocando cambios inevitables, innovaciones disruptivas y cruciales desafíos.

La IA está presente en nuestra vida cotidiana más de lo que pensamos. Cada vez que utilizamos un buscador, una red social, una aplicación de traducción o un asistente virtual, interactuamos con sistemas inteligentes que procesan millones de datos y ofrecen respuestas personalizadas. La IA ya nos permite aprender idiomas, diagnosticar enfermedades, detectar fraudes, dictar mensajes y filtrar el correo basura. En definitiva, nos facilita enormemente la existencia.

Sin embargo, integrar la IA en la sociedad conlleva un riesgo inherente: si no se gestiona con cautela, podría exacerbar las desigualdades existentes. Los avances tecnológicos tienen el potencial de beneficiar a quienes ya ostentan riqueza económica, poder geopolítico y liderazgo en la tecnología. Por ello, la integración ecuánime de la IA dependerá de si la usamos con responsabilidad para mejorar la calidad de vida y promover el bienestar social.

"La integración de la IA en la comunicación digital", coordinada por los profesores Eglée Ortega Fernández, Leonardo La Rosa Barrolleta, y María José Ufarte Ruíz, es una obra oportuna y ambiciosa que explora este fenómeno, profundiza en sus ventajas y riesgos, y articula propuestas en múltiples ámbitos de la comunicación. Se trata de un libro poliédrico y holístico, que recoge las aportaciones de más de 40 especialistas de reconocida solvencia.

La incorporación de la ética a la IA es una obligación moral ligada a los derechos humanos fundamentales y al espíritu democrático en el uso de la tecnología. Un sistema de IA carente de principios éticos sería una auténtica pesadilla para la humanidad. El biólogo y profesor de la Universidad de Harvard, Edward Osborne Wilson, lo expresó de manera elocuente: "El verdadero problema de la humanidad es el siguiente: tenemos emociones del paleolítico, instituciones medievales y tecnología propia de un dios. Esto es muy peligroso". No nos dejemos seducir por los fuegos de artificio que proyecta la IA. Estos sistemas plantean serias amenazas, como la producción de información falsa o engañosa, la falta de transparencia, la pérdida de privacidad sobre los datos personales y, en definitiva, una creciente deshumanización que dañaría la reputación, la seguridad e intimidad de los individuos y socavaría la confianza en la información.

Por eso, es necesario que la IA se implante de forma ética. Ello implica la participación de todas las partes interesadas, incluidos legisladores, tecnólogos, académicos, comunicadores y filósofos. No podemos dejar el avance de la ciencia exclusivamente en manos de los técnicos, de los mercaderes y los oportunistas.

El impacto de la IA en el periodismo conlleva una disrupción aún mayor que la que trajo consigo la implantación de internet hace tres décadas, o de las redes sociales hace quince años. Si en su momento la digitalización alteró las reglas del juego por completo, la IA afecta a todas las esferas de la comunicación humana y obliga a repensar los procesos, las prácticas y la misma función del periodismo.

Desde hace más de una década, los medios utilizan la IA para tareas automáticas como procesar cantidades ingentes de datos, redactar noticias, transcribir y traducir textos y captar suscripciones. La IA se aplicaba en noticias rutinarias como resúmenes bursátiles, alertas meteorológicas o coberturas deportivas. Actualmente, los sistemas avanzados de IA generativa implican un salto cualitativo. En este sentido, conviene tener en cuenta tres leyes básicas:

1. Todo lo que pueda ser automatizado será automatizado.

2. La IA está aprendiendo las 24 horas cada día. Y nosotros no.

3. Siempre que una IA haga tu trabajo, lo hará de modo más rápido y eficaz.

La diferencia radical respecto a las etapas anteriores es que estas herramientas son capaces de desarrollar múltiples tareas por sí solas, con independencia de la intervención humana. El trabajo automatizado otorga enorme poder a los robots, que carecen de valores periodísticos ni se guían por la ética.

Los sistemas de IA ya están absorbiendo buena parte de las tareas que llevan a cabo los periodistas. Algunas, como traducciones, transcripciones o procesamiento de datos son rutinarias. Otras, como investigar, plantear preguntas o diseñar un guion revisten mayor complejidad. Si un profesional no aprende a manejar las herramientas de IA, quizá sea prescindible a corto plazo.

Pero las máquinas aún no pueden competir con los periodistas humanos cuando se trata de observar, formular buenas preguntas o elaborar reportajes creativos. La fortaleza de la IA radica en procesar cantidades ingentes de información y "vomitar" lo que ha aprendido, en vez de en crear algo original. Además, los modelos de IA pueden generar "alucinaciones", manipular datos y sembrar bulos y desinformación. La supervisión humana sigue siendo esencial.

Apenas nos encontramos al inicio de esta profunda transformación y no sabemos con certeza adónde nos llevará. Lo único seguro es que dentro de pocos años el periodismo será diferente al que hoy conocemos.

Hace poco entrevisté a Agnes Stenbom, quien lidera el equipo de estrategia de IA en Schibsted, el mayor grupo de comunicación sueco. A sus 30 años, Stenbom elabora su tesis doctoral sobre la incidencia de la IA en el periodismo, en el *Royal Institute of Technology* de Estocolmo. "Los medios de comunicación somos cada vez más abiertos en el uso de la IA porque tenemos mucho que ganar si colaboramos. Debemos compartir abiertamente lo que hacemos, lo que funciona y lo que no, para ayudar a los demás y aprender de esa interacción", afirma Stenbom. Y tiene razón. Ha llegado la hora de compartir y caminar juntos.

Periodistas, comunicadores e investigadores hemos de afrontar estos retos con responsabilidad. Necesitamos reflexionar, informarnos, conversar y tomar decisiones estratégicas basadas en la ética. Desde la academia, como muestra esta obra, continuaremos tratando de arrojar luz.

Caminemos juntos.

Introducción

"Algunas personas llaman a esto inteligencia artificial, pero la realidad es que esta tecnología nos mejorará. Entonces, en lugar de inteligencia artificial, creo que aumentaremos nuestra inteligencia"

Ginni Rometty, presidenta y CEO de la compañía IBM.

La inteligencia artificial (IA) ha transformado la comunicación digital, redefiniendo los procesos de producción, distribución y consumo de la información. Este libro surge con la intención de ofrecer una visión integral y actualizada sobre la integración de la IA en distintos ámbitos comunicativos, reuniendo el trabajo de investigadores de diversas universidades españolas que analizan su impacto desde diferentes enfoques.

La obra se articula en tres grandes bloques. El primero de ellos, centrado en la **profesión periodística**, examina cómo la IA está modificando las rutinas en las redacciones y las narrativas informativas. María José Ufarte Ruiz, Francisco José Murcia y David Lara Ramos, presentan estrategias para su implementación en el trabajo de los periodistas, mientras que Laura Martínez Otón, Eduardo Castillo Lozano y David Ramos Pascual, exploran sus posibilidades y retos en la radio. Desde un enfoque centrado en la personalización de contenidos, César Fieiras Ceide y José Miguel Túñez López analizan su papel en los medios de servicio público en Europa. A estas perspectivas se suman los estudios de Félix Arias Robles y Eva Ferrera Rodríguez sobre las herramientas aplicadas al periodismo de datos; y el de Antonio Vaquerizo Mariscal, Francisco Asensi Viana y Luis Alonso Martín-Romo, quienes abordan su aplicación en la narrativa del periodismo deportivo.

El segundo bloque profundiza en la relación entre IA, **desinformación, alfabetización mediática y accesibilidad**. Oscar Espíritusanto

Nicolás y Raúl Magallón Rosa analizan el impacto de la IA en la economía de la desinformación, mientras que Leticia Rodríguez Fernández y Elena Borau Boira exploran su papel en la comunicación estratégica en tiempos de noticias falsas. Ramón Salaverría Aliaga e Irene Larraz Elorriaga presentan un estudio sobre la verificación multimodal en *fact-checking* automatizado; y Leonardo La Rosa Barrolleta y Ana Pérez Escoda examinan su potencial en la investigación sobre alfabetización mediática en España. A través de un caso de estudio, Tania Brandariz Portela, Manuel Rodríguez Morillo y David del Pino Díaz reflexionan sobre las contranarrativas y la IA frente a los discursos de odio en la red. Finalmente, Carlos Jiménez Narros, Mercedes Herrero de la Fuente y Pilar Bernat Sánchez destacan sus aportaciones a la accesibilidad y la mejora de la comunicación para personas con discapacidad.

El tercer bloque explora la intersección entre IA, **publicidad, comunicación audiovisual y marketing**, abordando sus implicaciones creativas y estratégicas. Pavel Sidorenko Bautista, Sonia Ferruz González y Celia Sancho Belinchón analizan las posibilidades que abre en la publicidad y la adaptación a nuevos públicos; y por su parte, Cristina Ángeles Huesca y José Rubio-Tamayo investigan su aplicación en *Motion Graphics* experimentales y semiótica audiovisual. Nicolás Grijalba de la Calle y Carmen Torres Narváez reflexionan sobre su impacto en la representación en el trabajo de los actores de cine. Por otro lado, Eglée Ortega Fernández y Sergio García Cabezas examinan la combinación entre lo humano y lo tecnológico en la creación de contenidos; Armando Marín Ruiz y Graciela Padilla Castillo analizan su impacto en los *fandoms* y la cultura popular. En el ámbito del marketing digital, Alexis Apablaza-Campos, Lluis Codina y Carlos Lopezosa García abordan el papel de la IA en estrategias SEO de contenidos, mientras que Adriana del Val Ruiz y Marta Saavedra Llamas estudian el fenómeno de los *influencers* generados por IA y los desafíos que plantean en la gestión de la comunicación comercial.

A lo largo de estos dieciocho capítulos, el lector encontrará un análisis riguroso y multidisciplinar que permitirá comprender el presente y anticipar el futuro de la IA en la comunicación. En un contexto donde la tecnología avanza a un ritmo vertiginoso, este libro se presenta como una referencia actualizada para académicos, profesionales y estudiantes interesados en comprender los desafíos y oportunidades que la inteligencia artificial trae consigo. Más que un simple compendio teórico, esta obra es una invitación a reflexionar sobre el papel de la IA en un mundo mediático en constante evolución.

EGLÉE ORTEGA FERNÁNDEZ
LEONARDO LA ROSA BARROLLETA
MARÍA JOSÉ UFARTE RUIZ

Parte I

Inteligencia artificial en la profesión periodística

Capítulo 1
La inteligencia artificial generativa en el trabajo de los periodistas: estrategias y hoja de ruta para implementar la inteligencia artificial en las salas de redacción[1]

María José Ufarte Ruiz
Universidad de Castilla-La Mancha

Francisco José Murcia Verdú
Universidad de Castilla-La Mancha

David Alfonso Lara Ramos
Universidad de Cartagena

1. INTRODUCCIÓN

La cuarta revolución industrial, también denominada por Ferrucci (2019), Holmström (2022) y Kulkarni, *et al.*, (2022), entre otros, Industria 4.0, está afectando a todos los sectores de la economía, con especial foco en aquellos que son más dependientes de la tecnología (Kong, *et al.*, 2021). Es lo que ocurre, por ejemplo, con la profesión periodística, que siempre ha estado ligada a las irrupciones tecnológicas (McNair, 2009), pero que en las últimas décadas se ha enfrentado a la aplicación masiva

---

1   Esta investigación forma parte del proyecto de investigación "Implicaciones de la inteligencia artificial generativa en los contenidos periodísticos: ejercicio profesional, percepciones de las audiencias y desafíos docentes", con referencia PID2023-146913NB-I00 y financiado por el Ministerio de Ciencia, Innovación y Universidades.

y global de la inteligencia artificial (Schwab, 2016), que ha despertado la esperanza de conquistar nuevos territorios hasta entonces inexplorados por las prácticas periodísticas.

El caldo de cultivo de la incorporación de esta tecnología a la industria periodística se gestó en 2014 en Estados Unidos, cuando *Los Ángeles Times* publicó una noticia sobre un terremoto elaborada por el software de *Quakebot*. Ese mismo año, *The Associated Press* utilizó *Wordsmith*, de *Automate Insight*, para generar textos sobre los informes de ganancias trimestrales de aproximadamente 3.700 empresas (Linden, 2017). Desde entonces, los medios de comunicación no han dudado en apostar por estas herramientas, hasta el punto de que Tejedor (2023) contabiliza un total de 130 experiencias mundiales que utilizan la inteligencia artificial en las diferentes etapas del proceso periodístico.

En la actualidad, la gran mayoría de los actores sociales y mediáticos son conscientes de que esta tecnología está en el presente y futuro del periodismo (Canavilhas, 2022), aunque Newman (2022) reconoce que ya no puede considerarse de próxima generación, sino que es una realidad que ya ha entrado en todos los departamentos de los medios de comunicación. De hecho, la investigación de Fieiras, Vaz y Túñez (2022) muestra que la inteligencia artificial ya se articula como una de las máximas prioridades en el flujo de trabajo para los próximos cinco años.

Hablar de automatización e inteligencia artificial en el trabajo de los periodistas supone referirse a renovados métodos de producción y distribución de los mensajes (Kramp y Loosen, 2018; Lugo-Ocando y Harkins, 2021), a perfiles profesionales emergentes (Ufarte-Ruiz, Murcia-Verdú y Fieiras-Ceide, C, 2024), a nuevas actitudes y habilidades (Bobkowski y Etheridge, 2023; Bradshaw, 2023) y a la imperativa transformación y digitalización de las organizaciones mediáticas (De Lima-Santos y Ceron, 2022), que una vez más se ven obligadas a ajustarse a los nuevos cambios sociales, económicos y tecnológicos. Pero también implica reabrir antiguos debates éticos, legales y sociales (Ramírez, 2022; Ufarte-Ruiz, Calvo-Rubio y Murcia-Verdú, 2021), que son necesarios supervisar, regular y aplacar.

Esta preocupación se ha acentuado desde finales de 2022 con la aparición pública de la inteligencia artificial generativa (Márquez, 2023), que está transformando la amplitud y la escala de los productos informativos al generar contenido cada vez más sofisticado y humano (Gutiérrez-Caneda, Vázquez-Herrero y López-García, 2023). La principal ventaja de esta herramienta es su capacidad para analizar grandes conjuntos de datos de forma rápida y consistente (Rudolph *et al.*, 2023), además de crear imágenes, texto y música adaptado a las preferencias del usuario (Fui-Hoon *et al.*, 2023). Sin embargo, Ventura-Pocino (2022) advierte que hay que prestar atención a las bases de datos que utiliza para evitar reproducir estereotipos, garantizar la privacidad y comprobar que el contenido producido automáticamente sea coherente con los criterios editoriales de la publicación.

Se trata, en cualquier caso, de un desafío más de la tercera década del milenio que se ha convertido en un campo fértil de estudio e investigación a nivel global por parte de expertos, periodistas y académicos, que muestran los aportes y avances de la inteligencia artificial, y de su forma generativa, en el campo de la Comunicación y el Periodismo (Calvo-Rubio y Ufarte-Ruiz, 2021; Parratt-Fernández, Mayoral-Sánchez y Mera-Fernández, 2021; Trejos-Gil, y Gómez-Monsalve, 2024).

En vista de estos desarrollos, el Instituto *Reuters* pronostica que para el año 2026 gran parte del contenido que se genera en internet será de origen sintético, en un escenario donde ya han surgido los primeros medios de comunicación que operan sin periodistas y todas las rutinas de trabajo dependen completamente de la inteligencia artificial (Ufarte-Ruiz; Murcia-Verdú; Túñez-López, 2023). Para González-Arias y López-García (2023) y Canavilhas y Garcia-Orosa (2024), esta situación plantea la urgente necesidad de integrar la inteligencia artificial en las salas de redacción de forma gradual y estratégica, adaptándola a las necesidades específicas de cada medio, ya que, de esta manera, las empresas responden a los nuevos desafíos del ecosistema mediático (Flew *et al.*, 2012).

Adaptarse o perecer. Esa es la conclusión a la que llegan Sixto-García, *et al.*, (2024) al reconocer que las organizaciones periodísticas deben ajustarse a los cambios sociales, económicos y tecnológicos. Si embargo, el camino hacia esta transición no es idílico, ya que también presenta obstáculos importantes. Autores como Karlsen y Stavelin (2014) muestran que se requiere una enorme inversión económica y una rápida innovación tecnológica para la que muchos medios aún no están preparados, sobre todo los pequeños y medianos con pocos o ningún recurso humano dedicado exclusivamente al desarrollo de tecnologías de la información. También conlleva capacitar a los periodistas en el uso de estas herramientas y establecer colaboraciones con desarrolladores tecnológicos para optimizar su implementación (Lopezosa *et al.*, 2023).

Se dibuja, por tanto, un panorama complejo que presenta diversas posibilidades y amenazas que necesitan ser estudiadas. El trabajo de Murcia-Verdú y Lara-Ramos (2024) analiza si las redacciones están preparadas para la integración de la inteligencia artificial y Ventura (2021) resume los retos a los que se enfrentan actualmente los medios que quieren adoptar esta herramienta tecnológica. Sin embargo, las estrategias para su implementación en las redacciones aún están por escribirse. Por eso, en este capítulo se propone una hoja de ruta para equipar a las salas de redacción con herramientas de inteligencia artificial de manera viable y sostenible, en un momento en el que muchos periodistas y responsables reconocen que la empresa para la que trabajan no cuenta con aplicaciones y programas de inteligencia artificial (Meso-Ayerdi, Larrondo-Ureta, y Peña Fernández, 2023). La incorporación de esta herramienta permite a las empresas informativas mantenerse a la vanguardia y asegurar su relevancia y competitividad en un ecosistema mediático en constante evolución, pero sin olvidar la importancia de la supervisión humana para garantizar la precisión y la calidad de la información.

2. LA OPINIÓN DE LOS EXPERTOS

Este apartado se sustenta en la experiencia y perspectivas de cinco profesionales y cinco académicos expertos en este ámbito de estudio, que han sido entrevistados en el marco de la presente investigación. Su objetivo es reflexionar sobre cómo integrar de forma eficiente las herramientas de automatización y la inteligencia artificial en las prácticas periodísticas contemporáneas, en un contexto donde un 68% de los medios de calidad afirman utilizar estas aplicaciones para mejorar la eficiencia de sus trabajadores (Beckett, 2019).

La democratización de la inteligencia artificial ha facilitado su incorporación en las empresas mediáticas, aunque existen brechas entre los medios nacionales y locales. Si bien algunos periódicos como *The Guardian, Le Monde* o *El País,* por citar algunos, han desarrollado sus propias soluciones informáticas y cuentan con equipos de desarrollo para adaptar esta tecnología a sus intereses periodísticos y comerciales y satisfacer las necesidades de una audiencia cada vez más exigente, lo cierto es que las investigaciones de Simon (2022) y Canavilhas (2023) revelan que este grupo de medios es muy limitado y se reduce a poco más de una docena de periódicos, unos pocos canales de televisión y un puñado de agencias de noticias. Para Palomo, Blanco y Sedano (2024), la curva de aprendizaje y la escasa inversión justifican este desequilibrio.

Para apostar por una implementación global, Xosé López García, de la Universidad de Santiago de Compostela, considera que el primer paso es tomar conciencia de que la inteligencia artificial ha llegado al ámbito periodístico para quedarse, por lo que es fundamental que los profesionales del sector comprendan su impacto y se adapten a sus avances. Es decir, hay que afrontar los desafíos que plantea el nuevo ecosistema mediático. "Lo haremos como lo hemos hecho siempre y nos adaptaremos sin perder de vista el objetivo prioritario: facilitar el acceso a los ciudadanos a información útil, veraz y honesta", subraya Carmen Amores, directora general del ente público Radiotelevisión de Castilla-La Mancha. Además, destaca que la capacidad de iniciativa de la empresa y la valoración de la cultura innovadora por parte de su plantilla son fundamentales.

Por su parte, Carmen Pérez Cernuda, subdirectora de innovación y estrategia tecnológica de RTVE, recuerda que "muchas organizaciones ya están interesándose por cómo implantar tecnologías de inteligencia artificial", debido a que conllevan ahorros de costos y permiten asignar mayores recursos a la creación e innovación de contenido de alta calidad. En concreto, en los medios públicos se proyecta su aplicación en áreas como la producción de contenido técnico y en la generación y optimización de contenidos (Fieiras-Ceide y Túñez-López, 2024).

No obstante, Lluis Codina, de la Universitat Pompeu Fabra, y Sonia Parrat, de la Universidad Complutense de Madrid, recuerdan que existe diversidad en el nivel de implementación, y los medios que utilizan estas tecnologías lo hacen de un modo incipiente y con cierto recelo sobre el efecto que tendrá sobre el empleo, como ya han advertido Bostrom (2014) y Diakopoulos y Koliska (2016), entre otros.

Pero la rapidez con la que emergen estas herramientas complica su abordaje y reflexión. "Es un tsunami de tal magnitud que toda regulación y cambios van a ir siempre por detrás", afirma Silvia García Vega, coordinadora de centros territoriales de RTVE, unas declaraciones que corroboran la teoría planteada por Pedrero-Esteban y Pérez Escoda (2021) de que el progreso de los prototipos de inteligencia artificial avanza a una velocidad superior a la capacidad de las instituciones u organizaciones para ofrecer respuestas legales y éticas. En relación al ámbito legal, hay que recordar la Ley de Inteligencia Artificial de la Comisión Europea, que establece diferentes niveles de riesgo y requisitos para la inteligencia artificial generativa. Esta normativa exige cumplir con las reglas de transparencia, evitar la generación de contenido ilegal y publicar resúmenes de datos sujetos a derechos de autor.

Otra problemática es la escasez de profesionales especializados en datos, ingeniería y arquitectura, lo que ha llevado a una tendencia generalizada de subcontratar herramientas y servicios de inteligencia artificial a terceros. En consecuencia, Carlos Lopezosa, de la Universitat de Barcelona, apuesta por la formación continua para crear equipos multidisciplinares, ya que solo a través de la colaboración entre distintas áreas y una actualización constante de conocimientos será posible aprovechar plenamente el potencial de la tecnología en el ámbito periodístico y mantener la competitividad en un entorno en constante cambio.

Por su parte, Gloria Gómez Diago, de la Universidad Rey Juan Carlos, considera que el principal obstáculo reside en las limitaciones financieras y los problemas técnicos, sobre todo para las redacciones pequeñas que enfrentan dificultades para consolidar presupuestos suficientes y contratar personal cualificado.

Pero tras las alargadas sombras de la desconfianza y las reticencias, la irrupción de la inteligencia artificial en las redacciones anuncia nuevas oportunidades, como la de mejorar significativamente la eficiencia de los medios. Esta tendencia ha sido observada por David Llorente, CEO de la agencia *Narrativa*, que genera contenidos automáticos gracias a la inteligencia artificial. "Los periodistas comprenden que se trata de una ayuda que les va a facilitar su día a día. Podrán centrarse en tareas que realmente les aportan valor, ya que del trabajo más mecánico se encargará la inteligencia artificial", matiza.

En este contexto, Javier Marín, coordinador de Innovación en la agencia EFE, anima a experimentar con inteligencia artificial generativa, como *ChatGPT*, para crear resúmenes, titulares y para la revisión ortográfica: "Esta herramienta simplifica tareas y enriquece el trabajo periodístico, pese al evidente peligro que representa para el futuro laboral de la profesión", subraya.

En definitiva, lo que ningún experto duda es que en los próximos meses y años la inteligencia artificial y la automatización desempeñarán un papel importante en la evolución de las operaciones de las salas de redacción, marcando un camino hacia la modernización y la adaptación a las demandas.

3. LA HOJA DE RUTA

La hoja de ruta que se presenta a continuación es de carácter exploratorio y propositivo, y está diseñada para guiar a las redacciones en el proceso de integración de la inteligencia artificial de manera estratégica y progresiva. Su propósito es servir como una base flexible que pueda adaptarse a las particularidades de cada medio, considerando las oportunidades que brinda esta tecnología para mejorar la eficiencia y calidad en la producción de contenido. En los siguientes párrafos, se detallan las cinco etapas que consideramos clave para una implementación que fomente la competitividad y sostenibilidad en el entorno periodístico actual.

El primer paso consiste en un proceso de diagnóstico y sensibilización, dirigido a crear conciencia entre los periodistas y otros miembros del equipo sobre el impacto potencial de esta tecnología en su trabajo diario. Este proceso debe incluir charlas y talleres orientados a destacar tanto las ventajas de la inteligencia artificial para optimizar el flujo de trabajo y mejorar la calidad del contenido, como los dilemas éticos que plantea, centrados en la privacidad de los datos (Ventura-Salom, 2024), la verificación de la información (Alonso-González y Sánchez Gonzales, 2024; Manfredi-Sánchez y Ufarte-Ruiz, 2020) y la selección de bases de datos éticas para el desarrollo de los modelos (González-Esteban y Sanahuja, 2023).

De manera paralela, es fundamental realizar una evaluación interna que permita identificar las capacidades, recursos y habilidades presentes en la redacción, con el objetivo de adaptar esta implementación a las necesidades y objetivos específicos de cada medio, optimizando así la inversión en tecnología y asegurando su alineación con los procesos editoriales existentes.

En segundo lugar, resulta fundamental la capacitación y creación de equipos multidisciplinares para integrar estas tecnologías en las redacciones de manera efectiva, de acuerdo con lo que propone López-García (2024). Es esencial desarrollar un plan de formación en el que los periodistas y el personal de redacción adquieran habilidades en el uso de herramientas de automatización y generación de contenido, cubriendo desde los conceptos básicos de programación y análisis de datos hasta el manejo de software específico, como los procesadores de lenguaje natural. Al mismo tiempo, resulta necesario conformar equipos multidisciplinares compuestos por periodistas, analistas de datos, ingenieros y especialistas en ética. Esta colaboración garantiza una implementación que respeta tanto los estándares técnicos como los valores periodísticos, asegurando que la tecnología se integre de manera alineada con los principios editoriales de la organización.

El tercer paso se centra en definir una estrategia de implementación por fases, que comienza con una primera etapa centrada en la automatización de tareas básicas, utilizando aplicaciones de inteligencia artificial para simplificar procesos repetitivos, como la generación de titulares, resúmenes automáticos y verificación ortográfica, lo que permite a los periodistas enfocarse en actividades de mayor valor. En la segunda etapa, se incorpora el sistema de inteligencia artificial en la producción de contenido y análisis de datos, permitiendo a los profesionales manejar grandes volúmenes de información y generar informes detallados, como ya lo hizo en 2016 *The Washington Post* con la herramienta *Heliograf* o *Forbes* con la compañía *Narrativa Scienc*e.

Finalmente, en la tercera etapa, la estrategia se enfoca en la personalización y optimización avanzada mediante algoritmos de inteligencia artificial generativa que permiten adaptar el contenido a las preferencias de la audiencia, con el objetivo de maximizar el impacto mediático y la conexión con los lectores.

La fase cuarta se centra en la implementación de controles éticos y regulatorios, que requiere, en primer lugar, el desarrollo de políticas editoriales específicas que definan estándares éticos y normas claras sobre su uso en el proceso editorial, para evitar la desinformación (Larraz y Salaverría, 2024) y asegurar la transparencia en la generación de contenido automatizado (García-Avilés, 2014). Además, es fundamental establecer un sistema de monitoreo y regulación continua que permita cumplir con normativas como la Ley de Inteligencia Artificial de la Comisión Europea, la cual exige transparencia y protección de derechos de autor, asegurando así que la implementación de inteligencia artificial en medios se mantenga alineada con las regulaciones actuales y futuras.

El último paso será evaluar y ajustar el proceso de implementación. Esta fase implica, a su vez, la realización de auditorías periódicas para monitorear el impacto y el rendimiento de las herramientas de inteligencia artificial, ajustándolas de acuerdo con el retorno obtenido y el *feedback* de los equipos de redacción. De esta manera, se garantiza que las aplicaciones sigan siendo un recurso valioso y alineado con las necesidades editoriales y de la audiencia. Además, es esencial fomentar una cultura de innovación y aprendizaje continuo, manteniendo a los periodistas actualizados sobre las nuevas aplicaciones y mejoras tecnológicas en sistemas inteligentes, con el fin de asegurar que el medio se mantenga a la vanguardia de los avances en la industria.

En conclusión, la implementación estratégica y progresiva de la inteligencia artificial en las redacciones no solo tiene el potencial de transformar la producción de contenido, sino también de mejorar la eficiencia, precisión y conexión con la audiencia, siempre que se realice de manera consciente y ética. La hoja de ruta presentada proporciona una primera aproximación estructurada, que abarca desde la sensibilización y capacitación inicial hasta la evaluación continua del proceso, permitiendo a los medios adaptarse de forma flexible a las demandas del entorno digital actual. Al integrar la inteligencia artificial de manera gradual, responsable y alineada con los principios periodísticos, las redacciones estarán mejor posicionadas para enfrentar los retos de la era digital, garantizando una mayor competitividad y sostenibilidad en su labor informativa.

4. CONCLUSIONES

Los resultados obtenidos en esta investigación aportan luz al panorama de la inteligencia artificial en las redacciones periodísticas, así como a los posibles futuros usos que pueden tener estas herramientas en los medios de comunicación. La integración de sistemas automatizados promete un impacto transversal, abarcando desde la generación y optimización de contenidos hasta el análisis avanzado y personalizado de datos. Pero siempre hay que utilizarlos de manera estratégica y ética, para obtener una ventaja competitiva en el ecosistema mediático actual y contribuir a la transformación de las estructuras organizativas de los medios, adaptándolos a los valores periodísticos esenciales.

En cuanto a su implementación, es importante que las redacciones utilicen estas tecnologías no solo para automatizar tareas rutinarias, como la creación de titulares o el análisis de datos básicos, sino también para personalizar y optimizar la experiencia informativa de sus audiencias, unos cometidos que liberan a los periodistas de labores mecánicas, dándoles espacio para concentrarse en tareas de mayor valor, como la investigación en profundidad y la generación de contenido analítico.

Pero para que esta integración sea exitosa, es esencial crear equipos especializados que, sin aislarse del flujo de trabajo del medio, mantengan una comunicación constante con otras áreas, garantizando que la implementación sea fluida y beneficiosa. Se trata, en definitiva, de promover espacios que mantengan cierta autonomía para no verse condicionados por los ritmos y necesidades de otros equipos de la corporación, pero que estén en contacto con el día a día y las rutinas de los demás departamentos con los que trabajan. El propósito es dar respuesta a sus necesidades de adaptación, entendiendo que pueden ofrecer a la empresa una ventaja en términos globales (Mills y Wagemans, 2021). Solo de esta manera se responderán con agilidad a los cambios y se ofrecerá una ventaja competitiva frente a otros medios en un contexto global.

Sin embargo, el acceso a tecnologías avanzadas también impone desafíos, especialmente para los medios locales o de menor tamaño, que deben lidiar con costos y limitaciones de recursos. En muchos casos, la subcontratación de servicios de inteligencia artificial se convierte en la solución, haciendo imprescindible una formación continua para que los equipos comprendan y usen estas herramientas de manera informada.

Desde un punto de vista ético, la integración conlleva retos que abarcan desde la privacidad hasta los derechos de autor, en los que las normativas europeas y las políticas internas son esenciales para mantener la transparencia y responsabilidad en los contenidos (Peñafiel-Saiz, *et al.*, 2024). Estas pautas no solo regulan el uso ético de la tecnología, sino que también refuerzan la credibilidad de la inteligencia artificial ante el público.

A futuro, los *bots* y los algoritmos seguirán evolucionando, consolidándose en las redacciones y cambiando la manera en que los medios producen y distribuyen información. La hoja de ruta propuesta en esta investigación, que va desde la sensibilización y formación hasta la mejora continua, permite a los medios adoptar estas tecnologías sin perder de vista su misión informativa. Así, la inteligencia artificial no es solo una herramienta, sino un nuevo paradigma para la industria de la información, cuyo potencial para mejorar la sostenibilidad y calidad de los medios depende de su implementación estratégica y ética.

Este estudio sobre las estrategias y la hoja de ruta para implementar la inteligencia artificial en las salas de redacción no ofrece una conclusión cerrada, sino que pone en evidencia su naturaleza flexible y en constante transformación. La integración de estos sistemas en la industria mediática es un tema abierto, en constante evolución, que invita a nuevas investigaciones. Será relevante explorar, por ejemplo, cómo las grandes corporaciones mediáticas y los medios locales o independientes adoptan esta herramienta, explorando los retos específicos y las soluciones en función de los recursos, el contexto cultural y la infraestructura tecnológica. También resulta importante analizar cómo la implementación de estos sistemas puede afectar la rentabilidad de los medios, especialmente considerando los costos iniciales y los posibles ahorros en tiempo y recursos a largo plazo.

5. REFERENCIAS BIBLIOGRÁFICAS

Alonso-González, M., y Sánchez Gonzáles, H. (2024). Inteligencia artificial en la verificación de la información política. Herramientas y tipología. *Más Poder Local*, (56), 27-45. https://doi.org/10.56151/maspoderlocal.215

Bauman, Zygmunt (2000). *Liquid modernity*. Cambridge: Polity Press.

Bradshaw, P. (2023). *The online journalism handbook: Skills to survive and thrive in the digital age*. Taylor & Francis.

Beckett, C. (2019). *New powers, new responsibilities. A global survey of journalism and artificial intelligence*. The London School of Economics and Political Science.

Bobkowski, P. S., y Etheridge, C. E. (2023). Spreadsheets, software, storytelling, visualization, lifelong learning: Essential data skills for journalism and strategic communication students. *Science Communication, 45*(1), 95–116. https://doi.org/10.1177/10755470221147887

Bostrom, N. (2014). *Superintelligence. Paths, Dangers, Strategies*. Oxford University Press.

Calvo Rubio, L. M. y Ufarte Ruiz, M. J. (2021). Inteligencia artificial y periodismo: Revisión sistemática de la producción científica en Web of Science y Scopus (2008-2019). *Communication & Society,* 34(2), 159-176.

Canavilhas, J. (2022). Artificial intelligence and journalism: Current situation and expectations in the Portuguese sports media. *Journalism and Media, 3*(3), 510–520. https://doi.org/10.3390/journalmedia3030035

Canavilhas, J. (2023). Produção automática de texto jornalístico com IA: contributo para uma história. *Textual & Visual Media, 17*(1), 22–40. https://doi.org/10.56418/txt.17.1.2023.2

Canavilhas, J., y García-Orosa, B. (2024). Centralized Networks for Journalism in the Fourth Industrial Revolution: The Platform's Role. In *Journalism, Digital Media and the Fourth Industrial Revolution* (pp. 27-40). Cham: Springer Nature Switzerland.

De Lima-Santos, M. F., y Ceron, W. (2022). Artificial intelligence in news media: Current perceptions and future outlook. *Journalism and Media, 3,* 13–26. https://doi.org/10.3390/journalmedia3010002

Diakopoulos, N., y Koliska, M. (2016). Algorithmic Transparency in the News Media. *Digital Journalism*. 10.1080/21670811.2016.1208053

Ferrucci, P. (2019). *Making nonprofit news: Market models, influence and journalistic practice*. Routledge.

Fieiras-Ceide, C., Vaz-Álvarez, M. y Túñez-López, M. (2022). Artificial intelligence strategies in European public broadcasters: Uses, forecasts and future challenges. *Profesional de la información,* v. 31, n. 5, e310518. https://doi.org/10.3145/epi.2022.sep.18

Fieiras-Ceide, C., y Túñez-López, M., (2024). "Lo que la inteligencia artificial tiene que contarnos: radiografía de su implementación en medios públicos y privados". En *La inteligencia artificial y la transformación del periodismo. Narrativas, aplicaciones y herramientas*. Salamanca: Comunicación Social Ediciones y Publicaciones.

Fui-Hoon Nah, F., Zheng, R., Cai, J., Siau, K., y Chen, L. (2023). Generative AI and ChatGPT: Applications, challenges, and AI-human collaboration. *Journal of Information Technology Case and Application Research, 25*(3), 277–304. https://doi.org/10.1080/15228053.2023.2233814

Flew, T., Spurgeon, C., Daniel, A., y Swift, A. (2012). The promise of computational journalism. *Journalism Practice, 6*(2), 157–171. https://doi.org/10.1080/17512786.2011.616655

García-Avilés, J. A. (2014). Online newsrooms as communities of practice: Exploring digital journalists' applied ethics. *Journal of Mass Media Ethics, 29*(4), 258–272. https://doi.org/10.1080/08900523.2014.946600

González-Arias, C. y López-García, X, (2023). ChatGPT: Stream of opinion in five newspapers in the first 100 days since its launch. *Profesional de la información, 32*(5). https://doi.org/10.3145/epi.2023.sep.24

González Esteban, E, y Sanahuja, R. (2023). Exigencias éticas para un periodismo responsable en el contexto de la inteligencia artificial. *Daimon Revista Internacional de Filosofía*, (90), 131–145. https://doi.org/10.6018/daimon.55739

Gutiérrez-Caneda, B., Vázquez-Herrero, J. y López-García, X. (2023). AI application in journalism: ChatGPT and the uses and risks of an emergent technology. *Profesional de la información, 32*, (5). https://doi.org/10.3145/epi.2023.sep.14

Holmström, J. (2022). From AI to digital transformation: The AI readiness framework. *Business Horizons, 65*(3), 329–339. https://doi.org/10.1016/j.bushor.2021. 03.006

Karlsen, J., y Stavelin, E. (2014). Computational journalism in Norwegian newsrooms. *Journalism Practice, 8*(1), 34–38. https://doi.org/10.1080/17512786.2013.813190

Kramp, L., y Loosen, W. (2018). "The transformation of journalism: From changing newsroom cultures to a new communicative orientation?" In A. Hepp, A. Breiter, y U. Hasebrink (Eds.), *Communicative figurations. Transforming communications-studies in cross-media research* (pp. 205–239). Palgrave Macmillan.

Kong, H., Yuan, Y., Baruch, Y., Bu, N., Jiang, X., y Wang, K. (2021). Influences of artificial intelligence (AI) awareness on career competency and job burnout. *International Journal of Contemporary Hospitality Management, 33*(2), 717–734. https://doi.org/10.1108/IJCHM- 07- 2020- 0789

Kulkarni, S., Thomas, R., Komorowski, M., y Lewis, J. (2022). Innovating online journalism: New ways of storytelling. *Journalism Practice*, 1–19. https://doi.org/10.1080/17512786.2021.2020675

Larraz, I. y Salaverría, R. (2024). "Chatbots y fact-checks: un estudio sobre el uso de inteligencia articial generativa entre fact-checkers". En *La inteligencia artificial y la transformación del periodismo. Narrativas, aplicaciones y herramientas*. Salamanca: Comunicación Social Ediciones y Publicaciones.

Lopezosa, C., Codina, Ll., Pont-Sorribes, C. y Vállez, M. (2023). Use of generative artificial intelligence in the training of journalists: challenges, uses and training proposal. *Profesional de la información, 32*(4). https://doi.org/10.3145/epi.2023.jul.08

Linden, C. G. (2017). Algorithms for Journalism: The Future of News Work. *The Journal of Media Innovations, 4*, 60–76. https://doi.org/10.5617/jmi.v4i1.2420

López-García, X. (2024). (Re)imaginar el periodismo inteligente. *Anuario ThinkEPI, 18* . https://doi.org/10.3145/thinkepi.2024.e18a02

Lugo-Ocando, J., y Harkins, S. (2021). "Journalistic deontology in news coverage of poverty in the digital age". In N. Miladi (Ed.), *Global media ethics and the digital revolution*. Routledge.

Manfredi-Sánchez, J.L. y Ufarte-Ruiz, M.J. (2020). Inteligencia artificial y periodismo: una herramienta contra la desinformación. *Revista Cidob d'afers internacionals, 124*. 49-72. https://doi.org/10.24241/rcai.2020.124.1.49

Márquez, J. (2023). "GPT-4: así es la IA más avanzada de OpenAI, cómo funciona y todas las novedades". *Xataka,* 17 mayo. https://tinyurl.com/3jrjd8wx

Meso Ayerdi, K., Larrondo Ureta, A., y Peña Fernández, S. (2023). Algoritmos, inteligencia artificial y periodismo automatizado en el sistema híbrido de medios. *Textual & Visual Media, 17*(1), 1-6. https://doi.org/10.56418/txt.17.1.2023.0

McNair, B. (2009). Journalism in the 21st century—Evolution, not extinction. *Journalism, 10*(3), 347–349. https://doi.org/10.1177/1464884909104756

Mills, J., y Wagemans, A. (2021). Constructing laboratories, innovating the future: How journalism is catalysing its future processes, products and people through media labs. *The International Journal of Research into New Media Technologies*, 1–26. https://doi.org/10.1177/1354856521994453

Murcia Verdú, F. y Lara Ramos, D. (2024). "¿Están preparadas las redacciones para la integración de la inteligencia artificial"? En *La inteligencia artificial y la transformación del periodismo. Narrativas, aplicaciones y herramientas.* Comunicación Social Ediciones y Publicaciones.

Newman, N. (2022). *Journalism, media and technology trends and predictions 2022.* Reuters Institute for the Study of Journalism.

Palomo, B., Blanco, S., y Sedano, J. (2024). Intelligent Networks for Real-Time Data: Solutions for Tracking Disinformation. In *Journalism, Digital Media and the Fourth Industrial Revolution*, 41-54.

Parratt-Fernández, S.; Mayoral-Sánchez, J. y Mera-Fernández, M. (2021). Aplicación de la inteligencia artificial al periodismo: análisis de la producción académica. *Profesional de la información*, *30*(3) https://doi.org/10.3145/epi.2021.may.17

Pedrero Esteban, L. M., y Pérez Escoda, A. (2021). Democracia y digitalización: implicaciones éticas de la IA en la personalización de contenidos a través de interfaces de voz. *Revista De Pensament I Anàlisi*, *26*(2). https://doi.org/10.6035/recerca.4666

Peñafiel-Saiz, C., Peña-Fernández, S. y Larrondo-Ureta, A. (2024). Oportunidades y desafíos de la inteligencia artificial en el marco legal europeo. En *La inteligencia artificial y la transformación del periodismo. Narrativas, aplicaciones y herramientas.* Comunicación Social Ediciones y Publicaciones.

Ramirez, E. J. (2022). *The ethics of virtual and augmented reality: Building worlds*. Routledge.

Rudolph, J., Tan, S., y Tan, S. (2023). ChatGPT: Bullshit spewer or the end of traditional assessments in higher education. *Journal of Applied Learning and Teaching*, *6*(1), https://doi.org/10.37074/jalt.2023.6.1.9

Schwab, K. (2016). *The fourth industrial revolution*. World Economic Forum.

Simon, F. M. (2022). Uneasy bedfellows: AI in the news, platform companies and the issue of journalistic autonomy. *Digital Journalism*, *10*(10), 1832–1854. https://doi.org/10.1080/21670811.2022.2063150

Sixto-García, J., Quian, A., Rodríguez-Vázquez, A. I., Silva-Rodríguez, A., y Soengas-Pérez, X. (2024). The Fourth Industrial Revolution: Implications for Journalism and the Media. *Journalism, Digital Media and the Fourth Industrial Revolution*. 1-12. Springer Nature

Tejedor Calvo, S. (2023). *La inteligencia artificial en el periodismo: mapping de conceptos, casos y recomendaciones*. Editorial UOC. 1-189.

Trejos-Gil, C. A., y Gómez-Monsalve, W. D. (2024). Inteligencia artificial en los medios y el periodismo. Revisión sistemática sobre España y Latinoamérica en las bases de datos Scopus y Web of Science (2018-2022). *Palabra Clave, 27*(4) https://doi.org/10.5294/pacla.2024.27.4.1

Ufarte Ruiz, M.J.; Calvo Rubio, L.M., y Murcia Verdú, F.J. (2021). Los desafíos éticos del periodismo en la era de la inteligencia artificial. *Estudios sobre el Mensaje Periodístico, 27*(2), 673-684. https://dx.doi.org/10.5209/esmp.69708

Ufarte-Ruiz, M.J., Murcia-Verdú, F.J., y Túñez-López, J.M. (2023). Use of artificial intelligence in synthetic media: first newsrooms without journalists. *Profesional de la información, 32*(2). https://doi.org/10.3145/epi.2023.mar.03

Ufarte Ruiz, M. J., Murcia Verdú, F. J., y Fieiras Ceide, C. (2024). Características de los exoperiodistas españoles: nuevo perfil profesional en la era de la inteligencia artificial. *Revista De Comunicación, 23*(2), 345–362. https://doi.org/10.26441/RC23.2-2024-3519

Ventura-Pocino, P. (2021). *Algoritmos en las redacciones: Retos y recomendaciones para dotar a la inteligencia artificial de los valores éticos del periodismo.* Consell de la Informació de Catalunya. https://tinyurl.com/ymfd4jwd

Ventura-Pocino, P. (2022). *Algorithms in the newsrooms: Challenges and recommendations for artificial intelligence with the ethical values of journalism.* Catalan Press Council.

Ventura-Salom, B. (2023). Inteligencia Artificial, periodismo y democracia. *Doxa Comunicación. Revista Interdisciplinar de Estudios de Comunicación y Ciencias Sociales, 38.* https://doi.org/10.31921/doxacom.n38a2165

Capítulo 2
La Inteligencia artificial en la radio: posibilidades, retos y compromisos

Laura Martínez Otón
Universidad Nebrija

Eduardo Castillo Lozano
Universidad Nebrija

David Ramos Pascual
Universidad Nebrija

1. INTRODUCCIÓN

Aunque el consenso del mercado señala el 2022, con la presentación de *ChatGPT*, como el año en el que la IA se hizo presente en nuestras vidas, su aplicación al área de la comunicación viene de lejos y es consecuencia de la transformación digital de los medios.

Túñez-López *et al.* (2019) explican que ha evolucionado de ser aplicada en máquinas puramente reactivas que no aprendían de sí mismas, hacia máquinas con capacidad de retener, analizar, aprender y tomar decisiones basándose en sus experiencias.

Su aplicación al mundo del sonido y del audio es amplia y diversa y cubre un espectro que incluye desde el análisis inteligente de datos masivos con finalidad comercial -fidelización, segmentación, recomendación, distribución, etc.-, la mejora y curación -técnica- de contenidos, los procesos de producción para hacer más eficientes los procesos de trabajo escritos y sonoros, y la creación de contenidos sonoros nativos en IA, ya sean musicales o vocálicos (Terol-Bolinches *et al.*, 2024).

Podemos decir, que la aplicación inteligente de la tecnología se viene utilizando en la industria sonora desde hace tiempo. La aplicación de herramientas de *Big Data* para la recomendación de contenidos no es algo exclusivo del momento presente, lo mismo ocurre con la curación de contenidos. La mejora progresiva del *software* en los programas de edición ha ido permitiendo la automatización de tareas que tradicionalmente se hacían 'a mano'. Y lo mismo ocurre con los procesos de trabajo, algunos enmarcados en lo que se llamó el periodismo robot (Yaguana-Romero, 2022) y que se identifica como una solución tecnológica para producir noticias u otras tareas periodísticas y la generación de contenidos. Con respecto a la recreación del sonido, aunque solo fuese por el *foley*[1], la industria audiovisual ha sido capaz de construir sonidos de la realidad de manera artificial y también voces.

No obstante, la cantidad ingente de datos que pueden ser procesados y la velocidad a la que se hace, es lo que marca el cambio de paradigma en la industria, multiplicando por diez las posibilidades y haciendo crecer de manera exponencial su desarrollo. Sanabria-Medina (2020) explica que automatizar el procesamiento de datos sonoros con algoritmos de aprendizaje automático aumentará notablemente la productividad y la ejecución de tareas. La radio sale muy beneficiada situándose en el centro de la modernización digital (Ormaechea, 2024).

La IA es una tecnología de impacto general que condiciona el contenido sonoro porque lo refuerza. "El Aprendizaje Automático (ML), el Aprendizaje Profundo (DL), el Procesamiento del Lenguaje Natural (NLP) y la Generación de Lenguaje Natural (NLG) se han integrado en todos los aspectos en la industria radiofónica en los últimos años" (Blanco-Sánchez *et al.*, 2024, p.8).

---

1   Conocido como efecto de sala, hace referencia a la recreación artificial de sonidos que acompañan una escena cinematográfica y dan más sentido a la misma. Abarca sonidos cotidianos como pasos, puertas crujiendo, vidrios rotos, sonido del mar, etc.

Aunque no hay duda de que el periodismo se adaptará a un futuro impulsado por la IA, sus agentes deberán hacerlo con urgencia ya que, en menos de un lustro habrá un ecosistema en el que se generarán nuevos productos a través de procesos que hoy solo atisbamos a ver de lejos. Además, Los modelos generativos que impulsan plataformas como *Google*, a través de *Gemini*, están democratizando los procesos y cualquier ciudadano puede crear contenido para hacer radio. Será un momento en el que ya no se hablará de medios de comunicación tradicionales, sino de generación de información y de comunicación (*Open Society*, 2024).

Por eso es necesario reforzar la formación humanista en los profesionales de la comunicación que les permita ser fieles a los principios deontológicos de la información: veracidad, objetividad y responsabilidad social (Galdón-López, 2019), sin olvidar los nuevos modelos de negocio.

2. LA IA EN LA PRODUCCIÓN RADIOFÓNICA: DE LA SIMPLIFICACIÓN DE PROCESOS A LA GENERACIÓN DE CONTENIDOS PERSONALIZADOS

La radio recupera su naturaleza como el medio que mayor credibilidad proyecta en la sociedad (FUNCAS, 2024), pero también apuntala el binomio fragmentado hasta ahora de inmediatez y profundidad. Con la inteligencia artificial la radio puede ser más rápida y no perder un ápice de contenido veraz. En este escenario, el principal beneficiado de su aplicación es el periodista radiofónico, que encuentra en las numerosas herramientas de IA una vía para optimizar los procesos de trabajo y reforzar la calidad informativa del medio.

La creación de noticias a través de la IA generativa se convierte en un gran asistente para el redactor que va a poder simplificar, por ejemplo, los procesos de documentación gracias al análisis del *big data*. La inteligencia artificial permite una búsqueda sistemática de datos a través de aplicaciones que cruzan informaciones de agencias verificadas, datos de hemeroteca digital o bibliografías. Puede, en tiempo récord, crear textos resumidos que después convertirá, con el *promt* adecuado, en diferentes géneros radiofónicos (crónicas, reportajes, entrevistas...). Herramientas como *Notebook LM* o *Humata.ai*, realizan esta función.

Pongamos un caso práctico: llega un vídeo cuando el informativo ya está en marcha que habría que escuchar, resumir -a veces traducir-, sacar titulares y editar el corte de voz de mayor interés informativo. En los tiempos analógicos, esto implicaba obviarlo o, como mucho, ofrecer un avance y emplazar al oyente a una posterior ampliación de la información. Actualmente, la IA permite resolver en pocos segundos todos esos elementos y ponerlos a disposición del redactor que los utilizará con eficiencia y rapidez.

Este tipo de herramientas son un aliado perfecto para recuperar la inmediatez de la radio, que en los últimos tiempos ha sido desbancada en favor de las redes sociales. Su utilización se traduce en contenido más elaborado, cruzando mayor cantidad de fuentes, pero de una manera más expedita, creativa y eficaz que hasta el momento. La IA se presta a realizar los trabajos más costosos y que se dilataban en el tiempo, permitiendo que el redactor pueda dedicarse a labores de investigación en profundidad. Un ejemplo de buenas prácticas es el llevado a cabo en *RNE* por la redactora de cultura en *Radio 3*, Sara Pardo. El departamento de estrategia tecnológica ha creado una IA que le permite recibir a primera hora el resumen de las revistas más importantes del área con las que habitualmente se documenta. Un *chatbot* personalizado, que además conoce su estilo de redacción, le ayuda a validar esa información y a crear sus crónicas e incluso puede clonar su voz para uso personal. Pere Vila, responsable de la estrategia tecnológica de *RTVE*, asegura que esto "no la sustituye, sino que le permite optimizar su tiempo de trabajo".

La IA es una gran aliada en las transcripciones de los redactores. Una actividad muy poco atractiva para un periodista que, además, puede tener varias ruedas de prensa el mismo día. El proceso de transcripción-extracción de cortes-redacción se simplifica con aplicaciones como *journo.es*: se sube el audio de la rueda de prensa y automáticamente se transcribe, genera un resumen e identifica los cortes más relevantes. También elabora un texto que puede servir para la web o para las redes sociales generando así contenido transmedia.

Los procesos de documentación, a veces farragosos en el tiempo, quedan simplificados a través del *radio audio data*. Ejemplo de buenas prácticas es el proyecto que desde hace dos años lleva a cabo *RAC1* con *Google*. Ambas entidades están procesando 177 mil horas de radio y audio en catalán, que permitirá etiquetar veinticinco años de historia de esta radio. Además, a través del *Audio Data Sentiment* van a poder analizar y ofrecer una experiencia más concreta al usuario, como explica Carles Miró, responsable de operaciones digitales.

Las voces sintéticas son el aspecto que más interés y controversia presenta cuando se habla de las capacidades de la IA generativa en el mundo radiofónico. Rodero-Antón y Lucas-Adell (2021) consideran que el éxito de una voz sintética radica en la inteligibilidad y en la naturalidad con la que se presente. La primera de ellas no ha sido un impedimento, pero la segunda, según explican Avilés-Rodilla y Venier (2024) es un parámetro que aún no puede lograrse. No obstante, estos autores identifican numerosas aplicaciones que permiten llevar un texto escrito a voz hablada dotándola de las cualidades de la voz: tono, intensidad y duración, así como instrucciones de pronunciación.

La generación de voces sintéticas ha evolucionado en los dos últimos años hasta permitir la clonación de voces que son imperceptibles para el oído humano; se ha democratizado su uso a través de programas gratuitos o muy asequibles. *Notebook LM, TTSMaker o Elevenlabs* son recursos sencillos para crear voces sintéticas y clonadas. Un mal uso de esta tecnología se convierte en un arma peligrosa que debe ser contrarrestada con herramientas de verificación de voz como las que utiliza la *Cadena SER* a través de *Verificat Audio*. Un sistema que permite a través de un módulo comparador de voces ofrecer porcentajes de similitud que ayudarán al periodista ejercer el *fact checking* y decidir si utiliza un audio con credibilidad.

Imagen 1. Verifical Audio de la Cadena SER

Fuente: https://verificaudio.ai/espana

Con respecto a la edición del sonido, las nuevas herramientas de IA permiten al redactor con pocos conocimientos técnicos limpiar sus cortes de ruido con aplicaciones como *Auphonic* o separar las voces de la música que ensucia ese audio a través de *Volcaremover*. Existen aplicaciones que generan audio inmersivo o binaural. En lo relativo a la edición y producción de audio, los derechos de autor de las músicas han sido una preocupación constante en las emisiones; sin embargo herramientas como *Suno.es*, facilitan la creación de música sin derechos de autor.

3. DISTRIBUCIÓN DEL AUDIO

Además de la producción y el consumo hay un tercer pilar en ese proceso de deep *learning* que no puede pasar desapercibido: distribuir el contenido, o lo que es lo mismo, conseguir que un mismo producto ya terminado sea capaz de llegar al máximo número posible de personas.

Para entender las posibilidades de la inteligencia artificial en la distribución del audio, hay que tener presente la programación, la organización de cada catálogo digital y todos los canales y plataformas en los que se muestra el contenido sonoro de las radios, inmersas en una carrera contrarreloj para amplificar el consumo de sus contenidos. Su impacto dependerá de la permeabilidad a los nuevos algoritmos que cada vez imitan más y mejor el modo de comportarse de un cerebro humano (Túñez-López et al. 2021).

3.1. Tratamiento actual del audio en las redacciones

En la tarea de distribución de las radios, hoy en día todavía conviven procesos automatizados y manuales. Los primeros responden al sistema de distribución rápida -escuchar el último programa, la hora anterior o el último boletín- y los segundos a la distribución final que las radios y sus programas hacen en sus *feeds* de las plataformas de escucha propias –web y App- o externas como *Spotify, iVoox, Apple Podcast, Audible*, etc.

Previo a la expansión de la IA, ya existían los audios automáticos generados a partir de marcas o señales, que son capaces de detectar elementos concretos dentro del archivo para que el software sepa cuándo tiene que cortar y extraer un elemento sonoro y posteriormente subirlo a un repositorio, todo ello sin intervención humana. Se trata de una solución idónea para formatos diarios que se repiten habitualmente y sirven tanto para aquellos que requieren de una gran rapidez por su pronta caducidad -boletines informativos- y para las piezas de programas por horas o completos que el sistema reconoce y coloca dentro de una parrilla de emisión. Al llevar incorporados metadatos (tags, carátulas, presentadores y descripciones) y gracias a la combinación de esa información con una programación interactiva de la cadena, en muy pocos minutos el audio estará listo para ser consumido en determinados entornos, respondiendo a una demanda instantánea por parte del usuario más fiel.

El resto del contenido es el que se trabaja de manera manual. Se trata de entrevistas, opiniones, informativos especiales, momentos destacados o audios detalle extraídos en el momento de la emisión en directo, que requieren una intervención manual en muchos casos llevada a cabo entre técnicos y periodistas. Trabajo automatizado y manual se combinan en algunos casos con los audios que han sido cortados automáticamente. A la hora de llevarlos al consumo final a las plataformas requieren de la edición de un técnico antes de la publicación definitiva en los catálogos de audio *on demand*. Esa edición fina -curación de contenidos-, el etiquetado, los titulares, los resúmenes y las imágenes adjuntas pasan a formar parte del trabajo editorial. El periodista es el que decide finalmente cómo y dónde publicarlo.

En ambos casos la aplicación de la IA supone un salto cualitativo. Las automatizaciones existentes recorrerán el camino hacia la perfección, y para los procesos manuales se presenta, como se ha visto anteriormente, como un elemento vital para ahorrar tiempo y eliminar tareas de poco valor periodístico.

3.2. Del reto de la segmentación inteligente a la realidad sobre la información del audio

Convertir lo automático en inteligente pasa, en primer lugar, por segmentar la programación de una forma más limpia que como se produce ahora. Actualmente, si queremos que un audio se suba automáticamente tenemos que asumir que va a sonar tal y como lo ha hecho en antena, es decir, acompañado de su publicidad programada. La identificación de estos anuncios y su eliminación para el consumo bajo demanda, así como la capacidad para encontrar el momento idóneo para insertar nuevos espacios para los anunciantes digitales, supondría una gran oportunidad tanto en la experiencia de usuario como para los equipos comerciales. De la misma manera, si la máquina es capaz de detectar la publicidad, eliminarla y sustituirla, parece lógico pensar que también será capaz de identificar todos los demás contenidos que se producen.

Programas completos, secciones y boletines ya no estarán solos, sino que la IA será capaz de distinguir entrevistas, editoriales, reportajes, especiales y todo tipo de formatos, así como de insertar en todos ellos músicas, anuncios o cuñas realizadas a partir de *promts* muy bien definidos.

Lo que ya es una realidad es todo lo referente a la información del audio que requiere validación humana. Las transcripciones de los archivos sonoros -audio a texto- se están utilizando de cara a multiplicar las ventanas de exposición de estos contenidos y es uno de los principales usos de la IA en las redacciones (Gómez-Diago y Martínez-Nicolás, 2023).

Una transcripción automática ya puede decirle a *Google* todo el contenido, hasta ahora opaco (Piñeiro-Otero y Pedrero-Esteban, 2022) que tiene un audio y mejorar su posicionamiento para que el usuario lo encuentre. Asimismo, esa transcripción ayuda al redactor a escribir una noticia que contenga ese audio –y corra por los canales de distribución de noticias– en mucho menos tiempo, como ocurre en el caso de las entrevistas. Que todos los audios ofrezcan transcripciones, resúmenes sobre su contenido, etiquetas temáticas, imágenes asociadas y audios relacionados hacen que el periodista pueda abarcar mucho más contenido y concentrarse en la supervisión, redacción y publicación.

Esto no significa que la tecnología inteligente sustituya el trabajo de una persona, sino que abarca una parcela a la que no se podía llegar, haciendo posibles márgenes de producción inalcanzables hasta la fecha. Un resumen automático sobre el contenido de un audio no sustituye a una noticia ni da un enfoque informativo, sino que te dice qué contiene y lo habilita, previa supervisión, para la publicación en plataformas de escucha.

Otra de las barreras de la distribución llamadas a ser derribadas por la inteligencia artificial es la de la accesibilidad en lo referente a idiomas. La proliferación de herramientas de vídeo que traducen, doblan y subtitulan en otras lenguas beneficia al mercado del audio (Gómez-Diago, 2024).

De cara al público, que una voz pueda ser no solo subtitulada, sino también proyectada en varios idiomas, deslocalizaría esos contenidos para abrirlos a todo el mundo, mientras que, de cara a la redacción, el doblaje de audios informativos y entrevistas, así como la conversión del audio a vídeo subtitulado para llegar a más entornos de consumo –redes sociales de vídeo vertical-, acortaría plazos en la producción y elevaría el impacto de la difusión.

La prensa digital y las redes sociales, con la ayuda de las transcripciones y subtitulados, se han convertido en una nueva oportunidad para obtener nuevas audiencias. Mientras que las noticias con audios embebidos permiten llegar a consumidores de noticias, las redes sociales como *Instagram* y *TikTok* funcionan como trampolines en la amplificación de los contenidos de audio y en la visibilidad de sus locutores y espacios ante audiencias más jóvenes. En un momento en el que la radio ya emite casi toda su programación en vídeo, la identificación de un momento clave de un programa supone millones de reproducciones de un solo clip, que requiere escasa edición.

Esa identificación del hito recae todavía en el periodista, pero si la IA es capaz de subtitular, servir un vídeo en dos formatos o incluso generar imagen cuando no exista, los nuevos consumos nos llevarán a la conversión de audio a vídeo o incluso sugerir un enunciado o titular atractivo para cada red social, el nivel de productividad y la exposición de los contenidos de la marca crecerán de manera exponencial.

3.3. Contenidos, medición de audiencias y análisis

La radio se adapta a las exigencias de las audiencias, a sus necesidades y al modo en que la información se transfiere por canales que se entremezclan (Piñeiro-Otero y Pedrero-Esteban, 2022). Hace más de una década que los medios buscan los contenidos personalizados en función de las preferencias de sus oyentes, pero la IA ofrece un nuevo punto de partida en cuanto a lo que sabemos del usuario. Actualmente las empresas de audio pueden medir el *streaming*, identificar picos de audiencia y establecer patrones, así como analizar el consumo bajo demanda teniendo en cuenta múltiples parámetros como el tiempo de escucha, la procedencia de la descarga, la recurrencia del usuario o sus intereses temáticos. Pero ahora se enfrentan a un reto superior: la interpretación de las emociones combinada con el diseño de algoritmos flexibles y reactivos capaces de anticiparse en función de cada momento. El siguiente paso es, por tanto, lograr proyectarse en acciones futuras y programar *bots* que comprendan emociones ajenas y manifiesten emociones propias (Túñez-López *et al.*, 2021).

La IA jugará aquí un papel decisivo a la hora de cruzar e interpretar los datos de medición de oyentes de distintas fuentes. No solo evitará duplicidades, sino que eliminará gran parte del ruido –actualmente cada plataforma trabaja con sus propias métricas y criterios para contabilizar las escuchas- y se podrá saber con exactitud quién escucha qué, cómo, dónde y cuándo. La radio ha descubierto aliados fundamentales fuera de sus entornos clásicos para analizar sus mediciones en tiempo real. Busca en la omnicanalidad el *engagement* que la relaciona con la interacción de los usuarios desde las páginas webs, aplicaciones para *smartphone*, agregadores de *podcast,* plataformas de vídeos y redes sociales que se traducen en métricas más precisas que miden el impacto radiofónico. (Martínez-Otón *et al.*, 2024).

De hecho, así lo han entendido con los cambios introducidos en la segunda oleada de 2024 del *EGM*, que recoge el 13,7% de la audiencia en *streaming* y permite, por primera vez desde 1996, homogenizar los registros, depurar los datos y humanizarlos. Incorpora quinientos mil millones de registros diarios de doce grupos de radio, 38 cadenas y 632 emisoras en España. Esta información permitirá con el tiempo crear contenido *ad hoc* para cada oyente/usuario con la consiguiente optimización publicitaria.

4. PUESTA EN ESCENA: CUANDO LA IA HACE RADIO

Hoy en día son muchos los programas de inteligencia artificial que permiten "la clonación de voces de conductores/as o locutoras/es de las emisoras" (Avilés-Rodilla y Venier, 2024, p.49). En este escenario se plantea un dilema ético ya que, al igual que ocurriese con las imágenes generadas por IA, capaces de crear personas que no existen, esta tecnología aplicada al audio también puede crear voces sintéticas que no existen, partiendo de la clonación de muchas voces humanas, generando otras nuevas (Fraga, 2023). No obstante, se va avanzando y grupos como *Ábside Media* (2024) han publicado una guía ética para la integración y el uso responsable de la IA su producción periodística.

La *Cadena SER* tiene experiencias de voz sintética. Es el caso de *Victoria*, una voz no clonada, diseñada durante dos años. Es la voz del fútbol generada para *Carrusel Deportivo*, el programa deportivo decano de la casa que también distribuye información deportiva a través de los altavoces inteligentes Alexa de Amazon, mediante una *skill* de voz propia. Un proyecto que combina el uso de la IA y los modelos generativos de medios sintéticos y que sitúa al grupo *PRISA* a la vanguardia en el uso e implementación de tecnologías para la difusión del audio en nuevos soportes digitales (Ribes-I-Guàrdia, *et al.*, 2024). Un ejemplo de buenas prácticas fue, en octubre de 2024, la entrevista en *Radio Bilbao*, que bajo el marco del centenario de la *Cadena Ser*, se le realizó al músico vasco Kepa Junkera. La voz del artista, que ha perdido la capacidad de hablar debido a un ictus, fue clonada con su autorización y utilizada para hacerle una entrevista sonora. Un proceso que abre una puerta más de la accesibilidad en la radio.

Otro ejemplo de buenas prácticas es el que ha llevado a cabo la radio pública sueca, *Sverigen Radio*. El medio genera, entre otras muchas cosas, una *playlist* de noticias recomendadas a través de un algoritmo digital que eleva su valor de servicio público; trabaja por la accesibilidad a sus productos para personas con discapacidad auditiva, trabaja con las cuatro lenguas minoritarias oficiales en peligro de extinción en el país; y una IA transcribe y traduce los *podcasts* en tiempo real y verifica sus informaciones para luchar contra el *deep fake*.

La inteligencia artificial, por tanto, está presente en todas las fases del proceso de producción radiofónica: análisis de audiencias, predicción en tiempo real de tendencias en noticias y música y creación de contenidos de manera automatizada y adaptada a las audiencias específicas. Y ese modelo tiene su referente en *RadioGPT* que puede llegar a diseñar un programa de radio sin intervención humana. Primero escanea las redes sociales y más de un centenar de fuentes de información y noticias para identificar sobre qué se está hablando en determinados mercados o segmentos poblacionales y que puede resultar de interés para los oyentes. Posteriormente, través de *GPT3*, crea guiones que son locutados por voces sintéticas. Sus programas ofrecen una variedad de registros a dos e incluso a tres voces.

Las incursiones en este sentido son cada vez más numerosas. O bien en formato experimental, como la emisora polaca *Radio Piekary*, que en 2023 estrenó un programa de radio presentado por una locutora virtual; o una iniciativa española presentada en 2024 llamada *Intar Radio*, que asegura utilizar avatares como locutoras, aunque no está muy bien definida una programación temática. O bien la emisora polaca *OFFRadio*, que en un ejemplo de distopía hecha realidad, ha sustituido a sus locutores y periodistas, a los que ha despedido, por voces y avatares creados con IA (Higgings, 2024).

La radio musical, que lleva años implementando esta tecnología, también encuentra múltiples oportunidades de ampliar su oferta y optimizar sus recursos. Es difícil cuantificar ahora mismo lo que se está haciendo de manera ordenada. Hay emisoras cuya oferta está completamente creada con inteligencia artificial, como *Hit Radio AI*, servicios que ofrecen crear radios habladas o musicales, como *AI Radio Bot*, radios que ofrecen música creada con IA o bien conocidas plataformas como *Spotify* que con su AI DJ te ofrece *disk jockey* propio que te "pincha" música en una sesión personalizada con tus gustos personales.

5. CONCLUSIONES

Tradicionalmente, el perfil del profesional de la radio ha estado condicionado a los procesos de producción, difusión y distribución de los contenidos sonoros. Si ante la digitalización de la radio, la reconversión supuso exigirles una polivalencia profesional a unos perfiles muy tradicionales (López-Vidales *et al.*, 2019), con la irrupción de la IA en las redacciones, las nuevas generaciones formadas en lo digital encuentran en su ecosistema de trabajo una gran ayuda. No se resisten, como pasó en los primeros tiempos de la digitalización, sino que lo reclaman.

La radio siempre se ha acompañado de tecnología, porque ha visto en ella oportunidades para agilizar muchos procesos y ser más eficaces y eficientes. La radio se encuentra ahora en la era de la eficiencia, porque la planificación y adaptación de las empresas en un escenario mediado por la IA es una realidad en la que compiten todos los medios. Las alianzas internacionales con las tecnológicas se están descubriendo como una gran estrategia empresarial para conseguir predominar en el pódium de las audiencias. *Prisa Media* generó colaboraciones con *Amazon* para las skills de Victoria, acuerdos con Google para verificar la autenticidad de las voces -en un momento en el que los *deepfakes* generan declaraciones falsas totalmente creíbles- y ha establecido un acuerdo con *Perplexity*, motor de búsqueda conversacional basado en *GPT* OpenAI, para ofrecer respuestas a las consultas de los usuarios del buscador "a cambio de compartir los ingresos publicitarios generados" (Prisa, 2024).

Si los diarios digitales están haciendo el trasvase del texto al audio a través de la IA, esta permite a la radio hacer el camino inverso del audio al texto facilitando la viralidad y la indexación que hasta ahora no tenía el audio en la competencia mediática multimodal (texto, vídeo e imagen). Un contenido que va a poder etiquetar gracias al *radio audio data*. Supone un acceso rápido al contenido del banco documental de la radio; recomendaciones más personalizadas al oyente gracias a la segmentación de contenidos y hacer más eficientes los servicios de documentación que protegen el patrimonio sonoro e histórico de una radio. Lo que permitirá ser más eficaz en la protección de los derechos de autor. La facilidad para clonar las voces de la radio implica afianzar el debate ético y jurídico para proteger las voces de las ondas. Todo un desafío, aunque una voz artificial y clonada de cualquier comunicador, nunca tendrá la capacidad de empatizar con el oyente desde el plano de los sentimientos. Al menos, no en un plazo corto. Por eso la radio de siempre no peligra, a pesar de que se haga como nunca se ha hecho.

6. REFERENCIAS BIBLIOGRÁFICAS

Ábside Media (2024). *Política de uso de la IA generativa.* https://tinyurl.com/2sdm82kt

Avilés-Rodilla, C. y Venier, E. (2024). Rádio e inteligência artificial: uma sistematização e caracterização das aplicações e dos desempenhos. *Revista Latinoamericana de Ciencias de la Comunicación, 22*(44). https://doi.org/10.55738/alaic.v22i44.1042

Blanco-Sánchez, T., Martín-Pena,D. y Ortiz-Sobrino, M.A. (2024). El Impacto de la Inteligencia Artificial en los Perfiles Profesionales de la Industria. *European Public y Social Innovation Review, 10,* 01-16. https://doi.org/10.31637/epsir-2025-486

Fraga, E. (2023). *Roberto Carreras: "Con entonación e intención, las voces sintéticas con IA tienen cada vez mayor calidad".* https://tinyurl.com/kk4rchst

FUNCAS, (2024). **Seis de cada diez jóvenes consideran la radio una de las fuentes de información más fiables, aunque solo el 14% la escucha.** https://tinyurl.com/75rnp2zn

Galdón-López, G. (2019) *Infoética: el periodismo liberado de lo políticamente correcto.* CEU Ediciones.

Gómez-Diago, G. (2024). Herramientas de inteligencia artificial para la creación, edición y traducción de vídeos. Una revisión. *Espejo De Monografías De Comunicación Social,* (25), 97–117. https://doi.org/10.52495/c4.emcs.25.p108

Gómez-Diago, G. y Martínez-Nicolás, M. (2023). "Herramientas tecnológicas para el periodismo utilizadas por los medios regionales en España". En J. Sierra Sánchez; N. Abuín Vences (Eds.) *Ecosistema educativo del mañana: entre la inteligencia artificial y la conciencia ecológica* (pp. 23-40). Mc-Graw-Hill.

Higgins, A. (2024). An 'Interview' With a Dead Luminary Exposes the Pitfalls of A.I. https://tinyurl.com/58rue9a4

López-Vidales, N., Chelo-Sánchez, C. e Izuzquiza, F. (2019). "Nuevos perfiles profesionales de la radio y el audio digital". En Pedrero-Esteban, L. M. y García-Lastra Núñez, J. M. (Eds.) *La transformación digital de la radio. Diez claves para su comprensión profesional y académica*. 243-268. Tirant Lo Blanch.

Martínez-Otón, L, García-Marín, D. y Pedrero-Esteban, L.M (2024). "Evolución de la audiencia y sus indicadores". En Pedrero-Esteban, L.M, Martínez-Otón, L., Moreno Cazalla, L. y Terol-Bolinches, R. *Cadena Ser, 100 años de radio*. 206-218. Tirant Lo Blanch.

Open Society (2024). *AI in Journalism Futures 2024*. https://tinyurl.com/2f-bzr5a5

Ormaechea A, (2024). *Congreso Internacional de Radio de Barcelona.*15 y 16 de noviembre) España.

Piñeiro-Otero, T., y Pedrero-Esteban, L.M. (2022). Audio communication in the face of the renaissance of digital audio. *Profesional De La información, 31*(5). https://doi.org/10.3145/epi.2022.sep.07

Prisa (2024). *PRISA Media amplía su liderazgo en IA al sellar un acuerdo con Perplexity.* https://bit.ly/3OQ3jbN

Ribes-I-Guàrdia, F. X, Terol-Bolinches, R., Monclús-Blanco, B. (2024). "La inteligencia artificial en la radio y el audio". En Pedrero-Esteban, L.M, Martínez-Otón, L., Moreno-Cazalla, L. y Terol-Bolinches, R. *Cadena Ser, 100 años de radio.*192-203. Tirant Lo Blanch.

Rodero-Antón, E. y Lucas-Adell, I. (2021). Synthetic versus human voices in audiobooks: The human emotional intimacy effect. *New Media & Society. 25*(3). https://doi.org/10.1177/14614448211024142

Sanabria-Medina, G. (2020). "Apuntes sobre la inteligencia artificial y su aplicación en los archivos sonoros". En: Rodríguez Reséndiz, P. O. *Inteligencia artificial y datos masivos en archivos digitales sonoros y audiovisuales*, 149-158. https://ru.iibi.unam.mx/jspui/handle/IIBI_UNAM/96

Sánchez-García, P., Merayo-Álvarez, N., Calvo-Barbero, C., y Diez-Gracia, A. (2023). Spanish technological development of artificial intelligence applied to journalism: companies and tools for documentation, production and distribution of information. *Profesional de la información, 32*(2). https://doi.org/10.3145/epi.2023.mar.08

Terol-Bolinches, R., Ribes-I-Guàrdia, F. y Monclús-Blanco, B. (2024) *Inteligencia Artificial en el audio. Análisis de herramientas de gestión y producción de sonido con IA*. Congreso CIECEM, 11 y 12 de abril de 2024. Universitat Politécnica de Valencia. https://tinyurl.com/ywdt9sc5

Túñez-López, J. M., Fieiras-Ceide, C. y Vaz-Álvarez, M. (2021). Impacto de la Inteligencia Artificial en el Periodismo: transformaciones en la empresa, los productos, los contenidos y el perfil profesional. *Communication & Society, 34*(1), 177-193. https://doi.org/10.15581/003 .34.1.177-193

Túñez-López, J.M., Toural-Bran, C y Valdiviezo-Abad (2019) Automatización, bots y algoritmos en la redacción de noticias. Impacto y calidad del periodismo artificial. *Revista Latina de Comunicación Social, 74*, 1411 -1433. https://doi.org/10.4185/RLCS-2019-1391

Yaguana-Romero, H.; Arrobo-Agila, J. P. y Rene-Jaramillo, A. (2022). La inteligencia artificial en la narrativa sonora. Estudio de caso. *Anàlisi: Quaderns de Comunicació i Cultura*, 66, 9-23. https://doi.org/10.5565/rev/analisi.3476

Capítulo 3
La revolución algorítmica en los medios de servicio público: personalización, ética y diversidad en la era digital

César Fieiras Ceide
Universidad de Santiago de Compostela

Miguel Túñez López
Universidad de Santiago de Compostela

1. INTRODUCCIÓN

La transformación digital ha modificado profundamente las dinámicas de consumo informativo en las sociedades contemporáneas, impulsando a los medios de comunicación a adaptarse a un ecosistema mediático dominado por plataformas digitales y algoritmos de recomendación. Este cambio ha sido particularmente desafiante para los Medios de Servicio Público (PSM, por sus siglas en inglés), cuya misión histórica de proporcionar contenidos de calidad, diversos y accesibles a todas las audiencias debe reconfigurarse para satisfacer las expectativas de usuarios cada vez más acostumbrados a experiencias personalizadas y dinámicas.

Los hábitos de consumo de las audiencias han migrado de los formatos tradicionales hacia entornos digitales, donde las plataformas de video bajo demanda (VoD) y las aplicaciones móviles se han convertido en los principales puntos de acceso a contenidos. Este fenómeno no solo representa un cambio en la manera de consumir información, sino también un reto estructural para los PSM, cuyos servicios lineales están perdiendo relevancia, especialmente entre audiencias jóvenes. Por ejemplo, corporaciones como ZDF han reportado descensos significativos en la audiencia de sus servicios tradicionales, lo que las ha llevado a priorizar el desarrollo de plataformas digitales y estrategias de personalización (Fieiras-Ceide, *et al.*, 2023).

En este contexto, los PSM europeos han implementado estrategias innovadoras para fortalecer sus servicios de noticias en línea y consolidar sus plataformas digitales. Estas estrategias responden no solo a la necesidad de competir con actores privados como *Netflix* o *Amazon*, sino también a la sobrecarga informativa que enfrentan los usuarios, quienes requieren herramientas que les permitan filtrar, priorizar y acceder a contenidos relevantes de manera eficiente.

Uno de los elementos clave en esta adaptación ha sido el uso de tecnologías basadas en inteligencia artificial (IA), que permiten a los PSM analizar patrones de comportamiento, intereses y preferencias de los usuarios para ofrecer recomendaciones personalizadas. Como señalan Sørensen (2019) y Zuiderveen-Borgesius, *et al.* (2016), los algoritmos de recomendación no solo optimizan la experiencia del usuario, sino que también ayudan a cumplir con los valores fundamentales de los PSM: promover la diversidad, garantizar la universalidad del acceso y ofrecer contenidos que refuercen la cohesión social y la cultura local.

Este capítulo tiene como objetivo identificar y analizar las principales tendencias en la personalización de contenidos informativos dentro de los PSM europeos. Para ello, se abordarán los algoritmos y modelos de inteligencia artificial que han sido desarrollados para adaptar las noticias y otros contenidos a las preferencias de los usuarios en tiempo real. Asimismo, se discutirán los desafíos éticos relacionados con la privacidad y la transparencia en el manejo de datos personales (Sørensen, 2019; Zuiderveen-Borgesius, *et al.*, 2016), así como las limitaciones técnicas y organizativas, tales como la escasez de perfiles especializados en datos e ingeniería en las redacciones (European Broadcasting Union, 2019). También se presentarán casos específicos como el asistente *Voitto* de *YLE*, los *bots* conversacionales de la *BBC*, el proyecto colaborativo *Peach* de la *European Broadcasting Union*, y los *Object Bassed Media*.

2. CONTEXTO Y DESAFÍOS DE LOS PSM EN LA ERA DIGITAL

El tránsito de los formatos tradicionales, como la televisión lineal y la radio, hacia entornos digitales ha generado un cambio estructural en la forma en que las audiencias acceden y consumen contenidos. Los usuarios ya no se limitan a consumir programas en horarios preestablecidos, sino que demandan una experiencia personalizada, disponible en cualquier momento y a través de dispositivos móviles o plataformas de streaming (Newman, 2021). En este contexto, las plataformas de video bajo demanda (VoD) y las aplicaciones móviles han emergido como los principales puntos de acceso a contenidos, lo que ha empujado a los PSM a desarrollar estrategias digitales que combinen innovación tecnológica y fidelidad a sus principios fundacionales.

Este cambio en los patrones de consumo ha tenido un impacto directo en las audiencias jóvenes, quienes han migrado masivamente a servicios digitales privados como Netflix, Amazon Prime y YouTube. Este éxodo plantea la necesidad urgente de que los PSM adapten sus modelos de producción y distribución para captar la atención de este segmento demográfico y competir en un mercado cada vez más saturado (Fieiras-Ceide, *et al.*, 2023).

En un entorno donde los actores privados priorizan la generación de ingresos y el tiempo de visualización del usuario, los medios de servicio público tienen el desafío de diferenciarse ofreciendo contenidos que no solo entretengan, sino que también promuevan la cohesión social, la diversidad cultural y la educación. Esto requiere integrar tecnologías avanzadas, como los algoritmos de recomendación y la inteligencia artificial (IA), que permitan ofrecer una experiencia personalizada sin comprometer los valores fundamentales de universalidad y pluralismo (Zuiderveen-Borgesius, *et al.*, 2016).

Además, los PSM deben enfrentarse al riesgo de replicar las dinámicas de los algoritmos comerciales, que suelen priorizar los contenidos más populares y pueden reforzar las burbujas de filtro o la homogeneización informativa. Los sistemas de recomendación en los PSM deben diseñarse cuidadosamente para garantizar que las audiencias no solo reciban contenido afín a sus intereses, sino que también tengan acceso a una diversidad de perspectivas que fomente el pensamiento crítico (Sørensen, 2019).

En este sentido, la implementación de estas tecnologías está condicionada por restricciones normativas, como el Reglamento General de Protección de Datos (GDPR), que limitan el uso de datos personales y obligan a los PSM a implementar prácticas éticas y transparentes. Al mismo tiempo, la falta de perfiles especializados en ingeniería de datos y la dependencia de soluciones externas son obstáculos recurrentes para muchos medios europeos, como *France Télévisions* y *RTVE*, que han reportado dificultades para desarrollar sus propios sistemas personalizados (European Broadcasting Union, 2019).

3. RADIOGRAFÍA DE LOS SISTEMAS DE RECOMENDACIÓN IMPLEMENTADOS EN LOS PSM EUROPEOS

Los sistemas de recomendación empleados por los Medios de Servicio Público (PSM) europeos se han diversificado en respuesta a las necesidades de personalización y al compromiso de garantizar la universalidad y pluralidad en sus contenidos. Destacan dos enfoques principales: el filtrado colaborativo y el filtrado basado en contenido.

- Filtrado colaborativo: Este enfoque utiliza los datos del comportamiento de los usuarios para generar recomendaciones basadas en patrones de consumo similares entre ellos. Por ejemplo, si un usuario consume un contenido específico, el sistema recomendará ese contenido a otro usuario con intereses o hábitos de consumo similares (Herlocker *et al.*, 1999). Este tipo de sistema es especialmente útil para las plataformas de video bajo demanda (VoD) de los PSM, como NPO en los Países Bajos o SVT en Suecia, donde los usuarios interactúan regularmente con un catálogo amplio y variado.

- Filtrado basado en contenido: Este modelo, centrado en las características intrínsecas del contenido, analiza descriptores específicos (temas, géneros, palabras clave) para sugerir piezas similares. *YLE*, la radiotelevisión finlandesa, utilizó este enfoque en su asistente inteligente *Voitto* para recomendar noticias relevantes directamente en la pantalla de bloqueo del usuario (*YLE*isradio, 2018).

Además, una tendencia emergente son las 'recomendaciones multimodales', que integran diferentes tipos de contenido (texto, audio, video) en una experiencia personalizada. La *BBC* ha apostado por este modelo, aunque reconoce que aún enfrenta desafíos técnicos y de integración (Fields *et al.*, 2018).

Los PSM europeos han implementado soluciones innovadoras para personalizar sus servicios, integrando herramientas que combinan la tecnología con los valores de servicio público:

- *YLE* (Finlandia): El asistente inteligente *Voitto*: *YLE* fue pionera en 2014 con la personalización a través de su aplicación de noticias *NewsWatch*. Su asistente *Voitto* (ahora inactivo) ha sido un ejemplo de personalización avanzada, ofreciendo noticias relevantes directamente en la pantalla de bloqueo del usuario basándose en tres fuentes: preferencias explícitas del usuario, comportamiento de otros usuarios y decisiones editoriales. Este enfoque híbrido permite mantener un equilibrio entre la automatización y la supervisión humana (*YLE*isradio, 2018).

- *BBC* (Reino Unido). *Bots* conversacionales y segmentación: La *BBC* ha desarrollado herramientas básicas de personalización que incluyen *bots* conversacionales y páginas de inicio adaptadas según la edad y región del usuario. Estos *bots*, aunque no utilizan *machine learning* avanzado, representan una estrategia inicial para interactuar con audiencias específicas mientras se sientan las bases para sistemas más complejos (Jones & Jones, 2019).

- Proyecto Peach (European Broadcasting Union). Una solución colaborativa: Este proyecto reúne a diversas corporaciones europeas, como *ARD* y *RTS*, en la construcción de una plataforma común de personalización basada en algoritmos de código abierto. Peach permite a los editores seleccionar contenidos relevantes por categorías y combina preferencias del usuario con decisiones editoriales, asegurando que los valores de servicio público se reflejen en la recomendación (European Broadcasting Union, 2019).

- *RTBF* (Bélgica). Algoritmos propios con enfoque ético La radiotelevisión belga ha trabajado sobre un "algoritmo de servicio público" que evita las burbujas de filtro al introducir diversidad gradual en las recomendaciones. Este sistema es un ejemplo destacado de cómo los PSM pueden construir soluciones personalizadas sin comprometer sus principios éticos (Fieiras-Ceide, *et al.*, 2023).

3.1. Estrategias de diferenciación frente a medios privados

A diferencia de las plataformas comerciales, cuyos algoritmos suelen priorizar la retención de usuarios y los ingresos publicitarios, los PSM europeos están comprometidos con principios éticos y valores de servicio público:

- Incorporación de valores públicos en los algoritmos: Los PSM integran elementos como la diversidad geográfica y cultural en sus sistemas de recomendación. Según Sørensen (2019), esta estrategia no solo evita la homogenización de contenidos, sino que también refuerza la misión de los PSM como promotores de la cohesión social.

- Transparencia y explicabilidad: Los PSM, a diferencia de sus contrapartes comerciales, han adoptado políticas estrictas para garantizar que los usuarios comprendan cómo se utilizan sus datos y cómo funcionan los algoritmos. Por ejemplo, *YLE* publica informes anuales sobre el uso de datos en sus sistemas, promoviendo la confianza y la rendición de cuentas (*YLE*isradio, 2018).

· Colaboración y desarrollo interno: Muchos PSM, como VRT y NPO, han optado por desarrollar sistemas personalizados *in-house*, garantizando que los algoritmos se adapten específicamente a sus necesidades y valores. Estas soluciones internas también permiten un mayor control sobre los datos y la privacidad de los usuarios (Fieiras-Ceide *et al.*, 2023).

4. MEDIOS BASADOS EN OBJETOS: PERSONALIZACIÓN DINÁMICA EN LOS MEDIOS DE SERVICIO PÚBLICO

Uno de los casos de éxito más innovadores en el contexto de la personalización en los PSM son los Medios Basados en Objetos (*Object-Based Media*, OBM), un enfoque novedoso que redefine la forma en que los contenidos multimedia son producidos y consumidos. Este modelo se basa en la descomposición de los contenidos en fragmentos individuales, conocidos como "objetos", que incluyen clips de video, pistas de audio, texto o gráficos. A diferencia de los modelos lineales tradicionales, los OBM permiten que estos elementos se ensamblen y reensamblen dinámicamente en tiempo real, adaptándose a las preferencias, el contexto y las necesidades del usuario (*BBC* R&D, 2018; Van Zeijl, *et al.*, 2020).

En el contexto de los Medios de Servicio Público, los OBM ofrecen un potencial significativo para cumplir con su mandato de accesibilidad, diversidad y personalización. Al permitir la creación de contenidos ajustados a dispositivos, idiomas, ubicaciones o características específicas de accesibilidad, los OBM amplían las posibilidades de interacción y compromiso de las audiencias, al tiempo que fomentan una experiencia de usuario más inclusiva y enriquecedora (Ofcom, 2021).

Un ejemplo pionero de OBM en los PSM es el programa *BBC Click 1000*, que introdujo una narrativa interactiva que permitía a los usuarios ajustar la profundidad y el ritmo del contenido en función de sus preferencias. Si bien fue bien recibido, también destacó los retos relacionados con la carga cognitiva de los espectadores al tomar decisiones constantes sobre la narrativa (*BBC* R&D, 2018). Otro caso destacado es el proyecto *Casualty A&E Audio*, diseñado para mejorar la accesibilidad de las audiencias con discapacidades auditivas. Este proyecto permitió a los usuarios personalizar la mezcla de audio en tiempo real, mejorando significativamente su experiencia de visualización (*BBC* R&D, 2017).

La implementación de OBM no solo mejora la personalización, sino que también fomenta la interactividad y accesibilidad. Por ejemplo, en los deportes, los usuarios pueden personalizar ángulos de cámara, comentarios y estadísticas en tiempo real, como se vio en las iniciativas *MotoGP at Home y Football at Home* durante la pandemia, donde los espectadores pudieron diseñar experiencias narrativas únicas adaptadas a sus preferencias deportivas (Corvin, 2020).

Sin embargo, los OBM no están exentos de desafíos. Su implementación requiere infraestructuras avanzadas y flujos de trabajo complejos, además de plantear preocupaciones éticas relacionadas con la privacidad de los datos recopilados para personalizar las experiencias. Asimismo, la carga cognitiva derivada de ofrecer múltiples opciones a los usuarios puede restar valor a la experiencia de consumo si no se gestiona de manera intuitiva (Napoli, 2019).

A pesar de estas limitaciones, los OBM representan una evolución disruptiva en la personalización de contenidos, alineándose perfectamente con los objetivos de los PSM de ofrecer experiencias dinámicas, accesibles y centradas en el usuario. Al integrar estas tecnologías de manera ética y efectiva, los PSM pueden reforzar su conexión con las audiencias, mejorar la accesibilidad y garantizar que los contenidos sean representativos y diversos, cimentando así su relevancia en un entorno mediático cada vez más competitivo y fragmentado.

5. RETOS EN EL DISEÑO Y LA IMPLEMENTACIÓN DE ALGORITMOS PARA LOS PSM

La integración de algoritmos de recomendación en los Medios de Servicio Público (PSM) plantea diversos retos que van desde las limitaciones técnicas y organizativas hasta cuestiones éticas relacionadas con la privacidad y la transparencia.

Uno de los mayores riesgos en el uso de sistemas de recomendación es la posibilidad de crear burbujas de filtro o ecos informativos, en los que los usuarios reciben contenido que refuerza sus intereses o perspectivas, excluyendo información diversa o crítica. Este fenómeno, ampliamente estudiado en medios privados, también preocupa a los PSM debido a su mandato de promover la pluralidad y la diversidad cultural (Zuiderveen-Borgesius, *et al.*, 2016).

Además, la automatización excesiva en los procesos editoriales puede diluir la capacidad de los PSM para ofrecer contenidos de interés público. Según Sørensen (2019), el diseño de algoritmos debe incluir mecanismos que equilibren las decisiones automatizadas con la supervisión humana, garantizando que las audiencias accedan a contenido relevante y diverso, sin comprometer la misión pública.

Otro desafío técnico es la capacidad de los algoritmos para procesar y priorizar contenidos en tiempo real, especialmente en situaciones de noticias de última hora. Mientras que las plataformas comerciales suelen priorizar el contenido más popular, los PSM deben diseñar sistemas que consideren la relevancia editorial y los principios de interés público como factores clave en la personalización.

El uso de datos personales para alimentar sistemas de recomendación plantea retos éticos significativos. Los PSM, comprometidos con principios de transparencia y protección de datos, enfrentan el reto de equilibrar la personalización con la privacidad de los usuarios, en cumplimiento con normativas como el Reglamento General de Protección de Datos (GDPR) en Europa (*European Broadcasting Union*, 2019).

Además, la explicabilidad de los algoritmos es crucial para generar confianza en las audiencias. Según Sørensen (2019), los PSM deben implementar estrategias para comunicar de manera clara y accesible cómo funcionan sus sistemas de recomendación y qué datos se utilizan en el proceso. Ejemplos como los informes anuales de *YLE* sobre el uso de datos demuestran cómo la transparencia puede fortalecer la relación con los usuarios (*YLE*isradio, 2018).

Otro aspecto ético relevante es garantizar la inclusión de todas las audiencias en el diseño de los algoritmos. Los sistemas de recomendación deben evitar la exclusión de segmentos demográficos específicos, asegurando que los contenidos recomendados reflejen la diversidad geográfica, cultural y lingüística de las comunidades atendidas (Fieiras-Ceide, *et al.*, 2023).

El desarrollo e implementación de algoritmos personalizados requiere recursos técnicos y financieros significativos. Muchos PSM europeos carecen de equipos internos especializados en inteligencia artificial y *big data*, lo que limita su capacidad para desarrollar sistemas propios y los obliga a depender de proveedores externos (*European Broadcasting Union*, 2019). Esta dependencia puede comprometer el control sobre los algoritmos y los datos utilizados, generando tensiones con los principios de independencia editorial y privacidad.

Por otro lado, la sostenibilidad financiera de los PSM en un entorno de competencia global también es un desafío. Mientras que actores como Netflix y Amazon disponen de presupuestos masivos para investigación y desarrollo, los PSM deben encontrar formas de innovar con recursos más limitados. Esto ha llevado a iniciativas colaborativas, como el Proyecto Peach de la *European Broadcasting Union*, que permite a los PSM compartir recursos y tecnologías para desarrollar sistemas de recomendación adaptados a sus necesidades (Fieiras-Ceide, *et al.*, 2023).

En definitiva, entre las corporaciones se ha concluido que la capacitación interna y la formación de equipos especializados son elementos clave para garantizar la sostenibilidad técnica de los sistemas de recomendación. Programas de formación y colaboraciones con universidades e institutos de investigación son estrategias adoptadas por PSM como NPO y VRT para superar estas limitaciones (Sørensen, 2019).

6. PERSPECTIVAS FUTURAS EN LA PERSONALIZACIÓN DE LOS MEDIOS PÚBLICOS

El desarrollo de sistemas de personalización en los Medios de Servicio Público continúa avanzando hacia innovaciones que buscan equilibrar la eficiencia tecnológica con la misión pública de estas corporaciones. Una de las tendencias más prometedoras en el ámbito de los sistemas de recomendación es la integración de tecnologías multimodales, que combinan texto, audio y video en una experiencia personalizada para el usuario. La *BBC* ha sido pionera en este enfoque, denominándolo "recomendación universal", aunque reconoce que la implementación técnica aún enfrenta barreras significativas, especialmente en términos de interoperabilidad y gestión de metadatos (Fields, *et al.*, 2018).

Asimismo, los sistemas híbridos, que combinan decisiones automatizadas y editoriales, están ganando tracción en los PSM. Este enfoque, adoptado por corporaciones como *YLE* y SVT, permite a los algoritmos recomendar contenidos con base en patrones de consumo, pero otorga a los editores humanos la capacidad de supervisar y ajustar las recomendaciones según criterios de interés público (YLEisradio, 2018).

Otro campo de innovación es el uso de modelos avanzados de inteligencia artificial, como redes neuronales profundas, que permiten analizar datos de usuario de manera más sofisticada y ofrecer recomendaciones con mayor precisión. Sin embargo, estas tecnologías requieren una infraestructura técnica robusta y equipos especializados, lo que sigue siendo un desafío para muchos PSM (Fieiras-Ceide, *et al.*, 2023).

A medida que los sistemas de recomendación se vuelven más avanzados, su impacto en la experiencia del usuario se profundiza. Las recomendaciones personalizadas no solo incrementan la relevancia del contenido ofrecido, sino que también fortalecen la relación entre el usuario y el PSM, promoviendo una mayor fidelización. Según Sørensen (2019), estas herramientas tienen el potencial de ampliar la diversidad de contenidos a los que los usuarios están expuestos, siempre que se diseñen para evitar la exclusión de perspectivas minoritarias.

Además, las recomendaciones multimodales ofrecen la posibilidad de adaptar el contenido no solo a las preferencias de los usuarios, sino también a sus circunstancias específicas. Por ejemplo, un sistema podría sugerir una noticia en formato de podcast a un usuario durante su trayecto al trabajo y recomendar un artículo más detallado para leer en casa. Este tipo de personalización contextual refuerza la relevancia del contenido y mejora significativamente la experiencia del usuario (Jones y Jones, 2019).

El reto principal para los PSM en el futuro será mantener su misión pública en un entorno donde la tecnología avanza rápidamente y la competencia con plataformas privadas es cada vez más intensa. Mientras que actores como Netflix y YouTube continúan perfeccionando sus algoritmos para maximizar la retención de usuarios, los PSM deben priorizar la diversidad, la universalidad y la transparencia en sus sistemas de recomendación.

Para lograr este equilibrio, es crucial que los PSM inviertan en la capacitación interna de sus equipos, así como en colaboraciones estratégicas con universidades y otras instituciones públicas. Modelos como el Proyecto *Peach*, que permite compartir recursos tecnológicos entre diferentes PSM, representan un ejemplo exitoso de cómo las iniciativas colaborativas pueden fortalecer la sostenibilidad técnica y financiera (*European Broadcasting Union*, 2019).

El desarrollo de sistemas explicables y éticamente responsables será un diferenciador clave para los PSM. Garantizar que los usuarios comprendan cómo funcionan los algoritmos y cómo se utilizan sus datos no solo refuerza la confianza, sino que también posiciona a los PSM como referentes en la innovación ética en el ámbito mediático (Sørensen, 2019).

7. CONCLUSIONES

El proceso digitalizador ha llevado a los Medios de Servicio Público europeos a rediseñar sus estrategias de distribución de contenidos para adaptarse a un entorno mediático dominado por plataformas digitales y algoritmos de recomendación. Este capítulo ha explorado cómo los PSM están adoptando tecnologías avanzadas para ofrecer una experiencia personalizada que no solo satisfaga las expectativas de las audiencias, sino que también cumpla con su mandato de promover la diversidad, la cohesión social y el acceso universal.

Los sistemas de recomendación han emergido como herramientas fundamentales para alcanzar estos objetivos, permitiendo a los PSM adaptar sus contenidos a las preferencias de los usuarios sin comprometer los valores éticos que los distinguen de los medios comerciales. Sin embargo, como se ha discutido a lo largo de este texto, esta personalización conlleva desafíos significativos. Entre ellos se encuentran la necesidad de evitar burbujas de filtro, garantizar la transparencia y la protección de datos personales, y superar las limitaciones organizativas y técnicas que enfrentan muchas de estas corporaciones.

Los casos analizados, como el asistente *Voitto* de *YLE*, los *bots* conversacionales de la *BBC* y el proyecto *Peach* de la *European Broadcasting Union*, demuestran que los PSM pueden innovar de manera efectiva cuando combinan tecnología con principios editoriales. Estas iniciativas reflejan el potencial de los sistemas híbridos, en los que las decisiones editoriales humanas complementan las capacidades de los algoritmos, asegurando que las audiencias reciban contenidos relevantes y diversos.

En el futuro, los PSM deberán continuar explorando tecnologías emergentes, como las recomendaciones multimodales y los sistemas explicables, para mantenerse relevantes en un entorno competitivo y fragmentado. Además, será crucial fortalecer las colaboraciones entre PSM, universidades y otras instituciones públicas, así como invertir en la capacitación interna de equipos especializados.

En definitiva, los PSM tienen la oportunidad única de liderar la innovación ética en el uso de inteligencia artificial para la personalización de contenidos. Al hacerlo, no solo pueden cumplir con su misión pública en la era digital, sino también establecer estándares que sirvan de referencia para toda la industria mediática.

8. REFERENCIAS BIBLIOGRÁFICAS

BBC R&D. (2017). *The Inspection Chamber*. BBC Research and Development. Recuperado de https://tinyurl.com/544fdetz

BBC R&D. (2018). *Object-Based Media Meets Web Documentary*. BBC Research and Development. Recuperado de https://tinyurl.com/bddhbr2u

Corvin, A.-M. (2020). *Object-Based Media: Exploring the user experience*. International Broadcasting Convention (IBC). Recuperado de https://tinyurl.com/zn4kjnky

European Broadcasting Union. (2019). *News report 2019. The next newsroom*. Geneva: European Broadcasting Union.

Fieiras-Ceide, C., Vaz-Álvarez, M., y Túñez-López, M. (2023). Diseño de la personalización de los medios de servicio público europeos: Tendencias en algoritmos e inteligencia artificial para la distribución de contenidos. *Profesional de la información, 32*(3) https://doi.org/10.3145/epi.2023.may.11

Fields, B., Jones, R., y Cowlishaw, T. (2018). *The case for public service recommender algorithms*. Fatrec Workshop, BBC.

Herlocker, J. L., Konstan, J. A., Borchers, A., y Riedl, J. (1999). An algorithmic framework for performing collaborative filtering. *ACM Sigir, 22*, 230–237. https://doi.org/10.1145/312624.312682

Jones, B., y Jones, R. (2019). Public service chatbots: Automating conversation with BBC News. *Digital Journalism, 7*(8), 980-992. https://doi.org/10.1080/2 1670811.2019.1609371

Napoli, P. M. (2011). *Audience Evolution: New Technologies and the Transformation of Media Audiences*. Columbia University Press.

Napoli, P. M. (2019). *Social Media and the Public Interest: Media Regulation in the Disinformation Age*. Columbia University Press.

Ofcom. (2021). *Object-Based Media Report: Exploring the potential of object-based media in broadcasting and content delivery.* Macroblock Ltd. and the School of Digital Arts. Recuperado de https://tinyurl.com/58bsx64y

Sørensen, J.-K. (2019). *Public service media, diversity and algorithmic recommendation: Tensions between editorial principles and algorithms in European PSM Organizations.* INRA.

Stout, A. (2019). *Object-Based Media: All You Need to Know.* Viaccess-Orca. Recuperado de https://tinyurl.com/4yruk5xm

Van Zeijl, A., Scolari, C. A., y Lugo Rodríguez, N. (2020). Object-Based Broadcasting: Curation, Responsiveness and User Experience. *Media and Communication, 8*(3), 339-349.

YLEisradio. (2018). *The first of its kind in the world: YLE NewsWatch's smart Voitto assistant shows recommendations directly on the lock screen.* Helsinki: YLE. https://tinyurl.com/bddyv3x4

Zuiderveen-Borgesius, F., Trilling, D., Möller, J., Bodó, B., De Vreese, C. H., y Helberger, N. (2016). Should we worry about filter bubbles?. *Internet Policy Review, 5*(1). https://doi.org/10.14763/2016.1.401

9. FINANCIACIÓN

Los resultados de esta investigación forman parte de las actividades promovidas por el proyecto "Creación de una plataforma generadora de chatbots mediante IA para la comunicación del valor público del PSM VALUEbot" (PDC2023 145885-I00), financiado por MCIN/AEI/10.13039/501100011033 y por la Unión Europea NextGeneration EU/PRTR.

Capítulo 4
Herramientas de IA aplicadas al periodismo de datos

Eva Mª Ferreras Rodríguez
Universidad Nebrija

Félix Arias Robles
Universidad Miguel Hernández

1. INTRODUCCIÓN

1.1. El impacto de la IA generativa en el periodismo

Una década después de los primeros experimentos con algoritmos en las redacciones, la aplicación de la inteligencia artificial (IA) al periodismo ya no constituye una novedad. En esta fase más madura, se ha consolidado la idea de que la IA configurará el desarrollo del periodismo a medio plazo (Zheng, *et al.*, 2018). Como mínimo, se exige que los periodistas experimenten con esta tecnología y la comprendan, a través del conocimiento, la formación y una actitud crítica (Peña-Fernández, *et al.,* 2023).

El último Informe Reuters señalaba que 2024 sería el año de la incorporación plena de la IA en las redacciones (Newman, 2024). Y las experiencias y recursos recogidos en este capítulo parecen constatar esta predicción. Se considera que la inteligencia artificial ha alcanzado un nivel de desarrollo suficiente para asumir, de forma directa o indirecta, numerosas tareas periodísticas. Sin embargo, persiste la incertidumbre sobre si la IA realmente liberará a los periodistas para dedicarse a reportajes más profundos; por el contrario, el tiempo ahorrado podría terminar siendo absorbido por tareas adicionales de bajo valor (Simon, 2024).

Otras perspectivas subrayan la importancia de evaluar críticamente la tecnología (Helberger, *et al.,* 2022) y cuestionan la suposición de que el progreso tecnológico resolverá los desafíos éticos y profesionales actuales (Broussard, 2019).

La IA, entendida como "un conjunto de ideas y técnicas que permiten a un sistema informático realizar tareas que tradicionalmente requerían inteligencia humana" (Beckett, 2019), se basa en tecnologías como el análisis estadístico y el procesamiento del lenguaje, que han sido componentes esenciales del periodismo desde sus primeros días (Deuze y Beckett, 2022).

El desarrollo de modelos de lenguaje a gran escala (LLMs, por sus siglas en inglés) ha acelerado una tendencia ya emergente en la generación de texto, audio, imágenes y video (Becker, *et al.,* 2025). La IA generativa, impulsada por estos modelos, se centra en la creación de contenido nuevo mediante la identificación de tendencias y patrones en datos existentes (Gill y Kaur, 2023). Los transformadores generativos preentrenados (GPT, por sus siglas en inglés) se entrenan con conjuntos de datos masivos para producir textos que se asemejan estrechamente al lenguaje humano (Javaid, *et al.,* 2023). La adopción de estas herramientas ya supuso un salto significativo en la integración de esta tecnología en las redacciones (De Lara, *et al.,* 2022).

Aunque no son conscientes ni autónomas, herramientas como ChatGPT pueden procesar y entregar información de una manera que se asemeja considerablemente a la comunicación humana. Estos servicios destacan por su accesibilidad y sus mínimas exigencias técnicas en comparación con aplicaciones de IA anteriores, lo que representa un avance significativo para las redacciones (Beckett y Yaseen, 2023).

Los sistemas actuales de IA aún presentan numerosas limitaciones, como su incapacidad para innovar, reconocer emociones humanas matizadas y su dependencia de los datos de entrada, lo que restringe su capacidad para verificar la precisión de las respuestas (Haleem, *et al.,* 2022). En consecuencia, Thurman, *et al.,* (2017) pronosticaron la necesidad de mejorar las habilidades humanas para complementar a la IA. El futuro del periodismo asistido por IA depende de encontrar un equilibrio entre los algoritmos y los estándares editoriales y éticos para preservar la integridad y la fiabilidad del contenido (Ahmad, *et al.*, 2023). Queda por ver si la IA representa una amenaza para el periodismo o si se convierte en un recurso valioso para mejorar la calidad y la eficiencia en un contexto de limitaciones de tiempo y recursos (Pavlik, 2023).

1.2. IA y periodismo de datos

En el panorama actual, el periodismo de calidad podría ser más relevante que nunca. Y una de las disciplinas en las que mayor influencia puede tener esta tecnología es en el periodismo de datos (PD). Esta especialidad siempre ha permanecido en constante evolución, mutable y en continua "renegociación y regeneración profesional" (de Lima-Santos y Mesquita 2021 p. 1420), por lo que resulta un ámbito más que propicio para la aplicación de los últimos avances tecnológicos. Autores cómo Fridman, *et al.*, (2023) entienden que el periodismo de datos y el periodismo impulsado por IA son "dos enfoques diferentes del periodismo que pueden superponerse" y señalan que "los periodistas de datos ahora dependen más de la automatización y la IA" (p.2). En esta línea, de-Lima-Santos y Salaverría (2021) aseguraron que el PD ha sido fundamental en la transformación para utilizar estrategias de la IA en las redacciones.

Esta perspectiva se traslada también a los circuitos profesionales. En el informe *State of Data Journalism Survey* (EJC, 2023), se afirmaba que la IA está abriéndose camino en las prácticas del periodismo de datos a niveles similares, ya sea en redacciones locales, nacionales o internacionales. En el más reciente reporte de *Journalism AI* (Beckett y Yaseen, 2023), diversos profesionales declaraban que ya estaban utilizando estas herramientas para la recopilación y el análisis de grandes volúmenes de datos y se nombraba el *data mining* como una de las principales aplicaciones de la IA para la detección de tendencias.

En el ámbito más académico, se ha investigado cómo los algoritmos podrían fomentar la transparencia interna dentro de las organizaciones mediáticas (Diakopoulos y Koliska, 2017). Esto resulta particularmente relevante en un contexto donde la IA puede actuar tanto como motor como herramienta para abordar dos importantes desafíos sociales: la polarización, a menudo agravada por la personalización de contenidos, y la desinformación (Simon, *et al.*, 2023).

Sin embargo, la evolución de este mercado nos lleva a realizar otro ejercicio de transparencia en relación con la propiedad de las herramientas. El informe *Control Beyond Code: Ownership and Financial Insights of AI Used in Journalism* publicado por el *Media and Journalism Research Center* (Martin, 2024) analizó 100 herramientas de IA utilizadas en las redacciones para comprobar su grado de transparencia en relación con las empresas propietarias. Señala que "la falta de transparencia entre las 100 empresas de herramientas de IA encuestadas en este estudio genera inquietudes sobre la fiabilidad e imparcialidad de sus productos para el uso periodístico" (Martin, 2024, p. 2).

Un paso básico hacia este objetivo sería la divulgación abierta del uso de IA en la creación de contenidos (Shin, *et al.*, 2022), una práctica que ya han adoptado publicaciones como *Nature* (Zimmerman, 2023). No obstante, una integración genuina requeriría el desarrollo de directrices claras para el uso de la IA. Aunque estándares similares han existido desde los orígenes del periodismo impreso, su importancia podría ser mayor hoy en día (Paik, 2023).

Además de los medios de comunicación, los periodistas, tanto de manera colectiva como individual, deben enfrentarse a esta situación. Es imprescindible reflexionar, informarse, alzar la voz, formarse, y tomar decisiones estratégicas e inmediatas. De lo contrario, otros lo harán. Y la brecha ya iniciada con la digitalización se profundizará. Se trata de un fenómeno extremadamente complejo, comparable a lo vivido con el auge de la web hace aproximadamente 30 años (Arias-Robles, 2023).

Explorar algunas de las principales herramientas basadas en IA que los profesionales pueden aplicar en el trabajo con datos es el objetivo de este capítulo. También se aspira a recopilar algunos de los proyectos más importantes en los que las redacciones, normalmente en colaboración con otras empresas tecnológicas, han desarrollado prototipos para hacer más efectivo el periodismo de datos.

Para organizar estas aportaciones, se ha partido de la ya célebre pirámide invertida propuesta y actualizada por Bradshaw (2023). Tras agrupar algunos de los escalones de este esquema, las herramientas y proyectos de este trabajo se han integrado en cuatro: la búsqueda, la extracción o compilación, el procesamiento y la publicación o generación de contenidos.

Imagen 1. Pirámide Invertida del periodismo de datos

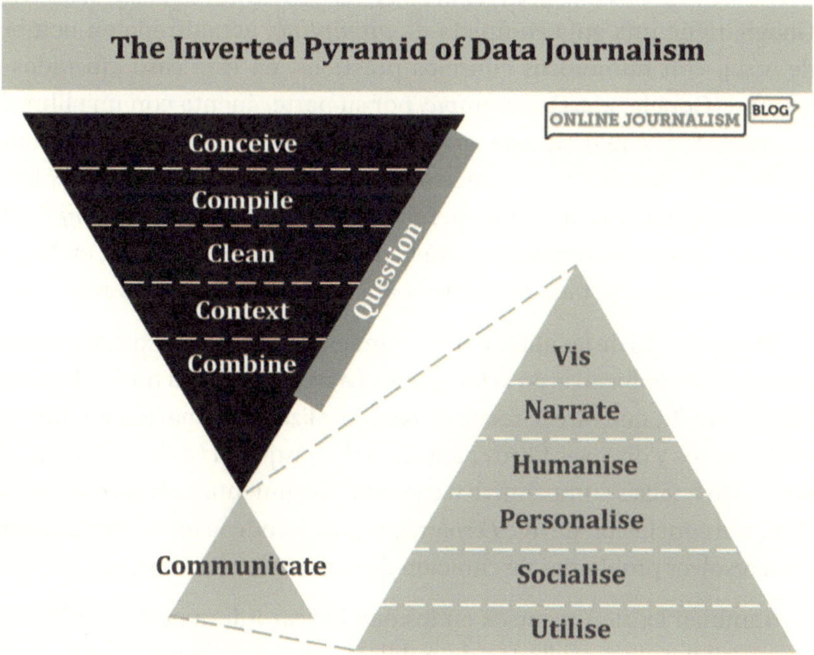

The Inverted Pyramid of Data Journalism

ONLINE JOURNALISM | BLOG

Conceive
Compile
Clean
Context
Combine

Question

Vis
Narrate
Humanise
Personalise
Socialise
Utilise

Communicate

Fuente: Paul Bradshaw.

2. LA BÚSQUEDA

Las aplicaciones generalistas de IA como *ChatGTP, Claude, Gemini, Copilot* pueden ser un punto de partida para buscar información, tendencias o publicaciones anteriores en lo relativo a concebir una idea. Como ya sabemos, el modo en que se pregunte influye en la respuesta por lo que es necesario ser preciso, ofrecer contexto y normas claras. Para facilitar esta tarea, diversos expertos publican listas de *prompts* o instrucciones para conseguir resultados específicos con estas herramientas.

La propia *OpenAI* ofrece, desde 2023, aunque en constante actualización, una guía de *"prompt engineering"* con seis estrategias fundamentales para conseguir información y generar ideas, especialmente en ChatGPT: claridad en las instrucciones, proporcionar contexto, dividir la tarea en partes, darle tiempo para pensar, complementar con herramientas externas y testar las respuestas (Arias Robles, *et al.,* 2023). Google tiene una guía completa de *prompting*, actualizada en octubre de 2024, con numerosos consejos prácticos, en este caso ajustados a Gemini (Google, 2024). *Anthropic,* por su parte, cuenta con una librería de *prompts* que registra una amplia gama de temas enfocados a Claude (Anthropic, 2024). Pero también hay recomendaciones muy completas publicadas por entidades independientes, como la *Democratizing Artificial Intelligence Research, Education, and Technologies* (DAIR), en la que hay incluso un apartado específico para la parte de datos (Saravia, 2024).

Pero más allá de las guías y las herramientas genéricas, existen otras especialmente enfocadas en la búsqueda. La más extendida probablemente sea *Perplexity*, que ofrece recursos para localizar información en diferentes formatos y diversos filtros para afinar la búsqueda (Arias Robles, *et al.,* 2023). Un análisis comparativo entre esta herramienta y otras generalistas llegó a la conclusión de que *Perplexity* seguía siendo la mejor herramienta para resolver problemas de curación de contenidos (Codina, 2024).

También existen recursos en los que buscar información académica. En ocasiones, los resultados de publicaciones científicas pueden servir cómo punto de partida para un trabajo de PD o para explicar conceptos complejos en dichos trabajos/piezas de datos. *Elicit* es una de las más prácticas, porque incluso en su versión gratuita es capaz de mostrar un resumen basado en diferentes referencias y proporcionar una tabla con los principales datos de los *papers* recopilados. Una alternativa complementaria es *Consensus*, en la que además se pueden exportar los resultados en una hoja de cálculo también en su versión gratuita.

Imagen 2. Captura de una respuesta de Elicit sobre el uso de esta herramienta y Consensus para periodismo de datos

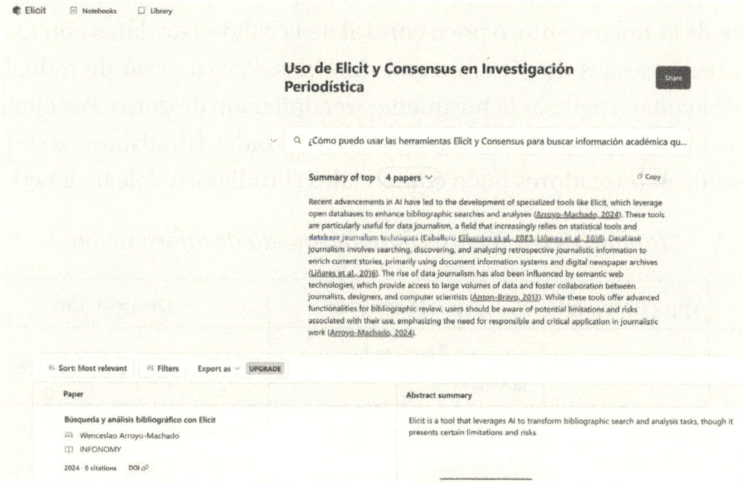

Fuente: Elaboración propia.

Además de trabajar con las citadas herramientas ya prediseñadas, algunos medios han creado aplicaciones propias que pueden ayudar a definir ideas o puntos de partida para trabajos periodísticos. Por ejemplo, *The Washington Post* cuenta con *Virality Oracle*, una aplicación que predice los temas que se van a viralizar.

Tras la definición de la idea, los periodistas de datos se centran en la búsqueda de información, de bases de datos y documentos; tarea en la que las aplicaciones de IA pueden ser de utilidad. En este punto, se requiere más precisión en las instrucciones que le trasladamos a la aplicación; la claridad y ofrecer contexto y/o referencias sin duda ayudan a optimizar las búsquedas. Es posible utilizar recursos como extensiones para el navegador, por ejemplo, *AIPRM* para *ChatGPT,* que permiten elegir entre un listado de órdenes ya creadas para pedirle a la IA lo que el usuario precisa (Gutiérrez-Caneda, *et al.*, 2023).

La aplicación de la IA en el proceso de investigación (entendida cómo la búsqueda de *datasets* y fuentes) es junto con la generación de contenido, las áreas dónde más riesgos existen y así lo corroboran Bradshaw (2024) y Stray (2019) entre otros. De hecho, son varias las consideraciones a las que aluden; riesgo de la IAG a "alucinar", no indicación de fuentes, límite de conocimiento, o poco control de la calidad de datos con los que se entrena, sesgos de género o con minorías. Pero a pesar de todo, la IA puede ayudar a agilizar la búsqueda y recopilación de datos. Por ejemplo, con asistencia para realizar búsquedas avanzadas (Bradshaw, 2024) o la consulta en buscadores poco comerciales (Prodigioso Volcán, 2023).

Tabla 1. Herramientas para búsqueda de información

	App / desarrollo	Tipo de creador	Descripción
Buscadores	Ject.AI	Start-up financiada por la UE	Ofrece enfoques diferentes
	Search Whisperer	Desarrollada por Henk Van Ess	Evita sesgos en búsquedas complejas
	SourceScout	Proyecto ganador Media Party 2023 (ICFJ)	Localiza fuentes poco conocidas
	Rolli App	Empresa: Rolli Inc.	Buscador para fuentes y expertos relevantes.
Optimizadores de búsqueda	DorkGTP	Empresa: Predicta Lab	Generar y optimiza los "Google Dorks"
	Dork Genius	Empresa: IT Consultoría	Genera operadores para consultas complejas en Google, Bing y DuckDuckGO
	Google Word Sniper	Desarrollada por Henk Van Ess	Utiliza ChatGPT para buscar palabras exactas en Google

Fuente: Elaboración propia

En la Tabla 1 se recogen varias herramientas asistidas por IA para la fase de búsqueda clasificados en dos categorías: buscadores y optimizadores de búsquedas avanzadas.

3. EXTRACCIÓN Y COMPILACIÓN

Una de las mayores dificultades en PD es compilar de datos de diferentes fuentes y formatos, lo que requiere de una estandarización para poder trabajarlos. Además, a la hora de reunir un *dataset*, en muchas ocasiones es necesario extraer datos de tablas, documentos o webs, para lo que es necesario recurrir al raspado o *scraping*. Hasta ahora, esta tarea se ha venido realizando con diversos softwares o extensiones para navegadores que la IA también simplifica. Por ejemplo, para la extracción mediante raspado (*scraping*) en webs o documentos nos ayudan a escribir el código para ello y también a corregirlo cuando no funciona (Bradshaw, 2024). En este sentido, destacamos Google Colab como asistente para escribir código. Por otro lado, se pueden reunir datos a partir de bases ya construidas; se destacan dos generados con tecnologías de IA (Tabla 2).

Tabla 2. Aplicaciones para extracción de datos y bases de datos

	App/desarrollo	Tipo de creador	Descripción
Bases de datos	Amazon Mining Watch	Colaboración: RIN del Centro Pulitzer, Amazon Conservation, y Earth Genome.	Generada para rastrear minería de cielo abierto en el Amazonas.
	Funes	Medio: Ojo Público	
Extracción de datos	EarthGPT	Investigadores como Wei Zhang, Miaoxin Cai ect...	Ofrece imágenes satelitales y mapas desde ChatGTP
	Google Colab	Google	Genera código para extracciones
	Daysi	Proyecto Colaborativo. JournalismAI Fellowship.	Permite extraer información a partir de set de datos complejos

Datasette	Simon Willison	Permite explorar y extraer datos
Panda-etl.ai	Empresa: Sinaptik GmbH	Herramienta de ETL (Extract, Transform and Load)
https://hugging-face.com/spaces/JournalistsonHF/	Empresa: Hugging Face, Inc.	Plataforma que facilita la colaboración con aplicaciones de inteligencia artificial (IA).
Funes	Ojo Público	Algoritmo para identificar riesgos de corrupción.
koncile.ai	Empresa: Sinaptik GmbH	Automatización y control de documentos.

Fuente: Elaboración propia

La base de datos *Amazon Mining Watch* es fruto de una colaboración entre Red de Investigaciones de los Bosques Tropicales (RIN) del Centro Pulitzer, *Amazon Conservation,* y *Earth Genome*. Esta última es una organización que a partir de datos terrestres e IA construye herramientas centradas en la emergencia climática. Su base de datos sobre minería ilegal en la región del Amazonas ha sido utilizada ya una serie de trabajos de PD publicados de forma simultánea por *El País* y *Armando.info* en enero de 2022.

Imagen 3. Portada de publicación en El País
y portada de publicación de Armandoinfo

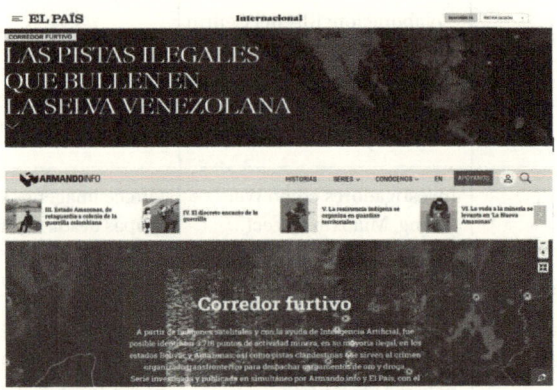

Fuente: *El País y Armando Info.*

Por otro lado, señalamos también el proyecto colaborativo Daisy. Se trata de un desarrollo auspiciado por el programa de becas del JournalismAI. En este caso cooperan periodistas y tecnólogos de *India Today Group* (India), *CORRECTIV* (Alemania) y *Malaysiakini* (Malasia). El proyecto pretende crear una plataforma de datos en relación con las elecciones en la India (950 millones de votantes) que facilite el acceso a los datos de forma simple.

El medio peruano *Ojo Público* creó un algoritmo llamado FUNES (Ojo Público, 2019) que identifica situaciones de riesgo de corrupción en las contrataciones públicas del país mediante la combinación y el análisis de bases de datos.

4. EL PROCESAMIENTO

El mayor potencial de la IA en el PD reside, al menos a corto plazo, en el procesamiento, extracción de datos y tratamiento estadístico de los mismos (Stray, 2019; Arias-Robles 2023, Bradshaw 2024, Gutiérrez Caneda, *et al.,* 2024). Para el análisis estadístico, existen infinidad de guías de fórmulas para hojas de cálculo; *Google Sheet* cuenta desde hace años un asistente de fórmulas que resulta práctico; la IA generativa también facilita en estas tareas. Pueden generar fórmulas y en algunas se puede trabajar con las hojas de cálculo directamente. *Claude* permite integrar *Google Sheets*, y posibilita clasificar los datos o complementarlos; por ejemplo, pidiendo que añada contenido. En este caso, es imprescindible ser cuidadosos verificando los datos. En la siguiente tabla (3) registramos otros desarrollos relativos al manejo y tratamiento de grandes volúmenes de datos.

Tabla 3. Herramientas para el análisis y procesamiento

	App/desarrollo	Tipo de creador	Descripción
Procesamiento	NotebookLM	Google	Organiza y analiza información en grandes datsets
	Numerous.ia	Extensión para Sheets y Excel	Automatiza, limpia, organiza, resume y categoriza datos
	Sinapsis	Animal Político (México)	Permite cruzar bases de datos que aparecen en nodos.
	AURA	Proyecto colaborativo. Journalism AI Fellowship	Transforma datos no estructurados en información estructurada
	Llamafile	Mozilla	Permite distribuir y ejecutar LLMs en un solo archivo ejecutable
Análisis	Pinpoint	Google	Facilita la organización de documentos y su análisis
	TimeLark	Proyecto colaborativo: JournalismAI Fellowship.	Explora y muestra relaciones y cronologías complejas
	Quick Trace	Proyecto ganador Media Party 2023 (ICFJ)	Análisis de datos
	Team Real Estate Alerter	Proyecto Colaborativo. JournalismAI Fellowship	Descubre anomalías en datos inmobiliarios
	GTP Personalizado	OpenAI	Análisis y visualización de datos.
	Fórmula Bot Sheet AI GPT Excel AI Excel Bot	Varias herramientas	Generadores de fórmulas para Excel
	ChatPDF Call Pdf AI Pdf Parser Socrates AI	Varias herramientas	Analizadores de documentos PDF

	Grapha AI	Prince Harshan	Análisis para descubrir tendencias y patrones
	Harpa AI	Empresa: Harpa Technologies	Asistente para crear contenido en YouTube
	Explainpaper	Aman Jha	Facilita la lectura y comprensión de documentos de investigación académica
	Document cloud	MuckRock Foundation	Plataforma que permite analizar, organizar documentos.
Transcripcio-nes	Wisper	OpenAI	Conversión de audio a texto
	Happy Scribe	Happy Scribe Ltd.	Transcripción de audio a texto y subtitulación de videos
	Notta	Notta	Traducción en tiempo real, notas de reuniones, transcripción automática etc...
	Pinpoint	Google	Transcribe archivos de audio

Fuente: Elaboración propia.

El uso avanzado de *ChatGTP* es sin duda una de los recursos más utilizados por los periodistas en lo relativo al análisis de datos. Cools y Diakopoulos (2024) analizaron los usos de la IA (*ChatGTP*) en los medios de Países Bajos y Dinamarca y constatan que el análisis de datos es una de las áreas donde más se utiliza. Sin embargo, los resultados no siempre son fiables; *The Markup* experimentó a principios de este año con el uso de *ChatGPT* como asistente para un reportaje, sin resultados demasiado positivos (Keegan, 2024). Más recientemente, *The*

Pudding probó Claude para producir una historia completa de principio a fin para llegar a la conclusión de que el periodista no era sustituible (Samora y Pera, 2024). Para paliar estas deficiencias, Veerbeek y Diakopoulos (2024) diseñaron un sistema basado en una serie de *prompts* organizados en un diagrama de flujo organizado dividido en dos tipos de instrucciones: los de rol y los de tareas. Más éxito mostró un periodista de datos al buscar un objetivo más sencillo: confeccionar un *dataset* a partir de documentos en PDF con la ayuda de un sencillo script en *Python* (Roberts, 2024).

Por eso desarrollos cómo *Sinapsis* de *Animal Político* (México) suponen un avance; facilita cruzar bases de datos para descubrir conexiones entre empresas. Además, se trata de una herramienta colaborativa y abierta a periodistas de Latinoamérica. El proyecto 'La estafa maestra' (Animal Político, 2017) se investigó con el soporte de Sinapsis. AURA es una herramienta que transforma datos no estructurados en información estructurada, algo básico en PD. Surge de una colaboración entre periodistas y tecnólogos de *The Economist, Indian Express, DR (Danish Broadcasting Corporation)* y *Aftonbladet* a través de la beca de *Journalism AI* 2024.

5. LA GENERACIÓN

La creación con IA de contenidos para su publicación es probablemente una de las facetas en la que todavía exista un mayor horizonte de desarrollo. Los recursos más extendidos en las redacciones para comunicar los resultados de investigaciones periodísticas basadas en datos todavía no han integrado esta tecnología, al menos directamente, en sus interfaces.

Antes de entrar en detalles sobre los proyectos y herramientas concretas que sirven para desarrollar visualizaciones o contenidos multimedia, con múltiples aplicaciones para el periodista de datos, conviene detenerse en una cuestión central: en muchas ocasiones, la IA sirve para crear sólo una pequeña parte del contenido finalmente publicado. Esto es especialmente evidente al hablar del uso de esta tecnología como apoyo para la escritura de código de programación, que como vemos influye en todas las fases del proceso periodístico tratadas aquí, especialmente la extracción, el análisis y la visualización. Pero también es importante pensar, por ejemplo, en recursos visuales que pueden formar parte de una infografía o recursos sonoros o visuales que complementen un podcast o un vídeo en el que se divulguen datos.

Tabla 4. Herramientas y recursos basados en IA
para la generación de contenidos basados en datos

	App/desarrollo	Tipo de creador	Descripción
Texto	Odin	Medio: Cuestión Pública (Colombia)	Convierte los datasets de sus investigaciones en publicaciones para redes.
	NUBIA	Beca JournalismAI (periodistas africanos)	Procesa entradas multiformato de texto, audio y datos,para generar informes periodísticos, análisis de datos
	Herramientas de IA generalsitas (ChatGPT, Copilot, Gemini y Claude)	Empresa tecnológica (OpenAI, Microsoft (con OpenAI), Google y Anthropic)	Resúmenes de gráficos y tablas con la opción de lectura de documentos e imágenes, generación y edición de tablas
Audio	ElevenLabs, PlayHT, Murf AI, MicVoice Ai, Climpchamp, TTSmaker	Empresas tecnológicas	Creación de voces sintéticas para complementos de podcast (títulos, créditos, recursos, lectura de fragmentos de textos...)
	ElevenLabs, LoudMe, MyEdit AI	Empresas tecnológicas	Generación de efectos de sonido y música para dar vida a podcast
	NotebookLM	Google	Podcast completos a partir de documentos (informes, noticias basadas en datos...)

Imagen	Ideogram (además de otras herramientas como Dall·E, Midjourney o Stable Difussion)	Ideogram y otras empresas tecnológicas	Creación de imágenes con buena definición de caracteres (letras y cifras)
	Krea	Krea y otras empresas tecnológicas	Creación de versiones de imágenes en tiempo real
	Photoshop, Indesign y Firefly	Adobe	Creación de imágenes con buena definición de caracteres (letras y cifras)
	Canva	Word Inc	Integración de imágenes generadas con IA en infografías
Vídeo	Vizard	Vizard	Simplificación en la creación de diferentes versiones de vídeos con datos (de horizontal a vertical...)
	Premiere, After Effect y Firefly	Adobe	Generación de vídeos en los que se integran imágenes generadas con IA
	Sora, Veo, Runway, Luma, Kling	Empresas tecnológicas	Generación de vídeos en los que se integran imágenes generadas con IA
	Canva	Word Inc	Generación de vídeos en los que se integran imágenes generadas con IA
Visualizaciones	Herramientas de IA generalsitas (ChatGPT, Copilot, Gemini y Claude)	Empresa tecnológica (OpenAI, Microsoft (con OpenAI), Google y Anthropic)	Creación de gráficos sencillos e imágenes de mapas
	GPT específicos (Daigr. am y Chart Maker) y plugin de buscar en ChatGPT	OpenAI	Gráficos más avanzados y mapas interactivos

Figma AI	Adobe	Generación de gráficos asistidos por IA
Graphy	Graphy Technologies	Generación de gráficos asistidos por IA
Napkin	Napkin	Generación de gráficos asistidos por IA

Más allá de los recursos generados por empresas tecnológicas, conviene empezar hablando de proyectos surgidos desde algunas redacciones. *ODIN*, desarrollado por Cuestión Pública en Colombia, convierte *datasets* de investigaciones en publicaciones para redes sociales. Por su parte, *NUBIA*, creada bajo la beca *JournalismAI*, procesa texto, audio y datos multiformato para generar informes periodísticos y análisis complejos.

Imagen 4. Interfaz de Nubia

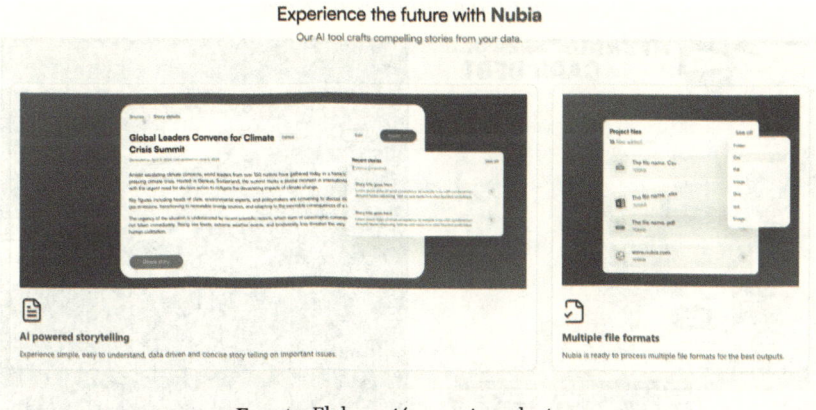

Fuente: Elaboración propia en la *App.*

Las herramientas generales de IA, como *ChatGPT, Copilot, Gemini* y *Claude*, permiten realizar tareas como creación y edición de tablas, resúmenes de gráficos y análisis de documentos e imágenes. Sin embargo, estas plataformas presentan limitaciones en sus versiones gratuitas y la posibilidad de producir resultados imprecisos, conocidos como alucinaciones.

En el ámbito del audio, herramientas como *ElevenLabs, PlayHT* y *Murf AI* se utilizan para crear voces sintéticas destinadas a complementar podcasts, mientras que *ElevenLabs* y similares generan efectos de sonido y música. *Google* también ha desarrollado *NotebookLM*, que transforma documentos en podcasts completos, aunque solo está disponible en inglés y puede presentar imprecisiones.

En cuanto a la generación de imágenes, herramientas como *Ideogram*, *DALL·E, Midjourney* y *Stable Diffusion* destacan por producir imágenes de alta calidad con caracteres definidos. Adobe, mediante *Photoshop, Indesign* y *Firefly*, ofrece soluciones avanzadas, aunque limitadas a versiones de pago. Además, la última versión de ChatGPT, ya permite crear imágenes. *Canva*, por su parte, integra imágenes generadas por IA en infografías, con ciertas restricciones en su versión gratuita. Y *Krea* permite la generación de imágenes en tiempo real a partir de un modelo y con ajustes como la temperatura o el grado de creatividad del modelo de lenguaje.

Imagen 5. Interfaz de Krea

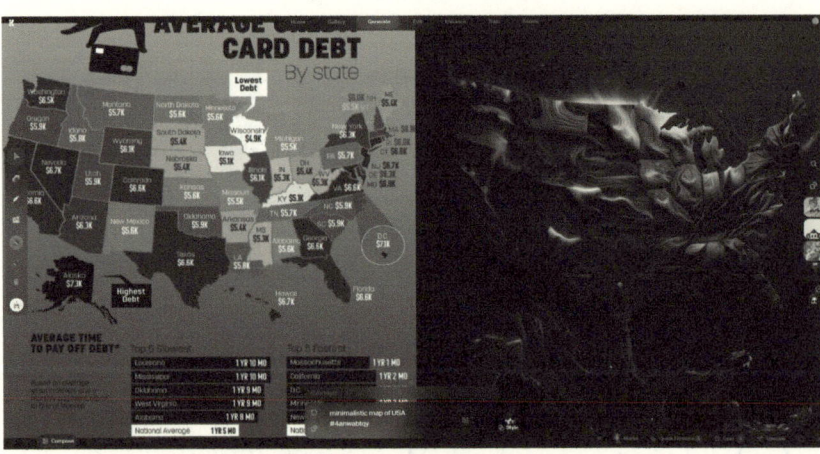

Fuente: Elaboración propia en *Krea.*

Para la edición y creación de vídeos, *Vizard* facilita la producción de diferentes formatos, como videos verticales u horizontales, mientras que *Adobe* (*Premiere, After Effects* y *Firefly*) proporciona herramientas avanzadas para integrar imágenes generadas por IA, aunque en versiones de pago. También destacan plataformas como *Runway, Luma* y *Kling*, que permiten integrar contenido generado por IA en proyectos de video, aunque con limitaciones en sus versiones gratuitas.

Las visualizaciones de datos también se benefician de herramientas generales como *ChatGPT, Copilot* y *Gemini*, que permiten crear gráficos sencillos y mapas básicos. Soluciones más avanzadas, como *Daigr.am* y *Chart Maker* de *OpenAI*, generan gráficos interactivos, mientras que *Graphy, Napkin* y *Figma AI* asisten en la creación de visualizaciones más complejas, aunque pueden requerir ajustes para alinearse con las instrucciones específicas.

Finalmente, también existen diversas aplicaciones de estas herramientas para facilitar el trabajo con código de programación, que por supuesto se puede aplicar a esta última fase de publicación de contenidos. Entre las herramientas, *ChatGPT* destaca por su modelo *o1*, que resulta muy potente para resolver problemas de programación, mientras que la función de Lienzo permite avanzar progresivamente en proyectos complejos. *Claude*, por otro lado, es preferida por muchos programadores debido a su capacidad para detectar errores que *ChatGPT* podría pasar por alto, además de su facilidad para manejar grandes bloques de código. Otras opciones incluyen *GitHub Copilot*, que también utiliza *GPT, Tabnine* y *Replit*, todas ellas populares en la comunidad de desarrolladores.

En cuanto a lenguajes y aplicaciones, *R* es especialmente útil para el análisis de datos, aunque también se emplea en la visualización y extracción de información. *Python* comparte estas capacidades, siendo igualmente versátil para tareas similares. Por su parte, *JavaScript* destaca en la creación de aplicaciones personalizadas y visualizaciones, como calculadoras y herramientas interactivas. Estos lenguajes y herramientas permiten a los profesionales abordar una amplia variedad de proyectos con eficiencia y creatividad en la generación de sus contenidos.

6. DISCUSIÓN Y CONCLUSIONES

Tras este análisis exploratorio, se confirma el amplio catálogo de herramientas en torno a la inteligencia artificial (IA) que pueden aplicarse al periodismo de datos (PD). De hecho, en los ámbitos profesionales se reconoce que una de las aplicaciones de IA en las redacciones es la recopilación y análisis de grandes volúmenes de datos (EJC, 2023; Beckett y Yaseen, 2023), lo que sugiere que el PD depende cada vez más de la IA (Fridman, *et al.,* 2023). Por tanto, estas herramientas están transformando el panorama profesional, pero también presentan retos significativos que merecen ser analizados.

En primer lugar, es importante destacar que la mayoría de las herramientas presentadas pertenecen a empresas tecnológicas, lo que subraya el papel predominante del sector privado en el desarrollo de soluciones de IA, con las implicaciones que esto supone para la dependencia de las grandes plataformas (Simon, 2024, p. 5). No obstante, muchas de estas herramientas son polivalentes y multifuncionales, como es el caso de las plataformas generalistas de IA (*ChatGPT, Copilot*) o de aplicaciones específicas como *Pinpoint*. Esta versatilidad permite que sean utilizadas en una amplia gama de tareas, desde la generación de contenido hasta el análisis de datos complejos (Becker, *et al.*, 2025).

Por otro lado, las aplicaciones o desarrollos basados en IA generados por medios de comunicación suelen realizarse en colaboración con otras organizaciones, como ocurre con proyectos como Funes o Sinapis, o a través de iniciativas como las becas auspiciadas por *Journalism AI* (proyectos Aura y Nubia). La cultura de la colaboración está bastante arraigada en el PD y ha sido y es una de sus grandes potencialidades (Larrondo y Ferreras, 2020) reflejándose en grandes proyectos transfronterizos, como *Panama Papers, The Narco Files,* etc... Este enfoque colaborativo también se refleja en la importancia de plataformas comunitarias y abiertas como *Hugging Face*, que permiten un acceso más democratizado a estas tecnologías. Estas iniciativas nos remiten a los inicios de herramientas como *Tabula*, que revolucionaron el tratamiento de datos al ofrecer soluciones accesibles y gratuitas.

Aunque algunas herramientas han sido desarrolladas de forma individual y en abierto, muchas de las soluciones generalistas con usos avanzados requieren pagos, lo que limita su acceso universal. Además, si bien estas herramientas facilitan el trabajo periodístico, su uso eficiente demanda habilidades técnicas avanzadas. Esto subraya la necesidad de formación especializada para que los periodistas puedan aprovechar todo su potencial (Peña-Fernández, *et al.*, 2023, p. 1).

La IA se está convirtiendo en un miembro más dentro de los equipos de datos, actuando como un asistente subcontratado que apoya procesos clave. Sin embargo, el uso indiscriminado y sin atender a sus limitaciones actuales puede dar lugar a un periodismo vistoso, pero de baja calidad. Es crucial recordar que la IA no sustituye el criterio humano y que sus resultados deben ser supervisados con rigor para evitar errores o sesgos (Ahmad, *et al.*, 2023, p. 323).

En cuanto a su implantación, existen barreras significativas como los altos costos y la falta de formación. Expertos como Tejedor y Vila (2021) han subrayado la importancia de preparar a los periodistas para esta nueva era, destacando la figura del exoperiodista, "una propuesta conceptual que conecta las posibilidades de la IA con las necesidades de las propias rutinas productivas del periodismo" (p. 830). Además, es fundamental avanzar en la transparencia del uso de estas herramientas, etiquetando claramente su empleo y asegurando que los usuarios conozcan su origen y limitaciones.

Finalmente, cabe señalar que el periodismo de datos destaca por publicar sus fuentes, incluidos los datos y la metodología utilizada, lo que refuerza la transparencia y credibilidad de sus investigaciones. Muchos de los proyectos analizados son colaborativos y han sido auspiciados por *Journalism AI*, mostrando cómo las alianzas pueden potenciar el impacto de estas tecnologías. Otras herramientas desarrolladas directamente por los medios también se han beneficiado de colaboraciones externas, consolidando un ecosistema de innovación basado en el trabajo conjunto y la apertura.

7. REFERENCIAS BIBLIOGRÁFICAS

Ahmad, N., Haque, S., y Ibahrine, M. (2023). The News Ecosystem in the Age of AI: Evidence from the UAE. *Journal of Broadcasting and Electronic Media*. https://doi.org/10.1080/08838151.2023.2173197

Animal Político (2019). Sinapsis, una herramienta para crear conexiones entre empresas. Animal Político. https://tinyurl.com/35cvuckw

Animal Político. (2017, 4 de septiembre). *El gobierno contrata empresas fantasma y desvía más de 3.4 mil millones de pesos*. La Estafa Maestra. https://tinyurl.com/yskb93z5

Anthropic. (2024). Prompt engineering guide. https://tinyurl.com/3x5jnb6u

Beckett, C. (2019). New powers, new responsibilities A global survey of journalism and artificial intelligence. https://tinyurl.com/sanzsv3f

Beckett, C., y Yaseen, M. (2023). Generating Change A global survey of what news organisations are doing with AI. https://tinyurl.com/rkfdjz9v

Becker, K., Simon, F., y Crum, C. (2025). Policies in Parallel? A Comparative Study of Journalistic AI Policies in 52 Global News Organisations. *Digital Journalism*, 1–21. https://doi.org/10.1080/21670811.2024.2431519

Bradshaw, P. (2024). Investigative journalism and ChatGPT: Using generative AI for sourcing and story research. Online Journalism Blog. https://tinyurl.com/bdf6dudy

Broussard, M. (2019). Artificial unintelligence: how computers misunderstand the world. *The MIT Press*. https://doi.org/10.1080/1369118x.2019.1576752

Cools, H., y Diakopoulos, N. (2024). Uses of generative AI in the newsroom: Mapping journalists' perceptions of perils and possibilities. *Journalism Practice*. 1–19. https://doi.org/10.1080/17512786.2024.2394558

De-Lima-Santos, M., y Mesquita, L. (2023). Data Journalism in favela: Made by, for, and about Forgotten and Marginalized Communities. *Journalism Practice, 17*(1), 108–126. https://doi.org/10.1080/17512786.2021.1922301

De-Lima-Santos, M., & Salaverría, R. (2021). Del periodismo de datos a la inteligencia artificial: desafíos que enfrenta La Nación en la implementación de la visión artificial para la producción de noticias. *Palabra Clave, 24*(3), https://doi.org/10.5294/pacla.2021.24.3.7

Deuze, M., y Beckett, C. (2022). Imagination, Algorithms and News: Developing AI Literacy for Journalism. *Digital Journalism, 10*(10), 913–1918. https://doi.or g/10.1080/21670811.2022.2119152

Diakopoulos, N., y Koliska, M. (2017). Algorithmic Transparency in the News Media. *Digital Journalism, 5*(7), 809–828. https://doi.org/10.1080/21670811. 2016.1208053

Fridman, M., Krøvel, R., y Palumbo, F. (2023). How (not to) Run an AI Project in Investigative Journalism. *Journalism Practice*, 1-18. https://doi.org/10.1080/1 7512786.2023.2253797

Gill, S. S., & Kaur, R. (2023). ChatGPT: Vision and challenges. *Internet of Things and Cyber-Physical Systems, 3*, 262–271. https://doi.org/10.1016/j.iotcps.2023.05.004

Gutiérrez-Caneda, B., Vázquez-Herrero, J., y López-García, X. (2023). AI application in journalism: ChatGPT and the uses and risks of an emergent technology. *Profesional de la Informacion, 32*(5). https://doi.org/10.3145/epi.2023.sep.14

Haleem, A., Javaid, M., y Singh, R. P. (2022). An era of ChatGPT as a significant futuristic support tool: A study on features, abilities, and challenges. *BenchCouncil Transactions on Benchmarks, Standards and Evaluations, 2*(4). https://doi.org/10.1016/j.tbench.2023.100089

Helberger, N., van Drunen, M., Moeller, J., Vrijenhoek, S., y Eskens, S. (2022). Towards a Normative Perspective on Journalistic AI: Embracing the Messy Reality of Normative Ideals. *Digital Journalism, 10*(10), 1605–1626. https:// doi.org/10.1080/21670811.2022.2152195

Javaid, M., Haleem, A., Singh, R. P., Khan, S., y Khan, I. H. (2023). Unlocking the opportunities through ChatGPT Tool towards ameliorating the education system. *BenchCouncil Transactions on Benchmarks, Standards and Evaluations, 3*(2). https://doi.org/10.1016/j.tbench.2023.100115

Larrondo Ureta, A. y Ferreras Rodríguez, E. M. (2021). The potential of investigative data journalism to reshape professional culture and values. A study of bellwether transnational projects. *Communication & Society,34*(1), 41-56. https://doi.org/10.15581/003.34.1.41-56

Martin, S. (2024, November). *Control beyond code: Ownership and financial insights of AI used in journalism*. Media and Journalism Research Center. https://www.journalismresearch.org

Newman, N. (2023). Journalism, Media, and Technology Trends and Predictions 2023. https://tinyurl.com/mvnfy3e4

OjoPúblico. (2019). "Metodología". En *Funes: Un algoritmo contra la corrupción*. https://ojo-publico.com/especiales/funes/metodologia.html

Paik, S. (2023). Journalism Ethics for the Algorithmic Era. *Digital Journalism*. https://doi.org/10.1080/21670811.2023.2200195

Pavlik, J. V. (2023). Collaborating With ChatGPT: Considering the Implications of Generative Artificial Intelligence for Journalism and Media Education. *Journalism and Mass Communication Educator, 78*(1), 84–93. https://doi.org/10.1177/10776958221149577

Peña-Fernández, S., Meso-Ayerdi, K., Larrondo-Ureta, A., y Díaz-Noci, J. (2023). Without journalists, there is no journalism: the social dimension of generative artificial intelligence in the media. *Profesional de la Informacion, 32*(2). https://doi.org/10.3145/epi.2023.mar.27

Roberts, B. (2024). Testing the Potential of Using ChatGPT to Extract Data from PDFs. Global Investigative Journalism Network https://gijn.org/stories/using-chatgpt-ai-extract-data-pdfs/

Samora, R. y Pera-McGhee, M. (2024). Can an AI make a data-driven, visual story? The Pudding. https://pudding.cool/2024/07/ai/

Schlichtkrull, M., Ousidhoum, N., y Vlachos, A. (2023). The Intended Uses of Automated Fact-Checking Artefacts: Why, How and Who. http://arxiv.org/abs/2304.14238

Shin, D., Al-Imamy, S., y Hwang, Y. (2022). Cross-cultural differences in information processing of chatbot journalism: chatbot news service as a cultural artifact. *Cross Cultural and Strategic Management, 29*(3), 618–638. https://doi.org/10.1108/CCSM-06-2020-0125

Simon, F. M. (2024). Artificial Intelligence in the News How AI Retools, Rationalizes, and Reshapes Journalism and the Public Arena.

Simon, F. M., Altay, S., y Mercier, H. (2023). Misinformation reloaded? Fears about the impact of generative AI on misinformation are overblown. *Harvard Kennedy School Misinformation Review, 4*(5). https://doi.org/10.37016/mr-2020-127

Stray, J. (2019). Making Artificial Intelligence Work for Investigative Journalism. *Digital Journalism, 7*(8), 1076–1097. https://doi.org/10.1080/21670811.2019.1630289

Tejedor, S., y Vila, P. (2021). Exo Journalism: A Conceptual Approach to a Hybrid Formula between Journalism and Artificial Intelligence. *Journalism and Media, 2,* 830-840. https://doi.org/10.3390/journalmedia204004

Thurman, N., Lewis, S. C., y Kunert, J. (2019). Algorithms, Automation, and News. *Digital Journalism, 7*(8), 980–992. https://doi.org/10.1080/21670811.2019.1685395

Veerbeek, J. y Diakopoulos, N. (2024). Using Generative Agents to Create Tip Sheets for Investigative Data Reporting. https://arxiv.org/pdf/2409.07286

Zheng, Y., Zhong, B., y Yang, F. (2018). When algorithms meet journalism: The user perception to automated news in a cross-cultural context. *Computers in Human Behavior, 86,* 266–275. https://doi.org/10.1016/j.chb.2018.04.046

Capítulo 5
Aplicación de la IA en la narrativa de la comunicación deportiva

Antonio Vaquerizo Mariscal
Universidad Nebrija

Francisco Asensi Viana
Universidad Nebrija

Luis Alonso Martín-Romo
Universidad Nebrija

1. INTRODUCCIÓN

1.1. Data y Deporte

El contenido originado por las competiciones deportivas, sean estas profesionales o *amateur*, constituye dentro de la producción de informativos o de entretenimiento una de las categorías en las que más claramente puede observarse que el dato en sí mismo es lo importante. Para los aficionados, mantenerse informado es, a menudo, una cuestión de "minuto y resultado"; es decir, para ellos consiste en el conocimiento de un dato.

En la medida en que el deporte, especialmente a lo largo del siglo pasado, va convirtiéndose en un fenómeno de masas, con disciplinas altamente globalizadas, unido a la evolución de los medios de comunicación y de la tecnología, la narrativa deportiva va incluyendo más y más información relacionada con los datos. Esto no quiere decir que la dimensión épica del relato, que acompaña al deporte desde la antigua Olimpia, haya sido sustituida por contenidos relativos a lo numérico y estadístico. Más bien al contrario, la vertiente del relato que nos ofrece los datos refuerza los logros de los atletas profesionales y aficionados, lo que, a su vez, tiene múltiples facetas, de forma que estos, además de servir para mostrar la realidad de una competición concreta y de sus participantes, son también un instrumento para la gestión del deporte, sirven como ayuda en los programas de entrenamiento o en las campañas de marketing y otros numerosos usos. La frase "los datos son el nuevo petróleo" que nos acompaña desde hace más de una década y que hace referencia al hecho de que hablamos de una materia prima de amplio uso, es también aplicable al deporte y a sus contenidos.

Abordar en la actualidad la importancia de los datos en el deporte requiere de una mirada hacia atrás en la evolución de las tecnologías para la recopilación, tratamiento y su reporte. Se trata de un proceso evolutivo que incluye conceptos como bases de datos, *data mining*, *big data*, *machine learning* y finalmente, inteligencia artificial. Puede afirmarse que la inteligencia artificial es la tecnología de procesamiento de datos más avanzada. Es capaz, a través de distintas técnicas, entre las que se encuentran las redes neuronales y el procesamiento de lenguaje natural –temas recurrentes en este libro– de gestionar enormes cantidades de datos de distintos orígenes y formatos. También permite que el resultado u *output* de ese procesamiento tenga del mismo modo distintos propósitos y formas según los objetivos que se persigan.

De esta manera, los datos biométricos de los atletas sirven para hacer predicciones de su rendimiento y elaborar programas de entrenamiento personalizados; los datos estadísticos de las competiciones, alcanzan una profundidad mayor y pueden utilizarse para alimentar medios de información sintéticos (*syntetic media*) a los que contribuyen también los datos de interacción de los fans. Los simuladores en los deportes de motor o en el tenis y el golf, por mencionar algunos ejemplos, se alimentan de datos reales para replicar auténticos "gemelos digitales" de las condiciones de la competición en un escenario concreto predefinido.

Por tanto, es posible afirmar que la adopción cada vez mayor de sistemas de inteligencia artificial nos pondrán ante un nuevo paisaje del desarrollo de los contenidos deportivos y del deporte mismo a lo largo de los próximos años.

2. EVOLUCIÓN DEL DATA Y LA APROXIMACIÓN DEL DEPORTE A LA IA

Como se apunta en la introducción, la inmersión de la tecnología en el mundo del deporte ha habilitado el nacimiento de múltiples usos de los datos. Pero, cómo también se señalaba, los datos han acompañado al deporte desde hace muchas décadas.

Dejando de lado las primeras publicaciones exclusivamente con contenido deportivo del siglo XIX, el lanzamiento de *Sports Illustrated* en los Estados Unidos en 1954 puede considerarse como el paso definitivo en la incorporación del análisis estadístico en el contenido deportivo

Más cercano en el tiempo, la *American Statistical Association*, dispone de una publicación trimestral bajo el título de *Journal of Quantitative Analysis in Sports* dedicada al análisis de datos en el mundo del deporte a la que contribuyen científicos de datos y académicos de distintos centros académicos e instituciones del mundo, abordando temas como la evaluación del rendimiento de los atletas, el análisis predictivo, estrategias de gestión y fichajes, etc.

Junto a esta revista académica, el *Journal of Sports Analytics*, editada por *IOS Press,* es también una de las mejores publicaciones sobre el mundo de los datos en el deporte. Entre sus artículos aparecen cuestiones relacionadas con la creación de modelos predictivos a través de *marchine learning*. Como ejemplo, sirva el estudio sobre factores asociados con los resultados de los partidos en el fútbol de élite europeo extraídos de modelos de *machine learning* (Settembre, *et al.,* 2024).

En la divulgación a nivel popular de las técnicas de gestión de equipos a partir de inteligencia de datos, adquirió cierta relevancia la historia recogida en el libro *Moneyball: The Art of Winning an Unfair Game* (Michael Lewis, 2004) y que trata de cómo el equipo de béisbol de los Oakland Athletics cambió su estrategia de juego y fichajes a partir de que su entrenador Bily Beane decidiese que fueran los datos los que orientaran cualquier decisión por encima de cualquier otra consideración, para lo que trabajó con el experto en análisis de datos Paul

Podesta, quién ha desarrollado una destacada carrera en el mundo del deporte en Estados Unidos, desde el béisbol a la NFL, pasando por el mundo del baloncesto.

El término *moneyball* procede la metodología de análisis *SABRmetrics*. El acrónimo SABR se refiere a la *Society for American Baseball Reseach*, fundada en 1971. Este organismo comenzó a aplicar técnicas estadísticas al béisbol. En 1977 se publica *Baseball Abstracts* que es el primer gran anuario de datos de este deporte. Bill James, su autor, estaba convencido de que a través del uso de los datos podrían hacerse predicciones sobre qué equipos acabarían la temporada en mejor situación. El propósito original de James era contar aspectos del deporte del béisbol desde un punto de vista más científico. Basado en la recopilación y el análisis de datos, será él quien se convierta en uno de los mayores divulgadores de la estadística aplicada al deporte bajo el término de *sabermetrics*. En concreto, el término *moneyball*, dentro de la jerga de esta metodología, hace referencia a los jugadores que son infravalorados y que pueden ser contratados por debajo del valor medio en el mercado, abriéndose una oportunidad para los clubes con menores presupuestos para ficharlos.

El ámbito de la inteligencia artificial es un universo de datos cuyos patrones son difíciles de extraer con la capacidad de procesamiento lineal de la computación tradicional. Los deportes generan multitud de información que, inicialmente, está poco estructurada, pero que puede integrar un gran contenido informativo y funcional a través de fórmulas estadísticas, como se señala en los párrafos anteriores. Significa un paso más allá que abre numerosas posibilidades al uso de los datos para convertirlos en conocimiento accionable, hecho que se produce cuando se aplican algoritmos y *machine learning* para poder extraer un mayor número de *insights* que, de otro modo, podrían permanecer ocultos.

La incorporación de las tecnologías más actuales, unidas a la estadística, ha llevado al encuentro del deporte con la IA, de modo que las grandes franquicias del deporte mundial y los grandes clubes disponen de un CDO (*Chief Data Officer*) encargado de alimentar con información de datos la toma de decisiones.

3. EL PRESENTE DE LA IA EN LAS COMPETICIONES DEPORTIVAS

La inteligencia artificial ya es una realidad integrada en la emisión de las grandes competiciones deportivas. Cuando en mayo de 2024 la *Chief Technology Officer* (CTO) de *OpenAI*, Mira Murati, anunció el nuevo modelo *GPT-4o* (*Omni*), hizo referencia a que este proyecto de innovación permitiría en el futuro, por ejemplo, ver la emisión en directo de un partido y explicar las reglas de ese deporte concreto al espectador. Estas posibilidades hacen referencia al hecho de que los modelos IA pueden ser entrenados con datos de un determinado deporte o competición y, a partir de ahí, crear un "agente inteligente", experto en ese ámbito.

Empresas como *Stats Perform* han construido modelos propios para avanzar en esta dirección. Los casos de uso de la IA en el entorno de las competiciones deportivas van desde su uso para enriquecer la emisión, hasta la generación de contenidos específicos vinculados al patrocinio en tiempo real.

3.1. Data-driven storytelling en deportes

La incorporación de información estadística al relato de la actualidad deportiva nos lleva al concepto de *data-driven storytelling* vinculado al denominado *Data Journalism* o Periodismo de Datos. En el libro *Data Driven Storytelling* (Riche et al., 2018) se recogen los elementos que forman este concepto a partir de la idea de la visualización de datos que se define como "el uso de representaciones visuales de forma interactiva, dinámica y responsiva para amplificar la cognición" (p.7) De modo que las historias basadas en datos serían aquellas que comienzan en una narrativa que, o bien están basadas en ellos o bien recogen evidencias que, a menudo, se muestran en forma de gráficos, visualizaciones o datos dinámicos para confirmar o mejorar el relato adicional.

En esta línea, el libro *Sports Business Analytics* (Harrison et al., 2016) aborda la construcción de narrativas construidas a partir de los datos en competiciones deportivas con el ejemplo de la cobertura del US Open de Tenis realizada por *Sports Illustrated* en 2016, utilizando tecnología de IBM para generar esta información visual como en el siguiente ejemplo:

Imagen 1. Cobertura del US Open

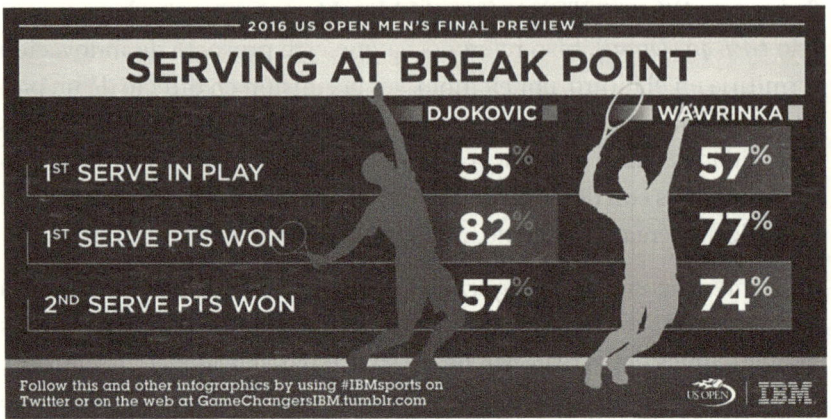

Fuente: Sports Illustrated

En Wimbledon 2024, *The All England Lawn Tennis Club* anunció un acuerdo también con IBM para crear la aplicación *Catch Me Up* sobre la plataforma de IA Generativa *Watsonx* de IBM con el propósito de generar información detallada y personalizada de los partidos (Mateos, 2024).

3.2. Resúmenes generados con IA Generativa

Si los datos, como se ha apuntado, son ya una fuente de la narrativa deportiva, no es difícil deducir algunos casos de uso derivados de la inteligencia artificial en las retransmisiones deportivas. Uno de los más destacados es la producción de *higlights* y la generación automatizada de clips de video para su empaquetado y distribución a través de los distintos canales (*broadcast*, redes sociales, plataformas de *streaming*, etc).

Un ejemplo es el uso por parte de *Fox Sports* de las capacidades de *Vertex AI Vision*, el *set* de herramientas de IA Generativa que forman parte *Google Cloud* (Martín, 2023). Esta tecnología permite a Fox filtrar a través de millones de piezas de distintas competiciones y contenidos como la MLB, NFL y NASCAR a gran velocidad, de una forma impensable con las tecnologías de computación disponibles hasta la fecha. Para ello, Fox utiliza el *Intelligence Assets Service*, una funcionalidad del producto que permite encontrar piezas de contenido concretas a través de búsquedas o *prompts* del tipo "jugadas destacadas del jugador 'x' en los partidos del último mes" y componer de forma automatizada un video. La herramienta hace un análisis previo de todo el catálogo disponible y lo etiqueta en función de distintos parámetros.

Esta funcionalidad utilizada por *Fox* es también posible de implementar en otros modelos de IA Generativa como son los GPTs de *OpenAI*. En este caso, se trataría de configurar un GPT con una serie de acciones que replicarán el procedimiento de reconocimiento y selección de los contenidos que formarían parte del resumen.

Una funcionalidad asistida por AI para la generación de resúmenes de competiciones abre unas posibilidades enormes en la crónica deportiva, incluida, como luego se verá, la generación de "medios sintéticos" completos alimentados por información generada por inteligencia artificial.

3.3. Gestión de información y gráficos a tiempo real en las emisiones deportivas con IA

Algunas de las tareas habituales en la emisión de competiciones deportivas en directo, cómo son la inserción de objetos tridimensionales o de gráficos, que se convierten en procesos susceptibles de errores en la emisión, pueden ser automatizados a través de la IA y dan la posibilidad de ofrecer contenidos de alta calidad acompañando a la emisión principal.

Stats Perform (2024), la empresa resultante de la adquisición de *Opta* por parte de *Perform Group* (DAZN) se ha posicionado como uno de los grandes proveedores de servicios IA para competiciones deportivas. La acumulación de datos deportivos por parte de *Opta* a lo largo de más de 40 años, ha permitido trabajar sobre modelos de *machine learning* propios para ofrecer servicios basados en IA en el ámbito de la creación automatizada de contenidos, análisis de rendimiento de deportistas, mecánicas de recomendación y generación de historias. Uno de sus productos, *SportVU,* es un *framework* basado en *Computer Vision;* esto es, la aplicación de las técnicas de la IA y, en concreto, del *machine learning* para la captura a tiempo real de lo que sucede en un partido y, a partir de ahí, generar estadísticas mostrando métricas como "tiempo de posesión" "velocidad de lanzamiento", "metros recorridos", u otras, dependiendo del deporte del que se trate. Esta información puede integrarse en sistemas de generación de gráficos para emisión como, por ejemplo, *Vizrt* (2024).

Imagen 2. Evolución de las aplicaciones basadas en Computer Vision

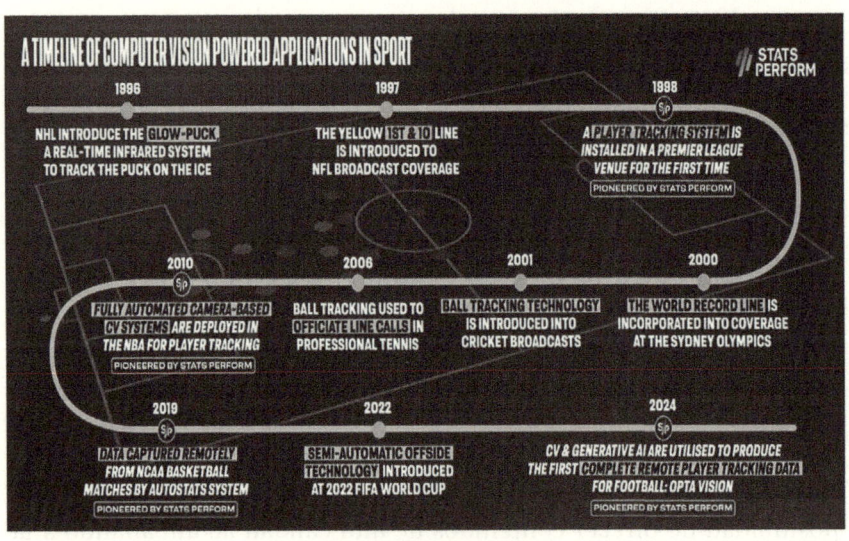

Fuente: *Stats Perform.*

3.4. Inserción de marcas y publicidad virtual

La publicidad virtual y la inserción de marcas en las emisiones de competiciones deportivas utilizando IA Generativa ofrece funcionalidades de gran interés al permitir la identificación de objetos y espacios dentro del campo de juego y sustituirlos por otros elementos. Los grandes proveedores de servicios de *cloud* con IA, como *Google, Amazon y Microsoft Azure,* ofrecen librerías de objetos generados con esta tecnología para realizar este tipo de sustituciones en post-producción, posteriormente a la emisión en vivo. También es posible hacerlo en tiempo real e incluso personalizando la publicidad que aparece según el interés concreto del espectador, de manera que el público objetivo, cuyos intereses son diferentes, ven inserciones distintas dentro del catálogo de patrocinadores de la competición.

Estas funcionalidades basadas sobre IA Generativa pueden combinarse con técnicas de realidad aumentada para ofrecer una mayor capacidad inmersiva del espectador que se encuentra en su hogar siguiendo el partido en directo, ofreciéndole una mayor sensación de presencialidad (Vaquerizo et al., 2024), pero con componentes de personalización.

Imagen 3. Reconocimiento y sustitución de marcas

Fuente: *Vizrt.*

4. SPORTS MEDIA E IA GENERATIVA

Pensemos en este punto en la capacidad que los medios de comunicación, desde el ámbito periodístico, pueden tener a su alcance con herramientas capaces de crear resúmenes deportivos de una manera automática o profundizar y mejorar su contenido narrativo en el relato de eventos relacionados con el deporte. Como venimos comentando en estas páginas, la IA generativa ha contribuido a la aparición de nuevos paradigmas de aprendizaje y organización de datos para la innovación del contenido.

Todo ello se ha producido gracias a modelos técnicos impensables solo hace unos pocos años. Pero estos modelos no solo sirven para mejorar la visualización de los datos por parte del espectador, además de potenciar el disfrute del espectáculo deportivo, sino que son capaces de llegar a límites como la capacidad de imitar la voz o de generar elementos comunicativos que suplanten la acción del ser humano. Estos medios, denominados 'sintéticos' son el futuro y una herramienta que potencia la experiencia del espectador, además de aportar una gran variedad de posibilidades al sector periodístico.

La búsqueda por mejorar el impacto y las audiencias de los medios de comunicación ha convertido la apasionante novedad tecnológica en una línea de negocio con un amplio recorrido. "Las agencias han sido las primeras empresas en apostar por elaborar y distribuir contenidos sintéticos a medios de comunicación de referencia" (Ufarte, *et al.*, 2023. p.7) y todo ello aprovechando este impacto tecnológico que permite que estos medios se aprovechen de las grandes capacidades "de procesos ejecutados únicamente por algoritmos, sin intervención de ningún periodista" (p.3) Estos métodos sintéticos sirven, entre otras cosas, para atraer a la audiencia, ya que generan un "efecto llamada" que se produce naturalmente en el público al descubrir el alcance de la simulación del comportamiento humano o el acceso a una experiencia más sugestiva sobre los procesos informativos, comunicativos y de entretenimiento.

Uno de los ejemplos más significativos que hemos podido contemplar en los últimos tiempos es la aparición de *Victoria,* que se constituye como una de las primeras voces sintéticas incorporadas al ámbito de la información deportiva en la radiodifusión española. *Victoria,* forma parte de uno de los programas deportivos radiofónicos más seguidos en España. En el diseño del comportamiento y acción de este modelo generativo y sintético tuvieron que participar los propios responsables de deportes de la *Cadena SER*, conjuntamente con las áreas de diseño y tecnología de producto (Zumeta, 2023). La integración con otros recursos inteligentes, como son la utilización de los dispositivos Alexa a través de su *skill* dedicada, genera un acercamiento mayor a la información deportiva *on demand.* El usuario puede conocer los últimos datos sobre el equipo que quiera, además de información estadística completa y, por descontado, información fundamental sobre previsiones de encuentros deportivos, jugadores o noticias relevantes de un determinado club de fútbol. Si bien es cierto que esta experiencia, ligada a un espacio radiofónico de amplio recorrido en audiencia, se limita a un deporte muy concreto y exclusivamente a equipos de primera y segunda división, las posibles repercusiones en los usuarios de este tipo de información son potencialmente muy interesantes.

Imagen 4. Voces sintéticas

Fuente: Cadena SER

Las investigaciones en este campo no han cesado. Para desarrollar el potencial de este tipo de procesos de innovación de IA sintética se han unido diferentes empresas en procesos de investigación activa. Un ejemplo es el *Laboratorio de Inteligencia Artificial y Synthetic Media*, desarrollado por *Microsoft* y *Mediapro*, cuya puesta en marcha se realizó en el mes de enero de 2024 (Clemente, 2024). La base de esta colaboración parte principalmente en crear herramientas que faciliten al profesional la labor comunicativa en el ámbito deportivo, además de conseguir mejoras notables en la personalización del contenido que, como en el caso radiofónico anterior, aseguren el acercamiento al oyente a través de la clonación o generación de voces sintéticas que proporcionen experiencias individuales, potenciando el sentimiento de exclusividad recibido por el consumidor.

No es difícil de entender que se abra ante nosotros una nueva línea de negocio que las empresas de comunicación, especialmente las que se dedican a la información deportiva, pueden desarrollar con unos amplios beneficios esperados. Todo ello, evidentemente, teniendo en cuenta el cambio que supone en el *modus operandi* de profesionales del periodismo que asumen el reto de partida, consistente en cómo pueden adaptarse a esta mentalidad de pensamiento, en el que el procesamiento de datos y la irrupción de elementos sintéticos es ya una realidad y que, como indican Danzón-Chambaud y Cornia (2021), podría dar como resultado determinadas "tensiones que pueden seguir a la automatización algorítmica de las salas de redacción" (p.184).

Las posibilidades que nos ofrecen los algoritmos para la interacción con el usuario final en el terreno de la información deportiva son múltiples y están en pleno desarrollo, pero hoy en día ya podemos observar una nueva realidad en la generación de contenidos, como son la creación de informativos o crónicas de forma sintética, el uso de avatares ligados a las competiciones deportivas y a la interacción con el público objetivo de estas competiciones o, por último, a la simulación de jugadas sin ni siquiera tener las imágenes del partido en cuestión.

Por poner algunos ejemplos, podemos destacar en el desarrollo de crónicas e información deportiva, a través de algoritmos de IA, el caso de *Ana Futbol* que se convirtió en una de las experiencias paradigmáticas desarrolladas para la escritura automática de información deportiva (Rojas y Toural, 2019). Las experiencias en este campo son bastante halagüeñas. No obstante, no podemos dejar de realizar comparativas a nivel cualitativo con el producto realizado por el profesional del periodismo deportivo, que en determinados estudios han evidenciado, por un lado, un notable avance en cuanto a tratamiento de datos, pero, por otro, el impacto de ligeras áreas de mejora en lo que se refiere a la calidad analítica y de interpretación del género informativo deportivo (Murcia, *et al.*, 2022, p.106).

Otro de los modelos realmente interesantes lo constituye la recreación de periodistas deportivos muy conocidos para la transmisión de encuentros deportivos. Entre estos ejemplos que podemos citar está el caso de la experiencia piloto de sustitución por IA del conocido narrador y comentarista deportivo norteamericano de la NBC, Al Michaels (del Castillo, 2024).

5. EL IMPACTO EN LOS FANS

La tecnología y el deporte van de la mano en una perfecta sinergia. El potencial de esta nueva herramienta se observa cuando se manejan una gran cantidad de datos y, en este sentido, el mundo del deporte es un universo idóneo para su desarrollo. En el sector del deporte la inteligencia artificial ha elevado sus resultados gracias a la evolución y progreso de sus aplicaciones que ha supuesto un extraordinario avance en el rendimiento de los atletas y una mejora en los modelos de entrenamiento desarrollados por los técnicos (Sanabria et al., 2024). En el deporte se ha producido un cambio paradigmático en la forma de entenderlo, practicarlo y consumirlo. La irrupción de la inteligencia artificial ha conllevado, a través de sus herramientas, a potenciar el entretenimiento deportivo entre los seguidores de los deportes en todo el mundo.

La irrupción de la IA en el deporte no solo ha supuesto un avance en las prestaciones deportivas de los atletas, sino una funcionalidad de extraordinario valor para los *fans*. Los aficionados se benefician de un conocimiento más completo del juego en todas sus áreas de influencia y en sus distintos ámbitos, además de experimentar una mayor emoción y un entretenimiento más completo, lo que facilita una mejor accesibilidad a través de una información personalizada y rápida.

En ese sentido, los jóvenes son el segmento de la sociedad que utilizan y prioriza el uso de la inteligencia artificial y el consumo de las competiciones deportivas a través de las plataformas digitales.

Cada vez se ve más deporte. El cambio se ha producido en los últimos años desde el punto de vista del consumo y de la tipología de los comunicadores. En épocas pretéritas los aficionados a los deportes los seguían mediante los medios de comunicación tradicionales: radio, televisión o prensa; medios analógicos a los que poco a poco fueron introduciéndose de forma progresiva la Realidad Virtual (RV) y la Realidad Aumentada (RA), dentro de un fenómeno inmersivo que se ha ido imponiendo en la forma de entender y consumir el deporte (Vaquerizo, *et al.*, 2024).

En el verano de 2024 se dieron cita varios espectáculos deportivos de primer nivel que concitaron el interés de millones de aficionados: la Eurocopa del fútbol o los Juegos Olímpicos de París. Con este argumento, la empresa IBM encargó a *Morning Consult* un estudio sobre quiénes y de qué forma se consumen los eventos deportivos de primer nivel. La consultora entrevistó a 18.000 aficionados mayores de 18 años de varios países, entre los que se encontraba España, que seguían de manera regular los deportes. Los datos del estudio revelan que se está produciendo un progresivo cambio generacional impulsado por una aceptación de prácticas impulsadas por la tecnología que impactan directamente en la forma de consumir los deportes.

La investigación realizada demuestra que los aficionados han optado por los contenidos deportivos digitales a la hora de seguir un encuentro deportivo ya que les permite ahorrar tiempo. Asimismo, reconocen un impacto positivo de las nuevas tecnologías como la inteligencia artificial. Este estudio destaca que el segmento de los jóvenes entre 18 y 29 años son los principales consumidores del nuevo universo digital, accediendo a las emisiones deportivas a través de *tablets*, dispositivos móviles en *streaming,* sustituyendo a los medios tradicionales. En España el *streaming* también es elegido de manera mayoritaria entre los menores de 55 años como medio de consumo de espectáculos deportivos.

Tras el estudio realizado por *Morning Consult*, Noah Syken, vicepresidente de *Sports and Entertainment Partnerships* de IBM comenta:

> "Los aficionados de todo el mundo siguen adoptando plataformas y soluciones que les permiten sentirse más conectados e informados sobre sus deportistas y eventos deportivos favoritos, y el nuevo estudio de IBM confirma que esto ahora incluye la adopción de tecnologías como la IA para ofrecer estas experiencias. (IBM, 2024)

5.1. Chatbots

Una de las herramientas que ha impactado con fuerza entre los aficionados y que su uso se ha extendido con rapidez son los *chatbots* de inteligencia artificial. Los chatbots más extendidos son: *ChatGPT*, el nuevo *Bing, Tidio y Zendesk*. El más conocido y probablemente el más utilizado es el *ChatGPT* que se puede aplicar a multitud a gran cantidad de proyectos de aprendizaje en el mundo del deporte, con especial relevancia en los eventos deportivos. (Keiper, 2023). Los *chatbots* de inteligencia artificial permiten simular una conversación humana, lo que mejora la interactuación entre los aficionados mediante un interfaz de chat.

Durante el mundial de Qatar 2022, la empresa *Woztell* sacó un *chatbot* para WhatsApp, *Futbi Woztell*, que proporcionaba toda la información sobre el evento: partidos, historia de los mundiales o estadios. Una herramienta conversacional que permitía interactuar entre los aficionados.

Los *chatbots* son un avance que mejora la interacción entre los aficionados a los deportes proporcionándoles contenidos personalizados con extraordinaria rapidez. Permite crear juegos interactivos divertidos y competitivos que conectan a los fans, lo que supone una mayor interrelación social. Por otro lado, se ofrecen comentarios en vivo y proporciona datos sobre el evento. A través de esta herramienta se puede crear y fomentar una comunidad de fan y permite anticipar las tendencias futuras sobre la industria deportiva en todas sus áreas.

6. CONCLUSIONES

El deporte como fenómeno informativo, frecuentemente se traslada en contenidos construidos desde de los datos. Esta cercanía al mundo de los datos, convierte a los medios informativos asociados al deporte en un terreno fértil para las fórmulas de relato *data-driven* como para la implementación de tecnologías asociadas a la IA en múltiples aspectos como son, entre otros:

- Generación de gráficas
- Generación de resúmenes y *highlights*
- Personalización
- Aplicaciones interactivas

A pesar de que el avance tecnológico ligado a la IA ha supuesto una revolución conceptual y un empuje notable en el desarrollo de nuevos modelos de negocio, aún surgen voces que temen la irrupción abrupta de estas tecnologías. Se trataría de fomentar un proceso de concienciación y de adaptación de este nuevo paradigma, al igual que se ha producido a lo largo de la historia de la humanidad. Recordemos lo que supuso la revolución industrial en la sociedad de su tiempo. Actualmente, podríamos decir que el alcance de todas estas referencias que hemos citado reafirma y fundamenta un nuevo modelo de acceso e imbricación tecnológica, como sucedió a finales del siglo XIX.

Los medios de información están a la vanguardia de esta nueva revolución, incorporando nuevas capacidades tecnológicas para la creación de contenidos sintéticos, tal y como hemos revisado en estas páginas.

La llegada de estas tecnologías en el mundo del deporte, al igual que en otros ámbitos, deberá poner al aspecto humano en el centro, ya que está es la perspectiva que debe guiar el desarrollo de toda tecnología.

7. REFERENCIAS BIBLIOGRÁFICAS

Clemente, P. (30 de enero de 2024). Mediapro pone en marcha un laboratorio de inteligencia artificial junto a Microsoft. *El Periódico* https://tinyurl.com/4mu8ys57

Danzon-Chambaud, S., y Cornia, A. (2021). Changing or Reinforcing the "Rules of the Game": A Field Theory Perspective on the Impacts of Automated Journalism on Media Practitioners. *Journalism Practice,* 17(2), 174–188. https://doi.org/10.1080/17512786.2021.1919179

Del Castillo, C. (28 de junio de 2024). El narrador deportivo más famoso de EEUU será sustituido por una inteligencia artificial con su voz en los Juegos Olímpicos. *Eldiario.es* https://tinyurl.com/xkzj4tzv

Harrison, C. K., y Bukstein, S. (2016). *Sport Business Analytics: Using Data to Increase Revenue and Improve Operational Efficiency.* CRC Press. https://doi.org/10.1201/9781315367613

IBM. (2024, 1 de julio). "Más de la mitad de los aficionados al deporte en España cree que la IA tendrá un impacto positivo en el ámbito deportivo, según un estudio de IBM". *IBM Newsroom.* https://es.newsroom.ibm.com/announcements?item=122823

Keiper, M.C. (2023). ChatGPT in practice: Increasing event planning efficiency through artificial intelligence. Journal of Hospitality, Leisure, *Sport and Tourism Educati, 33,.* https://doi.org/10.1016/j.jhlste.2023.100454

Martin, C. (2023, 24 noviembre). *FOX Sports expands Google Cloud partnership, generative AI to automate archived sports video search.* Fox News. https://tinyurl.com/y3u5rb2k

Mateos Cárdenas, A. (junio, 2024) *IBM y el All England Lawn Tennis Club lanzan una nueva función de IA generativa para obtener contenido personalizado sobre los jugadores en Wimbledon.* IBM España Newsroom https://es.newsroom.ibm.com/announcements?item=122821

Murcia Verdú, F. J., Ramos Antón, R. y Calvo Rubio, L. M. (2022). Análisis comparado de la calidad de crónicas deportivas elaboradas por inteligencia artificial y periodistas. *Revista Latina de Comunicación Social, 80*, 91-111. https://doi.org/10.4185/RLCS-2022-1553

Lewis, M. (2004). Moneyball: The Art of Winning an Unfair Game. W. W. Norton & Company.

Riche, N. H., Hurter, C., Diakopoulos, N., y Carpendale, S. (2018). Data-Driven storytelling. *CRC Press.* https://doi.org/10.1201/9781315281575

Rojas Torrijos, J. L. y Toural Bran, C. (2019). Periodismo deportivo automatizado. Estudio de caso de AnaFut, el bot desarrollado por El Confidencial para la escritura de crónicas de fútbol. *Doxa Comunicación, 29*, 235-254. https://doi.org/10.31921/doxacom.n29a1

Settembre, M., Buchheit, M., Hader, K., Hamill, R., Tarascon, A., Verheijen, R., y McHugh, D. (2024). Factors associated with match outcomes in elite European football – insights from machine learning models. *Journal Of Sports Analytics, 10*(1), 1-16. https://doi.org/10.3233/JSA-240745

Sanabria, J., Niebles, A. y Silveira, Y. (2024). Análisis bibliométrico de la inteligencia artificial en el deporte. *Retos: nuevas tendencias en educación física, deporte y recreación.* https://dialnet.unirioja.es/servlet/articulo?codigo=9349028

Stats Perform. (2024, 4 de noviembre). *Stats Perform.* https://www.statsperform.com

Ufarte-Ruiz, M.J.; Murcia-Verdú, F.J. y Túñez-López, J.M. (2023). Use of artificial intelligence in synthetic media: first newsrroms without journalists. *Profesional de la Información, 32*(2). https://doi.org/10.3145/epi.2023.mar.03

Vaquerizo, A., Asensi, F., y Sancho, C. (2024). Contenidos deportivos e inmersividad. Las tecnologías que transformarán la forma de ver el deporte. En Experiencias inmersivas. Realidad virtual y realidad aumentada en periodismo, publicidad y artes. Tirant Lo Blanch.

Vizrt. (2024, 8 de noviembre). *Vizrt.* https://www.vizrt.com/

Zumeta. G (mayo de 2023) *Victoria, la voz sintética de la Cadena SER, mejor producto internacional del año.* https://tinyurl.com/mrxwnfns

Parte II

Desinformación, alfabetización mediática y accesibilidad

Capítulo 6
La nueva economía de la desinformación: el uso de los deepfakes en la construcción de narrativas engañosas y sus consecuencias socioeconómicas

Óscar Espiritusanto Nicolás
Universidad Carlos III de Madrid

Raúl Magallón Rosa
Universidad Carlos III de Madrid

1. INTRODUCCIÓN

¿Cómo se monetiza la desinformación? Más allá del aumento de la importancia geopolítica de la desinformación y de las dinámicas de polarización estratégica que han cambiado las reglas del debate político, la dimensión económica de la desinformación ha adquirido gran relevancia en los últimos años.

Principalmente, gracias a canales de distribución como las redes sociales y los sistemas de mensajería que facilitan de manera global la difusión de informaciones falsas o contenidos manipulados; esto genera impactos económicos significativos para quien desinforma e intenta influir en la opinión pública (Allcott y Gentzkow, 2017).

En el presente trabajo nos centraremos en comprender los incentivos económicos de la desinformación y analizar específicamente las consecuencias que la aparición de herramientas desarrolladas con inteligencia artificial (IA) y técnicas como los *deepfakes* tienen en el ecosistema mediático y social actual, afectando a la posible integridad de nuestras instituciones, la confianza de la sociedad en los sistemas de-mocráticos, nuestros derechos como consumidores y ciudadanos o el papel del periodismo como actor garante de la transparencia y la rendi-ción de cuentas de los representantes públicos.

Al centrarnos en la manipulación de la información y la suplantación de identidades —incluyendo la de medios de comunicación, *influencers* y periodistas—, es esencial destacar cómo estas tecnologías construyen narrativas persuasivas engañosas que facilitan estafas y fraudes cada vez más frecuentes. Estas actividades no solo propagan la desinformación, sino que también conllevan graves consecuencias económicas al influir en mercados financieros, procesos electorales y decisiones de consumo (Chesney y Citron, 2019).

Este modelo económico premia la polarización sobre el debate y fo-menta la identidad de grupo frente al reconocimiento de la diversidad ideológica y social. Como señalan Lazer, *et al.,* (2018), una población po-larizada está menos predispuesta a tolerar puntos de vista alternativos, amplificando la confrontación y reduciendo las oportunidades de inte-racción política.

Por lo tanto, cuanto más aceptada esté socialmente la indiferencia ante la desinformación, más posibilidades hay de que las decisiones pú-blicas sean sancionadas en términos ideológicos y menos en términos de eficacia o rendición de cuentas.

Esta polarización hace que la ciudadanía sea más vulnerable a los intentos de manipulación y menos capaz de alcanzar consensos —principalmente en situaciones de incertidumbre, miedo y falta de control—, lo que socava los fundamentos esenciales de la democracia al obstaculizar el debate social y la toma de decisiones informadas por parte de la sociedad.

La combinación de la pérdida de valor de la veracidad como motor de progreso y la reducción de la confianza social como mecanismo de construcción social de consensos crea, en consecuencia, un mayor espa-cio para los hiperliderazgos, y en los casos más extremos, para dinámicas autocráticas y dictatoriales. Los regímenes autoritarios y los líderes con tendencias autoritarias se benefician cuando las verdades objetivas pierden su poder (Chesney y Citron, 2019).

Por lo tanto, esta dimensión económica plantea nuevos retos tanto en el ámbito periodístico como en el social, político, legal y cultural, requiriendo respuestas multidisciplinarias para mitigar sus efectos (Tucker, *et al.*, 2018). El objetivo del presente análisis es proporcionar una visión detallada de cómo la monetización del uso fraudulento de la IA y los *deepfakes* —a través de ingresos publicitarios y otras estrategias económicas—, configuran un nuevo panorama de desinformación.

2. LA ECONOMÍA DE LA ATENCIÓN. DISFUNCIONES Y PUNTOS DÉBILES

La llegada de internet, la popularización de los dispositivos móviles y la transformación de la monetización de las redes sociales, ha generado un nuevo modelo económico.

En un entorno donde la información es abundante y fácilmente accesible, la atención se convierte en un recurso escaso y de gran valor. Frente a épocas anteriores en las que la información era limitada y de difícil acceso, hoy vivimos desbordados por los datos, las noticias y contenidos audiovisuales con *scroll* infinito que nos llevan a una hiperconexión sin pausa. Como resultado, las empresas y los medios compiten intensamente por captar y retener la atención de los consumidores.

El concepto de economía de la atención fue introducido por primera vez por el economista y psicólogo Simon en 1971. Quien señaló que, en un entorno rico en información, la atención se convierte en un recurso limitado:

> En un mundo de abundancia de información, la riqueza de información significa una escasez de algo más: una escasez de lo que sea que la información consuma. Lo que la información consume es bastante obvio: consume la atención de sus destinatarios. Por lo tanto, la abundancia de información crea una pobreza de atención (Simon, 1971, p.40).

La atención es un recurso escaso, puesto que solo podemos procesar una cantidad determinada de información en un periodo de tiempo determinado y esto ha desencadenado una feroz competencia entre empresas tecnológicas de primera y segunda generación (*Google* frente a *OpenAI*, por ejemplo), anunciantes y medios de comunicación compitiendo por captar la atención de los consumidores.

En esta fase tecnológica en la que nos encontramos —y que está terminando—, plataformas digitales, buscadores y redes sociales han logrado monetizar este recurso a través de la publicidad y el contenido personalizado.

Desde esta perspectiva, se han desarrollado tecnologías específicas destinadas a captar esa atención mediante el diseño de algoritmos que consigan mantener a los usuarios enganchados independientemente de la calidad del contenido distribuido.

La economía de la atención refleja un cambio fundamental en cómo se valora y monetiza el tiempo y la concentración de las personas en la era digital. Comprender este concepto es esencial para navegar en un entorno mediático complejo y tomar decisiones informadas.

Goldhaber (1997), al respecto, señalaba en su artículo *The Attention Economy and the Net*, cómo frente a una era pasada, en la que la producción se basaba en artículos materiales, tras el advenimiento de Internet, comenzamos a pensar en parámetros económicos totalmente nuevos. La atención se convertía así en un nuevo producto, así como en la moneda definitiva de una nueva era en donde las transacciones en línea están mediatizadas por la atención, más que por el dinero.

De este modo, emergió un modelo económico que se alimentaba de nuestros datos, pero también de nuestro tiempo. Como señalaba Eros Labara, "cuando los algoritmos de las redes sociales tratan de robar más tiempo al usuario solo sirven a un fin: el de generar grandes beneficios a las grandes tecnológicas, inversores y anunciantes" (Labara, 2023).

Al respecto Velasco y Rubio subrayan cómo Facebook (Meta) aprendió que la curva de atención aumenta a medida que el contenido es más extremo (Velasco y Rubio, 2019). Sin embargo, la economía de la atención presenta disfunciones y puntos débiles que afectan tanto al individuo como a la sociedad en general y que se ven transformados por la aparición de nuevas tecnologías como la IA que permiten la sustitución de unos oligopolios tecnológicos y de pensamiento por otros (o al menos, su intento).

2.1. Sobrecarga informativa y pobreza de atención

La abundancia de información supera la capacidad humana para procesarla adecuadamente, lo que conduce a una sobrecarga cognitiva. Así lo señalaba Simon (1971) al hablarnos de cómo la riqueza o sobreabundancia de información puede generar una "pobreza de atención" por saturación, superando los límites cognitivos humanos.

Este nuevo ecosistema puede llevarnos a situaciones de fatiga informativa o desconexión digital, donde el tecnoutopismo ya no se presenta como una forma y un relato de progreso indiscutible. Los individuos se enfrentan a una constante competencia por su atención, lo que genera estrés, ansiedad y disminución de la capacidad de concentración.

La Fundación del Español Urgente (Fundeu) recogía el acrónimo "infodemia", formado a partir de las palabras *información* y *epidemia*, para hablarnos de cómo el exceso de información, a menudo contradictoria o falsa, amplifica el estrés y dificulta la concentración.

Este término, relacionado con la adaptación del anglicismo *infodemic*, es también utilizado por la Organización Mundial de la Salud (OMS) para referirse a un exceso de información sobre un tema, gran parte de la cual son bulos o rumores que dificultan que las personas encuentren fuentes y orientación fiables cuando las necesitan. Según la OMS, esta sobreabundancia de información puede provocar ansiedad y confusión en las personas, afectando a su capacidad para tomar decisiones informadas.

Como hemos apuntado, este nuevo momento histórico, político y social está marcado por el papel de la desinformación y su valor de intercambio simbólico y social, algo que acaba impregnando a todos los sectores de la población y que termina también influyendo en la economía digital.

Al respecto, Yolanda Quintana, al analizar los efectos de la manipulación de las percepciones de los consumidores, señala cómo esta sobrecarga de información —así como la omnipresencia de datos no verificados— provoca que:

> Los consumidores se vean cada vez más incapacitados para realizar elecciones fundamentadas y seguras. Este fenómeno no solo deteriora la confianza en el sistema de mercado, sino que también expone a los individuos a peligros evitables, si hubieran tenido a su disposición información precisa y clara (Quintana, 2024, p. 105).

La desinformación, en este sentido, plantea desafíos para la reputación de empresas e instituciones, pero también por parte de las administraciones públicas para encontrar mecanismos de respuesta ante las disfunciones que genera en los derechos de los consumidores.

2.2. La ilusión de la objetividad: segmentación ideológica y polarización

La desinformación también está vinculada al horizonte de expectativas de una sociedad y su posible impacto también puede estar determinado porque el espíritu de los tiempos sea más optimista o pesimista sobre el futuro más próximo. En este sentido, Tucker, *et al.*, (2018), consideran "que la difusión de desinformación y propaganda política en entornos online tiene consecuencias sociales negativas".

> Las nuevas herramientas tecnológicas que permiten a cualquier persona difundir fácilmente información política a un gran número de ciudadanos pueden conducir a un debate público más pluralista, pero también pueden dar una plataforma a voces y actores extremistas que buscan manipular la agenda política en su propio interés financiero o político (Tucker, *et al.*, 2018, p.5).

En su investigación retoman muchas de las preocupaciones de Cass Sunstein (2017) al analizar el impacto de los nuevos medios sociales en la calidad de la democracia. Frente a la arquitectura del algoritmo y de las redes sociales —que refuerzan nuestra preferencias previas—, el autor aboga por lo que denomina: "arquitectura de la serendipia", destinada a velar "por el bien de las vidas individuales, el comportamiento grupal, la innovación y la democracia misma" (Sustein, 2017).

En la última década hemos visto cómo la competencia por la atención incentiva la difusión de contenido sensacionalista o falso. Las plataformas priorizan contenido que genera más interacción, independientemente de su veracidad, contribuyendo a la desinformación y a la polarización social. En *The Filter Bubble: What the Internet Is Hiding from You*, Pariser (2011) señala cómo los algoritmos almacenan nuestras búsquedas de información, desde un simple "me gusta" en Facebook, pasando por toda clase métricas relacionadas con nuestros hábitos de consumo y nuestras rutinas sociales.

La burbuja resultante, señala Pariser, promueve "la ilusión de un búsqueda integral" u objetiva, de ahí que: "El costo potencial no solo es un anatema para una buena búsqueda, sino para los cimientos de una ciudadanía informada". Esta ilusión de objetividad que experimenta el ciudadano que considera que su búsqueda de información es objetiva acrecienta la segmentación ideológica, ya que el individuo no es consciente del sesgo algorítmico.

Desde un punto de vista político, Eva Campos (2024), señala cómo en un contexto comunicativo en el que la información es cada vez más abundante e inmediata, "la sociedad se vertebra en nichos cada vez más polarizados" (Campos, 2024). En su análisis sobre la desinformación parlamentaria subraya que esta polarización "refuerza el desorden informativo parlamentario", que es un reflejo de la polarización mediática:

El mercado de medios de comunicación en España, marcado por una crisis en su modelo de negocio, busca nichos de audiencia específicos que provocan una mayor segmentación ideológica. Al final, las comunidades ideologizadas se alimentan de más información en esta tendencia, y conforman bucles que funcionan a modo de cajas de resonancia aisladas, ampliando y desvirtuando mensajes alimentados por dosis de sentimentalismo y emocionalización (Campos, 2024, p.46).

Al respecto, resulta pertinente recordar que en febrero de 2023 se conoció la investigación de los *Story Killers* que reunía a más de 100 periodistas de más de 30 medios -*Le Monde, The Guardian, The Washington Post, Der Spiegel o El País* eran algunos- y que desvelaron que una empresa israelí podía haber intervenido en más de 30 procesos electorales. Entre los servicios ofrecidos se podían *hackear* las conversaciones de personas en Telegram, comprar a periodistas para amplificar campañas, etc.[1]

La estrategia era muy diversa y llegaba incluso a crear cuentas en redes de falsos periodistas, a través de las cuales se viralizaban informaciones falsas que acababan llegando a medios reales. Medios que se hacían eco de las mismas y terminaban convirtiéndose en altavoces involuntarios de las estrategias de desinformación (Magallón-Rosa, 2023).

2.3. Impacto en la salud mental. Entre la dieta equilibrada y la desconexión digital

El diseño de plataformas para maximizar el tiempo de uso puede fomentar comportamientos adictivos, contribuyendo a problemas como ansiedad, depresión y trastornos de adicción. Como señala Andreassen (2015), "los adictos a las redes sociales suelen utilizarlas tanto que esto influye negativamente en su salud, calidad del sueño, relaciones

---

1   Véase: https://forbiddenstories.org/projects_posts/story-killers/

y bienestar". De este modo cuestiones como una dieta digital equilibrada o la capacidad para desconectar, son valores emergentes cada vez más presentes.

Puesto que hablamos de la economía de la atención, es interesante reseñar cómo esa exigencia de estar atento e informado ha contribuido, al "impacto del aumento del uso de Internet y las redes sociales en la salud mental de jóvenes y adolescentes", y, como consecuencia al desencadenamiento del conocido como síndrome FOMO, abreviatura en inglés del concepto *fear of missing out*; es decir, el miedo a perderse algo (ONTSI, 2023).

Esta sensación se vincula directamente a sensaciones de angustia y preocupación. Al respecto, otro síndrome que se deriva de la economía de la atención es la NOMOFOBIA, abreviatura del inglés de *No Mobile Phobia* o miedo irracional a no disponer del teléfono móvil. Dicho estudio destaca el riesgo de estas tecnologías, basadas en la monetización de la atención, para un determinado sector de la población. Un 11,3 % de personas entre 15 y 24 años se encuentran en riesgo elevado de hacer un uso compulsivo de servicios digitales:

> Este [riesgo] sube al 33% en el caso de tener entre 12 y 16 años. Un problema que se traduce en posibles trastornos mentales que disminuyan el rendimiento y la productividad (ONTSI, 2023, p.3).

En este escenario, se plantea la necesidad de planes más ambiciosos de alfabetización mediática, digital y algorítmica por parte de la educación formal.

2.4. Propagación de desinformación en contextos de desintermediación de la monetización

El bajo coste económico y de sanción social que supone producir informaciones falsas, no sólo hace que estas se propaguen a mayor velocidad sino que cada vez sea más fácil externalizar su intermediación —tanto a nivel de creación como de distribución—. Esto permite a empresas o creadores de contenido reducir costes al omitir procesos de verificación, aumentando así sus márgenes de beneficio.

Paralelamente, hemos visto cómo se produce un choque cada vez más visible por la economía de la actualidad entre periodistas y creadores de contenido, que compiten por la atención sobre todo en acontecimientos de gran intensidad informativa.

Estas narrativas falsas se multiplican generando una sobrecarga informativa que recae sobre los consumidores, que cada vez encuentran mayores dificultades para acceder a la exactitud de la información sin costos (tiempo, recursos, habilidades) y para verificar la veracidad de la información. De ahí que muchos consumidores acepten la información tal y como se presenta, sin capacidad de respuesta para cuestionarla, aumentando así los incentivos de la desinformación.

Un caso paradigmático en España fue la catástrofe producido por la DANA de Valencia —y Albacete— en octubre de 2024. Ahí vimos, la falta de rigor a la hora de verificar muchas informaciones por parte de los creadores de contenido, pero también cómo eran muchas cuentas verificadas en X -anteriormente Twitter- las que más compartían contenidos falsos, en una clara estrategia de monetización de la desinformación en contextos de incertidumbre.

Allcott y Gentzkow (2017) subrayan al respecto cómo plataformas y redes sociales como Facebook introducen una estructura tecnológica radicalmente diferente y que puede ejercer una influencia significativa puesto que los consumidores pueden tener preferencias por un contenido que refuerza sus creencias o afiliaciones políticas:

> El contenido puede transmitirse entre usuarios sin un filtro de terceros significativo, verificación de datos o juicio editorial. Un usuario individual sin antecedentes ni reputación puede, en algunos casos, llegar a tantos lectores como Fox News, CNN o el New York Times (Allcott y Gentzkow, 2017, p. 211).

Por su parte, Vosoughi, *et al,*. (2018) refuerzan esta afirmación sobre la forma en la que los contenidos falsos se difunden más rápido y más ampliamente que las informaciones verdaderas en redes sociales para indicar:

> Descubrimos que la falsedad se difunde significativamente más lejos, más rápido, más profundamente y más ampliamente que la verdad en todas las categorías de información (Vosoughi, *et al,*. 2018, p.1146).

En cualquier caso, se trata de un modelo que ha ido evolucionando en los últimos años y que, en vez de sancionar la viralización de desinformación, ha ido estableciendo su propia agenda, estructura y funcionamiento fuera de las normas sociales y legales aceptadas. En España, por ejemplo, esta situación ha llevado a un intento de regulación del derecho de rectificación que afecte a personas influyentes con más de 100.000 seguidores en redes.

3. TENDENCIAS EN LA MONETIZACIÓN DE LA DESINFORMACIÓN

La desinformación se ha convertido en una herramienta que no solo influye en la configuración de la opinión pública, sino que también es un modelo de negocio lucrativo. La monetización de la desinformación se lleva a cabo a través de diversas estrategias que explotan la naturaleza viral y emocional del contenido falso o engañoso.

Este modelo de negocio, sustentado en la economía de la atención, ha dado lugar a lo que Shoshana Zubof (2019) denomina "capitalismo de vigilancia". En este sistema, la experiencia humana se transforma en datos que se recopilan y analizan para ser vendidos como productos altamente rentables para las empresas.

Zuboff (2019) describe cómo los mercados de comportamiento se basan en esta extracción y monetización de datos personales, generando beneficios significativos a costa de la privacidad y la manipulación de los usuarios. En este nuevo escenario, nos encontramos con diferentes fórmulas de monetización de la desinformación:

Tabla 1. Monetización de la desinformación

Modalidad de monetización	Descripción	Referencias
Ingresos por publicidad en línea	Generación de grandes cantidades de tráfico a través de titulares sensacionalistas y contenido polarizado para incrementar los ingresos publicitarios a través de programas como *Google AdSense*.	Allcott y Gentzkow (2017), Bertin Martins, *et al.* (2018)
Recolección y venta de datos personales	Desinformación para recopilar datos personales de los usuarios mediante encuestas falsas, concursos o formularios. Estos datos luego se venden a terceros, generando ingresos. Un análisis en el que también incide Zuboff para mostrar prácticas fraudulentas que generan ganancias significativas a expensas de la privacidad de los usuarios. Christl, W. (2017) Traza un mapa de la vigilancia corporativa en la vida cotidiana y aborda cómo miles de empresas monitorean, analizan e influyen en las vidas de millones de personas recopilando datos de nuestras compras, llamadas telefónicas, búsquedas web o "me gusta" en Facebook.	Aggarwal, *et al.* (2012) Christl, (2017) Zuboff, (2019)
Fraude y estafas directas	Aprovechamiento de la desinformación para cometer estafas financieras (ej. *phishing*). Correos electrónicos o sitios web falsos que obtienen información sensible, como contraseñas o datos bancarios. Rabbi, *et al.*, (2024) señalan cómo la epidemia de coronavirus provocó un aumento de los ataques de phishing un 220 % superior al promedio anual. En el tercer trimestre de 2022 se registraron un total récord de 1.270.883 incidentes de *phishing* únicos, demostrando la prevalencia y persistencia de esta amenaza.	Jagatic, *et al.* (2007) Rabbi, *et al.*, (2024)
Manipulación de mercados y criptomonedas	Informaciones falsas sobre empresas o criptomonedas pueden alterar el precio de las acciones o activos digitales, beneficiando a actores maliciosos.[2]	Ferrara, *et al.*,(2016), Hillmann (2022)

---

2   Véase: https://www.europapress.es/portaltic/ciberseguridad/noticia-directivo-binance-asegura-creado-deepfake-perpetrar-estafas-plataforma-20220824160851.html

Modalidad de monetización	Descripción	Referencias
Financiación política y propaganda	Campañas de desinformación financiadas por Estados u organizaciones políticas para influir en elecciones o políticas públicas. Estas campañas generan ingresos para quienes producen y distribuyen el contenido, pero sobre todo buscan un cambio de gobierno.	Bastos y Farkas (2019), Zuboff (2019)

Fuente: Elaboración propia

El modelo de extracción continuada de datos ha hecho que cuanto más profundizamos en la monitorización de los comportamientos individuales menos capacidad de respuesta haya para volver a modelos económicos alternativos.

4. NUEVAS TENDENCIAS EN LA DESINFORMACIÓN: EL PAPEL DE LA IA

Por último, y antes de establecer una tipología actual de fraudes digitales, debemos dejar claro que las técnicas y tecnologías de *deepfakes* existentes cambian continuamente.

Se entienden por *deepfakes* aquellos archivos -vídeo, imagen o voz- manipulados mediante una herramienta o programas dotados de tecnología de inteligencia artificial que permiten el intercambio de rostros en imágenes y la modificación de la voz, de modo que los archivos parezcan originales, auténticos y reales (Garriga, *et al.,* 2024).

El caso más paradigmático de los últimos tiempos ha sido el uso racista o xenófobo de *Grok* y la viralización de sus imágenes creadas con IA en *Twitter*[3]. Entre los riesgos relacionados con los *deepfakes* e identificados previamente, también destacaban las campañas contra determinadas mujeres cuando el foco de atención se trasladaba hacia ellas.

---

3   Véase: https://maldita.es/migracion/20241211/grok-ia-twitter-imagenes-racistas-hitler-deportistas/

Esta clase de contenido no solo trata de modificar la imagen pública de ciertas mujeres, sino también de invalidarlas a nivel social (Garriga, *et al.,* 2024).

Lo que no podemos obviar es que crear *deepfakes* es cada vez más fácil, por lo que, como señala Kietzmann, *et al.,* (2020), lo más probable es que "la creación y distribución de contenido falso, y la confusión y el alboroto resultantes, sólo aumenten a medida que mejore la accesibilidad de la tecnología para crear *deepfakes* de alta calidad". (Kietzmann, *et al.,* 2020).

En cualquier caso, es importante recordar que los *deepfakes* se asocian tanto a acontecimientos de actualidad como a personajes que tienen una relevancia pública. Además, están determinados por los ciclos de actualidad y por la cercanía o lejanía al contexto informativo en el que se producen (Garriga, *et al.,* 2024).

Entre los riesgos crecientes, está por conocer el papel de la regulación ante escenarios donde la IA puede ser utilizada para la instrumentalización ideológica y política y "orientarse hacia intentar dirigir el debate sobre cosas que nunca han sucedido, a generar relatos de polarización y discursos en torno a cuestiones sensibles que pueden crear un imaginario y una estructura de pensamiento sobre determinadas cuestiones clave para la decisión de voto" (Magallón-Rosa, 2024).

Al respecto, es importante subrayar que el uso de imágenes falsas generadas mediante IA se presenta también como un ejercicio de gamificación social creciente dentro de una estrategia para crear confusión con el objetivo de que el adversario político no tenga ventaja en el juego del relato.

En esta línea, Frederico Franco y Vitor de Andrade identifican en los procesos electorales los siguientes riesgos (Rubio, *et al.,* 2024):

· Infoxicación y tergiversación de la realidad.

· Polarización, desestabilización e incitación del conflicto.

· Ruptura de la equidad y la neutralidad comunicativa.

- Abuso de datos y chantaje psicométrico.
- Acoso, discriminación y violencia política.
- Desviación de controles oficiales.

Tabla 2. Categorías de desinformación

Tipo de desinformación	Características	Ejemplo
Uso de IA en campañas de desinformación electoral.	· Empleo de inteligencia artificial para generar y difundir rumores o informaciones falsas sobre candidatos presidenciales durante procesos electorales. · Creación de *deepfakes* de audio o vídeo de los candidatos puede tener implicaciones graves en la opinión pública y la estabilidad política (Chesney y Citron, 2019). · Amplificación de la desinformación a través de *bots* en redes sociales.	· Desde las elecciones de EE.UU. de 2016, hemos visto cómo cada vez es más frecuente el uso de informaciones falsas y contenido manipulado sobre los candidatos para influir en la opinión pública. (Allcott y Gentzkow (2017). Bastos y Farkas (2019), Zuboff (2019)
Suplantación de páginas web mediante IA	· *Phishing* avanzado: sitios web falsos que imitan a empresas o instituciones con el objetivo de generar confianza. Diseño y contenido casi idénticos al original, dificultando la detección de los usuarios para obtener sus credenciales (Bursztein, *et al.*, 2020).	· Cada vez es más frecuente que las empresas sufran ciberataques que les obliguen a avisar a sus clientes ante el riesgo de que los responsables del ataque pudieran utilizar sus datos para realizar técnicas de phishing (Ruiz Anderson, 2024).
Suplantación de identidad: *deepfakes* de audio o *deepvoice*.	· Los *deepfakes* de audio pueden replicar la voz de individuos en estafas telefónicas para autorizar transferencias bancarias o acceder a información confidencial (Neumann, *et al.*, 2020).	Un ejemplo paradigmático de *deepfake* de voz fue el utilizado para estafar a un director ejecutivo por 243.000$ (Jesse Damiani, Forbes 2019).

Suplantación de identidad: *deepfakes* de vídeo o *deepface*	· Los *deepfakes* de vídeo pueden suplantar a una persona para conseguir un beneficio económico, político o social. (Suwajanakorn, *et al.,* 2017).	Uno de los más compartidos fue un *deepfake* de vídeo del presidente de Ucrania Volodymyr Zelensky enviando un mensaje pidiendo la rendición de sus fuerzas ante el ejército ruso en marzo del 2022 (Maldita, 2022)[4].
Difusión de informaciones falsas	Sitios que aparentan ser medios de comunicación reputados pero que distribuyen desinformación (Guess, *et al.,* 2020).	Durante la COVID-19 se multiplicaron las publicaciones que ocultaban malware y la desinformación vinculada al comercio ilegal de productos médicos fraudulentos, así como las estafas a través de mensajes de texto (Interpol, 2020).
Textos automatizados	Utilizando modelos de lenguaje (Brown, *et al.,* 2020), se pueden generar artículos, comentarios y reseñas falsas de manera masiva y coherente, dificultando su detección (como actualmente GPT).	Una investigación realizada por OpenAI (Brown, *et al.,* 2020; OpenAI, 2020) mostró cómo GPT-3 podía generar contenidos ficticios indistinguibles de los escritos por humanos. En algunos foros y secciones de comentarios, se detectaron artículos y reseñas de productos generadas automáticamente para influir en la percepción del público, por ejemplo, en campañas promocionando criptomonedas o inversiones rápidas.

---

4   Véase: https://maldita.es/malditateexplica/20220317/deepfake-zelenski-ucrania-tropas-rindan/

| _Bots_ sociales inteligentes | Cuentas automatizadas en redes sociales que interactúan de forma convincente con usuarios reales, propagando desinformación y manipulando tendencias (Ferrara, _et al.,_ 2016). Woolley y Howard, (2018) nos hablan de "la propaganda computacional" como una forma emergente de manipulación política en relación al conjunto de "plataformas de redes sociales, agentes autónomos, algoritmos y _big data_ encargados de manipular la opinión pública" (Woolley y Howard, (2018). | Tras el escándalo de _Cambridge Analytica_ (2018), pudimos conocer cómo cuentas automatizadas y dirigidas aprovecharon datos personales de usuarios de Facebook para influir en elecciones y referendos (Isaak y Hanna, 2018). Además, durante eventos políticos globales, se han detectado granjas de _bots_ retuiteando mensajes para posicionarlos como _trending topics_, creando y fomentando la ilusión de apoyo popular. |

Fuente: Elaboración propia

5. PERSPECTIVAS DE FUTURO Y CONCLUSIONES

En los últimos tiempos hemos visto cómo el resultado de las elecciones en EEUU y el papel de Musk en la instrumentalización de _Twitter_ (X), las consecuencias de la infodemia de desinformación tras el desastre de la DANA en Valencia, el conflicto creciente entre medios y creadores de contenido, han hecho aumentar los apoyos a una mayor regulación digital del nuevo ecosistema informativo y digital.

En esta nueva fase, las propuestas de solución consensuadas en los últimos años, empiezan a ser escuchadas con mayor resonancia. En cualquier caso, el desafío está en reconocer que la integración de la inteligencia artificial en la economía de la desinformación amplifica el alcance y el impacto de las campañas engañosas. Los _deepfakes_ y otros contenidos generados por IA plantean riesgos sin precedentes para la autenticidad de la información y la confianza en los medios digitales.

Las consecuencias socioeconómicas incluyen la erosión de la confianza pública, pérdidas financieras y la potencial desestabilización de procesos democráticos. Como señalan Woolley y Howard, (2018) en su investigación sobre la manipulación automatizada de algoritmos y los esfuerzos por controlar la comunicación política en todo el mundo, "los algoritmos y otras herramientas computacionales ahora desempeñan un papel político importante en áreas como el consumo de noticias, la conciencia de problemas y la comprensión cultural":

> Nuestra investigación muestra que este nuevo modo de interrumpir e influir en la comunicación está en aumento en todo el mundo. Los avances en la tecnología informática, especialmente en torno a la automatización social, el aprendizaje automático y la inteligencia artificial, significan que la propaganda computacional se está volviendo más sofisticada y difícil de rastrear a un ritmo alarmante (Woolley y Howard, 2018).

Desde el punto de vista de la regulación, el debate se posiciona entre establecer unos mecanismos de autorregulación rápidos y eficaces para posteriormente evaluar el aprendizaje de los mismos y su posible regulación posterior o aprobar una serie de principios regulatorios mínimos que permitan mitigar y no hacer crecer de forma exponencial los riesgos no deseados (Magallón-Rosa, 2024).

En este sentido, se plantea un escenario de incertidumbre legislativa en torno a esta herramienta tecnológica y social, donde la incertidumbre plantea conjugar el desarrollo de una economía digital nueva con la defensa de la calidad democrática.

Esta legislación ha de decidir, por ejemplo, si obliga a las plataformas, aplicaciones y programas que permiten desarrollar y modificar este tipo de contenidos, establecer una marca de agua que los identifique y permita a los usuarios conocer que esa imagen o vídeo ha sido modificado o creado con IA. Por otra parte, se plantea el reto de comprender cómo se va a usar políticamente y de qué forma la legislación electoral se va a adaptar a sus posibilidades pero también a sus disfuncionalidades.

En cualquiera de las opciones es esencial desarrollar estrategias multidisciplinares que involucren a gobiernos, empresas tecnológicas, instituciones educativas y la sociedad civil para abordar estos desafíos. La inversión en tecnologías de detección, la educación en alfabetización digital y la creación de marcos legales adecuados son pasos fundamentales para mitigar los riesgos asociados con la desinformación impulsada por IA.

6. REFERENCIAS BIBLIOGRÁFICAS

Aggarwal, C. C., y Zhai, C. (Eds.). (2012). *Mining Text Data*. Springer. https://doi.org/10.1007/978-1-4614-3223-4

Allcott, H., y Gentzkow, M. (2017). Social media and fake news in the 2016 election. *Journal of Economic Perspectives, 31*(2), 211–236. https://doi.org/10.1257/jep.31.2.211

Anderson, R. R. (2024, 20 de enero). *El ciberataque a Douglas revela la fragilidad de los datos de los clientes*. El Confidencial. https://tinyurl.com/bdhkr4nv

Andreassen, C. S. (2015). Online social network site addiction: A comprehensive review. *Current Addiction Reports, 2*(2), 175–184. https://doi.org/10.1007/s40429-015-0056-9

Bertin Martins, Aguilar,L., Gomez-Herrera, E., Mueller-Langer, F. (2018). The Digital Transformation of News Media and the Rise of Disinformation and Fake News. *Digital Economy Working Paper*. http://dx.doi.org/10.2139/ssrn.3164170

Bastos, M. T., & Farkas, J. (2019). "Fake news' and engagement in the 2016 US presidential election. *Journalism Practice, 13*(7), 789–806. https://doi.org/10.1080/17512786.2019.1637201

Brown, T. B., *et al.* (2020). Language Models are Few-Shot Learners. *In Advances in Neural Information Processing Systems, 33*, 1877–1901.

Bursztein, E., Pietraszek, T., Savage, S., y McFarland, D. (2020). Handcrafted Fraud and Extortion: Manual Account Hijacking in the Wild. In *Proceedings of the 2020 ACM SIGSAC Conference on Computer and Communications Security* (pp. 109–126).

Campos, E. (2024). La desinformación en procesos electorales. En R. Magallón (Ed.), Comprometidos con la verdad: Propuestas para combatir la desinformación. 45–52. CLABE.

Chesney, R., y Citron, D. (2019). Deep fakes: A looming challenge for privacy, democracy, and national security. *California Law Review, 107*(6), 1753–1820.

Christl, W. (2017). *Corporate Surveillance in Everyday Life: How companies collect, combine, analyze, trade, and use personal data on billions of people, and the consequences for individuals and society.* Cracked Labs. https://tinyurl. com/pp32dueh

Damiani, J. (2019, 3 septiembre). *A Voice Deepfake Was Used To Scam A CEO Out Of $243,000.* Forbes. https://tinyurl.com/3aya8zju

Ferrara, E., *et al.* (2016). The Rise of Social Bots. *Communications of the ACM, 59*(7), 96-104. https://doi.org/10.1145/2818717

Hillmann, P. (2022). *Scammers Created a Deepfake of Me – And How We Can Fight Back Together.* Binance Blog.

Isaak, J., y Hanna, M. (2018). User Data Privacy: Facebook, Cambridge Analytica, and Privacy Protection. *Computer, 51*(8), 56–59. https://doi.org/10.1109/MC.2018.3191268

Jagatic, T., Johnson, N., Jakobsson, M., y Menczer, F. (2007). *Social phishing.* *Communications of the ACM, 50*(10), 94–100. https://doi.org/10.1145/1290958.1290968

Observatorio Nacional de las Telecomunicaciones y de la Sociedad de la Información. (2023). Impacto del uso de Internet y redes sociales en la salud mental de jóvenes y adolescentes. ONTSI. https://tinyurl.com/mtpn3b9s

Garriga, M., Ruiz-Incertis, R., y Magallón-Rosa, R. (2024). Artificial intelligence, disinformation and media literacy proposals around deepfakes. *Observatorio (OBS), 18*(5). https://doi.org/10.15847/obsOBS18520242445

Goldhaber, M. H. (1997). The attention economy and the net. *First Monday, 2*(4). https://firstmonday.org/article/view/519/440

Guess, A., Nyhan, B., y Reifler, J. (2020). Exposure to untrustworthy websites in the 2016 US election. *Nature Human Behaviour, 4*, 472–480. https://doi.org/10.1038/s41562-020-0833-x

Interpol. (2020, 4 agosto). *INTERPOL report shows alarming rate of cyberattacks during COVID-19.* https://tinyurl.com/2fvudvej

Kietzmann, J., Paschen, J., y Treen, E. (2020). Artificial intelligence in advertising: How marketers can leverage AI to improve customer relationships. *International Journal of Advertising, 39*(3), 389–409. https://doi.org/10.2501/JAR-2018-035

Labara, E. (2023). Redes sociales y publicidad: Los aliados del hiperconsumo que calienta el planeta. *El Salto*. https://tinyurl.com/4mxj7fvx

Lazer, D., *et al.*, (2018). The science of fake news. *Science, 359*, 1094–1096. https://doi.org/10.1126/science.aao2998

Maldita.es. (2022, 16 marzo). https://tinyurl.com/mwmc53a2

Magallón-Rosa, R. (2024). *Desinformación e inteligencia artificial. De lo inesperado a lo imprevisto*. En Cerezo, P. (Ed.), IA Generativa. La nueva era de la información. Editorial La Trama.

Pariser, E. (2011). *The filter bubble: What the internet is hiding from you*. Penguin Press.

OpenAI. (2020). *GPT-3: Language Models are Few-Shot Learners*. arXiv:2005.14165. https://arxiv.org/abs/2005.14165

Quintana, Y. (2024). *Desinformación y consumo: Los efectos de la manipulación de las percepciones de los consumidores*. En R. Magallón (Ed.), Comprometidos con la verdad: Propuestas para combatir la desinformación. 103–110. CLABE.

Rabbi, M., Champa, A., y Zibran, M. (2024). Phishy? Detecting Phishing Emails Using Machine Learning and Natural Language Processing. En Lee, R. (eds) Software Engineering and Management: Theory and Application. Studies in Computational Intelligence, 1137. Springer, Cham. https://doi.org/10.1007/978-3-031-55174-1_9

Rubio, R., Franco Alvim, F., y de Andrade Monteiro, V. (2024). *Inteligencia artificial y campañas electorales algorítmicas*. Bubok.

Simon, H. (1971). *Designing Organizations for an Information-Rich World*. En M. Greenberger (Ed.) Computers, Communications, and the Public Interest (pp. 37–72). The Johns Hopkins Press.

Sunstein, C. (2017). #Republic: Divided democracy in the age of social media. Princeton University Press.

Suwajanakorn, S., Seitz, S., y Kemelmacher-Shlizerman, I. (2017). Synthesizing Obama: Learning lip sync from audio. *ACM Transactions on Graphics, 36*(4), 1–13. https://doi.org/10.1145/3072959.3073640

Tucker, J., Theocharis, Y., Roberts, M., y Barberá, P. (2017). From Liberation to Turmoil: Social Media and Democracy. *Annual Review of Political Science, 20*(1), 5-27. https://doi.org/10.1146/annurev-polisci-052615-025601

Velasco, L. y Rubio (2019). Demasiado grande para confiar: Facebook puede influir sobre el voto y nadie lo controla. Agenda Pública. https://tinyurl.com/2m8486ns

Vosoughi, S., Roy, D., y Aral, S. (2018). The spread of true and false news online. *Science, 359* (6380), 1146–1151. https://doi.org/10.1126/science.aap9559

Woolley, S. y Howard, P. (2018). *Computational propaganda: Political parties, politicians, and political manipulation on social media.* Oxford University Press.

Zuboff, S. (2019). *The age of surveillance capitalism: The fight for a human future at the new frontier of power.* PublicAffairs.

Capítulo 7
Inteligencia artificial y comunicación estratégica en la era de la desinformación: retos y desafíos

Leticia Rodríguez Fernández
Universidad de Cádiz

Elena Borau Boira
Universidad Rey Juan Carlos

1. INTRODUCCIÓN

En la última década nuestra sociedad está experimentando la revolución tecnológica más profunda que la sociedad ha conocido gracias a la inteligencia artificial (IA) que ha transformado el modo de proceder en prácticamente todos nuestros ámbitos. Esta digitalización y automatización, impulsadas por tecnologías disruptivas como internet, la nube, la coordinación digital, los sistemas ciberfísicos o la robótica, ha dado como resultado reciente la explosión de la IA como herramienta de uso global. Esto abre un nuevo mundo, una nueva forma de comunicarnos y una nueva sociedad, pero también un dilema ético y moral.

La IA es sinónimo de nuevas promesas, pero también de los riesgos que supone la masificación de las tecnologías digitales en las diferentes esferas de la vida económica y social del S.XXI (Bartolomé, *et al.,* 2024). Las capacidades de la IA nos resultan insólitas no tanto por lo que consiguen, como por la rapidez y la facilidad con que lo consiguen, de hecho, la IA democratiza el acceso a tecnologías muy potentes, sin necesidad de inversión económica alguna ni formación específica (Solano y Baura, 2024).

Este proceso también tiene un gran impacto en la educación superior, por lo que debería ser estudiado, como apuntan Gallent, *et al.*, (2023) desde dos perspectivas: las propias herramientas de Inteligencia Artificial Generativa y la reflexión sobre las consecuencias y limitaciones éticas que se derivan del proceso de enseñanza-aprendizaje, en los procesos administrativos y de servicios o en la investigación.

Por otro lado, y profundizando en este espacio de incorrectos usos tecnológicos, las falsificaciones que se realizan en el ámbito privado pueden crear violencia social, por ejemplo, generando material pornográfico y/o falseando la identidad de las personas. Este proceso puede poner en duda la interacción social, en cualquiera de sus dimensiones legal, ética, política, cultural o económica (González, *et al.,* 2020).

Según el estudio *Things Matter* elaborado por Telefónica (Muñoz, 2019), los dispositivos y la nube, así como otros dispositivos, seguirán creciendo en los últimos años hasta alcanzar los 66.000 millones de unidades en 2026, de hecho, el 87% de usuarios declaran que, una vez probados estos dispositivos ya no renunciarán a sus beneficios. Cifras que demuestran la imparable evolución que está experimentando el uso de estas herramientas, y que evidencian la necesidad de mitigar los efectos nocivos que supone un uso incorrecto.

2. REGULACIONES Y DIRECTRICES PARA REGULAR EL USO DE IA

Con el fin de poner coto a los riesgos asociados con el uso de la IA, las organizaciones internacionales han elaborado regulaciones y directrices cuyos objetivos más importantes son el control a la reproducción de prejuicios y la amenaza a los derechos humanos y la privacidad, así como asegurar que su desarrollo beneficie a toda la sociedad de manera equitativa, entre otros.

En 2019 la Comisión Europea presentó "Directrices Éticas para una IA Fiable de la Comisión Europea", con el principal objetivo de asegurar que la IA fuera legal, ética y robusta. (Comisión Europea, 2019). El 21 de mayo de 2024, y dando respuesta al exigente contexto actual, este mismo organismo aprobó el Reglamento de Inteligencia Artificial (IA). Esta normativa regula la introducción en el mercado, la puesta en servicio y la utilización de sistemas de IA en la Unión Europea. Su principal objetivo es fomentar el desarrollo y la utilización de la IA en la UE, así como garantizar un alto nivel de protección de la salud, la seguridad y los derechos fundamentales (Tena, 2024). En noviembre de 2021, los 193 Estados miembros de la UNESCO adoptaron el primer marco normativo universal sobre ética de la IA. Esta recomendación establece valores y principios comunes para guiar el desarrollo y uso de la IA de manera ética y responsable (UNESCO, 2023). Otra de las grandes iniciativas que han surgido es el Foro Global sobre la Ética de la IA de la UNESCO, el 5 y 6 de febrero de 2024, que reunió a expertos de diferentes países para compartir experiencias y buenas prácticas en la regulación de la IA.

Este Foro puso en común las experiencias y los conocimientos de diferentes países que se encuentran en distintos niveles de desarrollo tecnológico y político, con el fin de lograr un intercambio focalizado en el aprendizaje mutuo y propiciar un diálogo con el sector privado, el mundo académico y una sociedad civil mucho más amplia (Ramos, 2024).

Por su parte, el grupo de trabajo ampliado sobre la ética de la inteligencia artificial, de la Comisión Mundial de Ética del Conocimiento Científico y la Tecnología (COMEST) elaboró un estudio sobre la ética de la IA, en el que se recomienda a la UNESO que examine la posibilidad de disponer de un instrumento normativo en este ámbito, y destaca la importancia de un enfoque ético en el desarrollo y uso de la IA.

Directrices e iniciativas que nacen con el objetivo de fomentar un aprendizaje mutuo y un diálogo inclusivo que involucre al sector privado, para ello se centran en el respeto de los principios y valores éticos, así como en la transparencia y la rendición de cuentas. Destaca, en este sentido, la necesidad de consensuar un marco ético, global y legítimo que guíe el desarrollo de la IA en dirección a la dignidad humana, los derechos humanos y la justicia social-académica.

3. EL DOBLE DESAFÍO DE LA IA: OPORTUNIDADES Y RIESGOS PARA LA COMUNICACIÓN ESTRATÉGICA

A lo largo de estas líneas observamos que la rápida irrupción de la inteligencia artificial está generando cambios significativos que impactan directamente en el ecosistema mediático y digital. Una repercusión medida por la doble interpretación de quiénes observan en la IA un riesgo que podría convertir el entorno digital en una auténtica distopía donde difícilmente se identificaría lo real y lo irreal; y quiénes consideran que su correcta adecuación serviría precisamente para automatizar y filtrar contenidos desinformativos.

Ambas miradas son, probablemente, complementarias. Según el último *Global Risk Report* (2024) los próximos años estarán marcados principalmente por el clima extremo, la desinformación generada por inteligencia artificial y la polarización social.

Un contexto complejo pues normalmente los escenarios de crisis, como los generados por climas extremos, tienden a ser objeto de campañas de desinformación que buscan precisamente polarizar, como se ha observado recientemente en la catástrofe generada por la *DANA* en la comunidad autónoma de Valencia. El informe señala, además, que la desinformación es el riesgo más relevante a nivel global en los próximos dos años pues se enmarca en los numerosos procesos electorales que tendrán lugar a nivel mundial. Esta preocupación también ha sido reconocida por las principales empresas tecnológicas que han tratado de asumir su correspondiente responsabilidad. Veinte compañías, incluyendo *Microsoft, Meta, Google* y *Amazon*, firmaron un acuerdo para combatir la desinformación en las próximas elecciones de 2024 en todo el mundo, prestando especial atención a aquella generada con IA (EFE, 2024).

El desarrollo de la IA está supeditado a su capacidad de aprendizaje, vinculada a los contenidos existentes en la red y de los cuales obtiene información. Entre los múltiples riesgos encontramos el *slop*, traducido como "bazofia" y que daría nombre a los numerosos contenidos basura que la IA comparte en la red. Las redes sociales han dado prioridad a la visibilidad de los contenidos generados con IA alimentado un bucle de aprendizaje que da como resultado contenidos falsos con alta visibilidad (Castillo, 2024).

Todo esto resulta en una hiperconexión global y plantea nuevos desafíos a la sociedad de diversa índole a los que debemos dar respuesta (Arreola, 2024), afrontando, mitigando y resolviendo sus efectos no deseables (Zabala 2021). Por su parte, Atencio-González (2023) subraya la necesidad de una colaboración interdisciplinaria para desarrollar pautas éticas sólidas en temas como la privacidad, los sesgos en los algoritmos y la transparencia. Como afirma (Sánchez Díaz 2023), la falta de comprensión moral, el sesgo inherente en los datos utilizados, la opacidad de muchos algoritmos de la IA o la privacidad y seguridad, son solo algunos de ellos,

Esta falta de transparencia puede ser problemática en contextos donde la rendición de cuentas es crucial, como en la medicina o la justicia. Siguiendo a Martín y Freeman (2004), no todos los desarrollos tecnológicos son recomendables, aseverando que una de las perspectivas erradas de la comunidad en general es considerar la IA siempre como un fenómeno positivo, ya que no siempre constituyen un avance.

La IA, por su naturaleza, carece de una comprensión intrínseca de la moralidad. Los algoritmos de IA operan basándose en datos y reglas predefinidas, sin una verdadera comprensión de los valores humanos. Esto puede llevar a decisiones que, aunque lógicamente correctas, sean moralmente cuestionables. Por ejemplo, si los datos de entrenamiento contienen sesgos, la IA los perpetuará, lo que puede resultar en decisiones discriminatorias. Problema particularmente preocupante en áreas como la justicia penal y la contratación laboral, (Baeza-Yates, 2021).

Otro de los desafíos éticos que esta tecnología presenta es la determinación del responsable de las decisiones tomadas por una IA. En casos de errores o daños causados por decisiones automatizadas, la responsabilidad puede ser difusa, complicando la rendición de cuentas. Desde la visión integradora de la IA, cabe destacar las numerosas oportunidades que ofrece para el desarrollo profesional. Según *Chartered Institute of Public Relations* (CIPR), existen cerca de 5.800 herramientas tecnológicas impulsadas por IA y aprendizaje automático, con aplicaciones potenciales en la industria de las relaciones públicas. Tanto es así, que la propia organización junto con *Canadian Public Relations Society* (CPRS) impulsaron la primera guía a nivel mundial para el uso ético de la inteligencia artificial en la industria de relaciones públicas.

Movidas por la curiosidad y entendiendo que este capítulo engloba la aplicación ética de la inteligencia artificial, hemos consultado a Chat-GPT "¿qué trabajos hace la IA en relaciones públicas?". Nos ofrece un resultado de 638 palabras, bastante preciso, en el que describe pormenorizadamente 10 acciones fundamentales de este campo de estudio: (1) Monitoreo de medios y análisis de sentimientos, (2) Gestión de crisis, (3) Creación de contenido automatizado, (4) Análisis de competencia, (5) Segmentación de audiencias, (6) Análisis predictivo y tendencias de mercado, (7) Personalización de mensajes y marketing conversacional, (8) Evaluación de resultados y optimización de campañas, (9) Creación de informes y métricas avanzadas, (10) Gestión de influencers y embajadores de marca.

El resultado es satisfactorio, aunque cabe destacar que la pregunta es ciertamente maliciosa pues se alude a "trabajos" y no "tareas", tratando de hacer alusión a la tan temida pérdida de empleos que puede suponer su integración en el desarrollo diario de la profesión. De momento y según cifras de *Chartered Institute of Public Relations* (CIPR) el 12% de las competencias totales de un profesional de las relaciones públicas (de un total de 52 competencias) podrían ser complementadas o sustituidas por la IA y se prevé que esta cifra aumente hasta el 38%. Datos bastante optimistas que parecen no poner en riesgo la profesión. Por otra parte, sepa el lector que la aplicación de la IA a este capítulo solo se ha recogido en este párrafo. Consideran las autoras que la IA no tiene aún la capacidad de retener al lector en un texto académico como se pretende hacer en estas líneas.

No menos importante resulta la aplicación de la IA en el campo de investigación sobre desinformación (Rodríguez- Fernández, *et al.*, 2023) así como en la investigación en comunicación estratégica. Tanto la captación como el análisis de la información cambiará significativamente los próximos años. Actualmente, la tecnología ha permitido el análisis de contenidos digitales de gran valor para las organizaciones avanzando en el análisis de sentimientos, la predicción de tendencias, la identificación de patrones o el posicionamiento antes de determinados asuntos sociales y políticos. Si la investigación resultaba fundamental en los modelos bidireccionales de las relaciones públicas, la inclusión de la tecnología motiva aún más a que esta esté presente tanto en los análisis como en la determinación de objetivos o en la toma de decisiones.

Y si nos referimos al uso de grandes volúmenes de datos personales para entrenar sistemas de IA, se presentan serias preocupaciones sobre la privacidad y la seguridad. La recopilación y el almacenamiento de datos sensibles deben gestionarse con extremo cuidado para evitar violaciones de privacidad y ciberataques. En este sentido, y según Maqueo, *et al.*, (2017), el poder de impacto que la IA puede tener sobre el empleo también plantea cuestiones éticas sobre la necesidad de políticas de apoyo para los trabajadores afectados.

4. LA COMUNICACIÓN ESTRATÉGICA EN LA LUCHA CONTRA LA DESINFORMACIÓN

En la comprensión y búsqueda de soluciones contra la desinformación, el periodismo, la verificación, la regulación y la alfabetización mediática y digital suelen ser las fórmulas popularmente más conocidas y citadas. Sin embargo, la comunicación estratégica ofrece estrategias y tácticas, ya validadas en distintos públicos, suponiendo además una valiosa oportunidad para implicar e integrar a distintas organizaciones a participar activamente en este proceso. La comunicación estratégica diseña mensajes personalizados para cada público que se difunden a través de los canales más adecuados para los mismos. Así, las organizaciones entienden sus necesidades y se adecúan a ellas en función de la comunicación a realizar y su contexto.

Se añade la capacidad de escucha activa que las organizaciones realizan diariamente y a través de la cuál pueden recoger potenciales *issues* relacionados con su campo de actividad y área de trabajo. En la misma, lógicamente, se pueden identificar potenciales amenazas y contenidos potencialmente dañinos.

Esta lógica de trabajo ha mostrado su eficacia en contextos complejos de crisis. Así durante la pandemia, la comunicación estratégica realizada desde distintas instituciones y organismos contribuyó considerablemente a implementar hábitos de convivencia saludable en la ciudadanía. Durante los meses más críticos se realizaron conferencias de prensa diarias informando a la opinión pública de los avances y medidas adoptadas. Una comunicación, de necesidad pública, que se acompañó de campañas publicitarias y presencia contaste en medios de comunicación de portavoces y expertos de referencia.

La pandemia fue además una infodemia ampliamente estudiada (Aleixandre-Benavent, *et al.,* 2020). Señalan Losada, *et al.,* (2020) que un 93% de los encuestados (n=1.823) aseguraban haber recibido *fake news* o bulos durante los primeros días del estado de alarma. Así, y al consultar por las fuentes utilizadas para contrastar la información, el 70% señalaba las organizaciones oficiales y autoridades en primer lugar, seguidas por los medios de comunicación (65%), el personal sanitario (50%) y con mayor distancia líderes de opinión (7,85%) y familiares y amigos (5,60%).

Más allá de estos contextos de crisis, la comunicación estratégica puede contribuir a paliar y reducir la notable desconfianza en la que se enmarca en estos momentos la sociedad de la desinformación. Según *Edelman Trust Barometer* (2024) el 63% de la ciudadanía encuestada en 28 países (n=32.000) no confía en los líderes políticos, el 61% no cree en los líderes empresariales y el 64% presenta el mismo sentimiento hacia periodistas y reporteros. Paradójicamente, la desconfianza es mayor en los países democráticos: China, India o Emiratos Árabes aparecen en los primeros lugares en confianza frente a Argentina, Japón o Reino Unido que aparecen en las últimas posiciones.

Esta circunstancia enlaza a su vez con la capacidad para afectar a tales países a través de la desinformación. Señala Wylie (2020: 193) que "en la mayoría de países occidentales, los ciudadanos tienen derecho a la libertad de expresión, que incluye el derecho a estar de acuerdo con la propaganda de naciones hostiles".

La libertad de información es sin duda una de las bases fundamentales de los sistemas democráticos occidentales. Así, y al abordar el estudio de la desinformación, suele defenderse que ofrecer a la ciudadanía un volumen de información y verificaciones suficientes contrarrestaría la desinformación. Fruto de esta reflexión los medios de comunicación y los verificadores tienen a copar el protagonismo de potenciales soluciones a esta crisis. Sin embargo, y como señala Harari (2024: 67), "la idea ingenua de la información sostiene que la información conduce a la verdad y que conocer la verdad contribuye a que la gente obtenga tanto poder como sabiduría" destacando el autor finalmente que "poseer una gran cantidad de información no garantiza la verdad ni el orden" (p.73).

La información debe configurar un relato de valor que aliente la creencia y la confianza y contribuya a contrarrestar los efectos de los contenidos falsos y las teorías de la conspiración. Como observaron Lewandowsky, et al., (2020) si aplicamos buenas prácticas, podemos anular la influencia de las informaciones falsas en la memoria.

Con este objetivo, con el de aprovechar el trabajo de influencia que tradicionalmente se ha desarrollado desde la comunicación estratégica, se indican a continuación algunas líneas de trabajo de valor para luchar contra la desinformación desde este campo.

Comunicación a largo plazo

La comunicación estratégica ofrece la posibilidad de alcanzar objetivos en el largo plazo a través de acciones que se adecúan a su aplicación en periodos cortos de tiempo. Así, los planes de comunicación han servido tradicionalmente para definir las metas a alcanzar permitiendo evaluar su consecución; las instituciones tienden a establecer modelos unidireccionales ajenos a este tipo de planificaciones. Por tanto, la aplicación desde distintas instituciones y organismos de planes de comunicación que recojan la necesidad de restaurar la confianza y desmitificar falsas creencias contribuiría positivamente en la opinión pública.

Escucha activa y expertise en comunicación digital

Las organizaciones realizan, como se ha indicado anteriormente, rutinas diarias de escucha activa en torno a su marca, su actividad y sus entornos locales, nacionales e internacionales. En este proceso se recoge gran volumen de contenido que permite a través del análisis de datos masivos o *Big Data* conocer a las audiencias. La conversación de esta información y su análisis permanente es de gran valor social pues ofrece una base de valor para la investigación en diversos campos como el procesamiento de lenguaje natural o el análisis de redes e interrelaciones. A su vez, y desde las propias organizaciones pueden activarse procesos de identificación de potenciales amenazas. No se puede obviar que las empresas son parte fundamental de la marca de un país y afectar a las mismas forma parte de las estrategias de injerencia.

Gestión de la comunicación en contextos de crisis

Las organizaciones, mayormente las empresas, suelen contar con planes de comunicación en contextos de crisis. Por un lado, la desinformación debe incorporarse como tal en ellos pues supone un importante riesgo reputacional hasta el momento poco abordado (Rodríguez-Fernández y Establés, 2023). Pero, además, la misma puede también atajarse a través de las mismas herramientas y formulaciones que se emplean en estos escenarios. Igualmente, y tras las crisis, suelen contemplarse distintos escenarios y estrategias para restaurar la confianza de los públicos, que podrían ser de gran valor, como se ha señalado anteriormente, de cara a implementar acciones que devuelvan la confianza a la opinión pública.

La orquestación de los ecosistemas de medios propios

Las organizaciones cuentan con numerosos medios digitales que presentan, normalmente con buena indexación y posicionamiento web. Estas páginas web, así como las numerosas cuentas en redes sociales pueden convertirse en redes de resistencia contra el *slop*, anteriormente descrito, reduciendo la visibilidad de los contenidos basura generados por la IA.

5. LA AUTORREGULACIÓN Y LA ÉTICA EN LA APLICACIÓN DE LA IA EN COMUNICACIÓN ESTRATÉGICA

Finalmente, cabe una reflexión sobre la aplicación de la IA en la comunicación estratégica. A lo largo de este capítulo se han expuesto los aspectos positivos que esta disciplina podría aportar a la lucha contra la desinformación. No obstante, no podemos obviar a aquellos actores que utilizan estas herramientas de influencia a la inversa generando campañas negativas que afectan a adversarios políticos y competidores. Este tipo de trabajo, conocido como *Dark PR* (Rodriguez-Fernández, 2023) es aún incipiente y residual, pero evidencia el afán de algunos intrusistas de ganar dinero con la desinformación afectando con ello al ecosistema comunicativo y a la imagen de los profesionales de la comunicación estratégica.

Una circunstancia que preocupa particularmente al sector como reflejan en el *ICCO World Report* 2023-2024 en el que el 43% de los profesionales de la comunicación estratégica observan que el mayor problema ético del sector es "la falta de consecuencias para las agencias que no se comportan éticamente o trabajan para clientes poco éticos", seguida de cerca por la desinformación (39%). Ante este escenario la regulación y la adaptación de compromisos éticos homogéneos para el sector resultan necesarios y urgente para evitar que la aplicación de la IA estimule prácticas poco éticas y en línea con los desórdenes informativos.

6. CONCLUSIONES

El salto cualitativo que supone el uso de las herramientas de IA es esperanzador, pero también un enorme desafío, por lo que se debe solicitar un alto grado de exigencia ética y jurídica a los cada vez más complejos y sofisticados sistemas de inteligencia artificial de los que hacemos uso.

La IA está generando cambios paradigmáticos que han revolucionado la forma en que nos comunicamos y relacionamos. El ecosistema mediático y digital supone un claro avance en todos los ámbitos de nuestra vida cotidiana, pero también un riesgo donde se puede confundir lo real de lo que no lo es. La comunicación estratégica es una poderosa herramienta, y su correcta gestión sirve, entre otras muchas cosas, para luchar contra la desinformación, las *fake news* o contenidos dañinos.

En contextos de crisis y desconfianza las herramientas y técnicas propias de la comunicación estratégica pueden contribuir a contrarrestar la incertidumbre, guiar a la población, establecer hábitos saludables y restaurar la confianza pública. La información por sí sola no basta para combatir la desinformación. Es necesario generar narrativas persuasivas capaces de desmentir teorías de la conspiración y argumentos creados para azuzar las emociones más primarias.

Aunque la comunicación estratégica es necesaria para luchar contra la desinformación, la regulación de la inteligencia artificial empleada en el propio sector debe velar por la ética y la buena praxis. Un desafío aún pendiente que plantea la necesidad de establecer relaciones y acuerdos internacionales que protejan tanto a la propia profesión como a la ciudadanía.

7. REFERENCIAS BIBLIOGRÁFICAS

Aleixandre-Benavent, R., Castelló-Cogollos, L., Valderrama-Zurián, J. C. (2020). Información y comunicación durante los primeros meses de Covid-19. Infodemia, desinformación y papel de los profesionales de la información. *Profesional de la información, 29*(4). https://doi.org/10.3145/epi.2020.jul.08

Arreola Garcia, A. (2024). Inteligencia Artificial y Desinformación: Papel en los Conflictos del Siglo XXI. *Revista Seguridad y poder terrestre, 3* (3). 87-113. https://doi.org/10.56221/spt.v3i3.66

Atencio-González, R. (2023). Implicaciones éticas sobre el uso de la Inteligencia artificial en Educación. *Revista Arbitrada Interdisciplinaria Koinonía, 8.* https://doi.org/10.35381/r.k.v8i1.2848

Baeza-Yates, R. (2021). Los sesgos en inteligencia artificial, el reflejo de una sociedad injusta. https://bit.ly/494yXMc. Recuperado el 12 de noviembre de 2024.

Bartolomé Muñoz, Á., Martín Gomez, S. y Cabezuelo Lorenzo, F. (2024). *Los retos de la inteligencia artificial en contextos educativos.* CEU Ediciones.

Castillo, C. (2024, 11 de octubre). *¿Sabes cómo es un pavo real bebé? La inteligencia artificial no y es un problema grave para Internet.* El Diario. https://tinyurl.com/2s3zrzxc Recuperado el 9 de octubre de 2024.

Chartered Institute of Public Relations (2023, 22 de febrero). *CIPR report finds AI tools in public relations set to explode.* https://tinyurl.com/5fbptu67 Recuperado el 23 de noviembre de 2024.

Comisión Europea (2019) Dirección General de Redes de Comunicación, Contenido y Tecnologías, *Directrices éticas para una IA fiable,* Oficina de Publicaciones. https://data.europa.eu/doi/10.2759/14078. Recuperado el 27 de noviembre de 2024.

Edelman (2024). *Edelman Trust Barometer 2024. Edelman.com.* https://bit. ly/3XpxFpK. Recuperado el 26 de noviembre de 2024.

European Union (2019) *Ethics guidelines for trustworthy AI.* https://tinyurl. com/4jkx65dh Recuperado el 18 de octubre de 2024.

Efe (16 de febrero de 2024). *Las grandes tecnológicas se comprometen a luchar contra la desinformación electoral.* EFE. https://bit.ly/3Xp7SoF. Recuperado el 2 de noviembre de 2024.

Foro Económico Mundial (2024). *The Global Risk Report 2024.* weforum.org. https://bit.ly/4gujoST. Recuperado el 22 de octubre de 2024.

Gallent Torres, C., Zapata González, A., y Ortega Hernando, J. L. (2023). El impacto de la inteligencia artificial generativa en educación superior: una mirada desde la ética y la integridad académica. *RELIEVE–Revista Electrónica de Investigación y Evaluación Educativa, 29*(2). https://doi.org/10.30827/relieve.v29i2.29134

Gonzalez Arazibia, M.; Martinez Cardero, D. (2020). Soluciones educativas frente a los dilemas éticos del uso de la tecnología deep fake. *Revista Internacional de Filosofía Teórica y Práctica, 1*(1), 99-126. https://doi.org/10.51660/riftp.v1i1.22

Lewandowsky, S., *et al.,* (2020). *The Debunking Handbook 2020.* Scholarly Communication. https://digitalcommons.unl.edu/scholcom/245

Losada Díaz, J., Rodríguez Fernández, L. y Paniagua Rojano, F. (2020). Comunicación gubernamental y emociones en la crisis del Covid-19 en España. *Revista Latina de Comunicación Social,* 78, 23-40. https://www.doi.org/10.4185/RLCS-2020-1467

Maqueo Ramírez, M., Moreno González, J., y Recio Gayo, M. (2017). Protección de datos personales, privacidad y vida privada: la inquietante búsqueda de un equilibrio global necesario. *Revista de derecho, 30*(1), 77-96. http://dx.doi.org/10.4067/S0718-09502017000100004

Martin, K. y Freeman, R. (2004). The Separation of Technology and Ethics in Business Ethics. *Journal of Business Ethics, 53*(4), 353-364. https://ssrn.com/abstract=1410846

Muñoz, V (2019). La experiencia del usuario de Internet de las cosas en España. Informe Things Matter 2019. https://bit.ly/3VtaVow. Recuperado el 5 de diciembre de 2024.

Ramos, G. (2024). Cambiando el panorama de la gobernanza de la IA: https://tinyurl.com/2xw2vzh9. Recuperado el 25 de septiembre de 2024.

Reyes Vásquez, P. A. (2023). Ética de la Inteligencia Artificial. Recomendación de la UNESCO, noviembre 2021. *Revista Científica Compendium, 26*(50) https://doi.org/10.5281/zenodo.10271853.

Rodríguez- Fernández, L. *et al.,* (2023). Mapa de las capacidades de investigación en materia de desinformación en las universidades y centros de investigación. Gobierno de España. Ministerio de la Presidencia, Relaciones con las Cortes y Memoria Democrática. https://tinyurl.com/2rbxbt4s Recuperado el 28 de septiembre de 2024.

Rodríguez-Fernández, L., y Establés, M. J. (2023). Impacto de la desinformación en las relaciones públicas: aproximación a la percepción de los profesionales. *Estudios sobre el Mensaje Periodístico, 29* (4), 843-853. https://dx.doi.org/10.5209/esmp.88661

Rodríguez-Fernández, L. (2023). Desinformación y relaciones públicas. Aproximación a los términos Black PR y Dark PR. *ICONO 14. Revista Científica de Comunicación y Tecnologías Emergentes, 21*(1). https://doi.org/10.7195/ri14.v21i1.1920

Sánchez Díaz, M. F. (2023) El derecho a la protección de datos personales en la era digital. *Revista Eurolatinoamericana de Derecho Administrativo,10* (1) https://doi.org/10.14409/redoeda.v10i1.12626

Solano, M. y Baura E. (2024). Educar el criterio: la mejor herramienta para controlar la inteligencia artificial. *Los retos de la inteligencia artificial en contextos educativos*. CEU Ediciones.

Tena P. (2024). Aspectos clave de la inteligencia artificial. Área de conocimiento e innovación. Cuatrecasas: https://bit.ly/3B9Ego6. Recuperado el 30 de noviembre de 2024.

UNESCO (2023). Estudio preliminar sobre los aspectos técnicos y jurídicos relativos a la conveniencia de disponer de un instrumento normativo sobre la ética de la inteligencia artificial: https://bit.ly/4fEtoqn. Recuperado el 3 de diciembre de 2024.

Wylie, C. (2020). *Mindf*ck: Cambridge Analytica. La trama para desestabilizar el mundo*. Roca Editorial.

Zabala Leal, T., (2021). La ética en inteligencia artificial desde la perspectiva del derecho. *Via Inveniendi et Iudicandi, 16*(2), 1-28.

Zhang, D. *et al.,* (2021). The AI Index 2021 Annual Report, *Junta Directiva del AI Index, Human-Centered AI Institute, Universidad de Stanford,* https://tinyurl.com/4epfuc3v Recuperado el 3 de diciembre de 2024.

Capítulo 8
La verificación multimodal en el fact-checking automatizado: hacia una definición

Irene Larraz Elorriaga
Universidad de Navarra

Ramón Salaverría Aliaga
Universidad de Navarra

1. INTRODUCCIÓN

Apenas un día después del inicio de la invasión rusa en Ucrania, circuló una imagen de la Plaza de la Independencia de Kiev destruida, repleta de escombros y algunos fuegos todavía encendidos en torno al Monumento a la Independencia. Le acompañaba un mensaje: "Ucrania 25 Febrero 2022".

En otra publicación se ve a una multitud de personas marchando pacíficamente frente a un edificio iluminado. "El pueblo de Rusia se desborda en las calles exigiendo que renuncie el dictador de ese país por la invasión a Ucrania". "El dictador Putin ha perdido esta guerra, teniendo al mundo y a su propio pueblo en su contra, una economía que colapsa y un Ejército que no ha podido doblegar a Ucrania", se puede leer en las publicaciones que muestran la manifestación. Pero ni la foto de Ucrania es de 2022, sino de 2014, ni la protesta de la imagen es en Moscú, sino en Tiflis, Georgia (Newtral, 2022; Cruz, 2022).

Asociar un texto de forma falsa o engañosa a una imagen o vídeo es una de las maneras más frecuentes de desinformar. Puede que la imagen sea real pero que no corresponda al contexto que se le asigna, que la imagen esté editada o que el texto proponga una interpretación errónea sobre lo que se ve en la imagen, entre otras posibilidades. En la mayoría de estos casos, las imágenes están sacadas de su contexto original o directamente manipuladas para respaldar narrativas falsas. La estrategia de combinar ambos recursos, imagen y texto, responde a que el contenido "multimodal" (Serafini y Reid, 2023) se percibe como más creíble, se difunde más rápido y en mayor cantidad, y genera una mayor interacción por parte de los usuarios, en comparación con los mensajes que solo involucran texto (Hameleers *et al.*, 2020; Wang *et al.*, 2021).

La verificación multimodal es un proceso de *fact-checking* que utiliza múltiples tipos de datos (texto, imagen, vídeo y audio, entre otros) para comprobar la veracidad de una afirmación o contenido. En estos casos, se analizan no solo los datos en sí, sino también la relación que existe entre ellos, como, por ejemplo, si el texto se corresponde con la imagen o refleja lo que se muestra en el vídeo.

Esta metodología está cobrando fuerza en el campo de la computación a partir de desarrollos tecnológicos que tratan de resolver el problema por medio de la inteligencia artificial y los nuevos modelos del lenguaje (*large language models*, LLM, por su nombre en inglés). Para ello, se basan en la integración de diversas fuentes de información y tecnologías, como procesamiento del lenguaje natural (*natural language processing*, NLP), reconocimiento de imágenes y análisis de metadatos que permiten obtener una validación más exhaustiva y precisa.

Aunque la mayoría del *debunking* o verificación de bulos virales involucra elementos combinados y los humanos pueden integrarlos de forma natural, en la verificación automatizada esta tarea requiere de funcionalidades específicas, como que el algoritmo sea capaz de analizar la relación entre los elementos o incluso el engranaje de varios modelos (Akhtar *et al.*, 2023; Aneja *et al.*, 2023; Biamby *et al.*, 2022; Abdelnabi *et al.*, 2022). En muchos casos, estos sistemas recopilan y analizan información externa que utilizan como evidencia para contrastar esas asociaciones entre el texto y la imagen. Sin embargo, la descontextualización de imágenes todavía es un desafío para la detección de desinformación multimodal y, en consecuencia, la verificación multimodal automatizada sigue estando poco explorada (Gao *et al.*, 2022).

Este capítulo busca definir qué es la verificación multimodal y ofrecer una revisión de las metodologías que se han utilizado para automatizar esta tarea, a través de un análisis de los trabajos publicados. Esto último incluye desde la recuperación de evidencia multimodal a partir de texto, imagen, audio y vídeo, hasta la generación de explicaciones con inteligencia artificial generativa. De esta forma, se pueden comparar las conclusiones predominantes sobre el funcionamiento de estos sistemas.

2. ¿POR QUÉ ES IMPORTANTE DEFINIR LA VERIFICACIÓN MULTIMODAL?

La verificación de contenidos es, por lo general, multimodal. En su estudio de las verificaciones recopiladas por *ClaimReview*, Akhtar *et al.*, (2023) encontraron que en torno al 28,68% de las afirmaciones verificadas por *fact-checkers* contenían datos multimodales o requerían de un razonamiento multimodal para su verificación. En estos casos, el análisis incluye la comprobación de todos los elementos, ya que la mirada conjunta ayuda a entender y analizar mejor la información. Los nuevos modelos buscan emular esta forma de analizar la información para procesarla y vincularla utilizando todos los formatos en los que se presenta, como imagen, video, texto, audio, e incluso otros datos, como los gestos corporales, expresiones faciales y señales fisiológicas (Dirik y Paul, 2023).

Desde 2021, ha habido un mayor interés en los modelos multimodales, y en especial, en los que integran visión y lenguaje, conocidos como *vision-language models.* Estos modelos se han aplicado, por ejemplo, a la descripción de imágenes, la generación de imágenes a partir de texto y la respuesta a preguntas visuales, aunque los casos de uso se están ampliando conforme los modelos mejoran.

Siguiendo esta idea, los modelos multimodales pueden aprovechar la información de cada formato para mejorar la precisión de la verificación, ya que la combinación de diferentes modalidades puede proporcionar una validación más sólida.

En un inicio, los desarrollos de *fact-checking* automatizado (AFC, por sus siglas en inglés) han estado principalmente enfocados en la verificación del discurso político, tratando de automatizar las distintas partes del proceso de verificación. En primer lugar, la detección de afirmaciones factuales que puedan ser susceptibles de verificación, conocida como '*claim detection*' y '*check-worthiness*', cuando además de factualidad los sistemas son capaces de detectar la relevancia que tiene verificar esa afirmación. En segundo lugar, el emparejamiento de afirmaciones similares pero expresadas de distintas maneras, incluyendo otras palabras y estructuras semánticas, con el objetivo de detectar cuándo se repiten desinformaciones ya verificadas, bajo el concepto de '*claim matching*'. Por último, algunos sistemas han tratado de automatizar el contraste de datos a partir de su comprobación con fuentes oficiales o con otras evidencias publicadas, lo que se ha denominado '*data validation*' o '*claim verificación*'.

Estos procesos, con distintos grados de desarrollo, se centran en su mayoría en la verificación de textos (Bozarth y Budak, 2020), en ocasiones partiendo de la transcripción automatizada a partir de sistemas de *speech-to-text*. Sin embargo, estas afirmaciones a menudo se comparten junto con otras modalidades como imágenes o video, ya que son más fáciles de consumir, atraen más atención y se propagan más a través de las redes sociales (Alam *et al.*, 2022; Hameleers *et al.*, 2020).

En paralelo, ha habido un mayor interés por desarrollar sistemas de automatización del *fact-checking* centrados en bulos y desinformación viral, como se conoce al *debunking*. Tradicionalmente, la mayoría de estos modelos ha abordado cada formato de manera independiente, con sistemas para detección de audios manipulados, y análisis forenses de imágenes o de vídeo por separado, sin que exista una herramienta que integre los distintos formatos para analizar la veracidad de la correlación que se establece entre ellos (Tan *et al.*, 2020; Giachanou *et al.*, 2020; Zhou *et al.*, 2023; Wang *et al.*, 2018). Estos sistemas aportan información clave para detectar la desinformación. Sin embargo, no existe un marco para integrarlos, lo que hace que información importante sobre la relación entre los formatos se pierda y quede fuera del alcance de los usuarios (Denaux y Gómez-Pérez, 2020).

Parte del problema pasa por la falta de una definición íntegra de qué es la verificación multimodal y, en concreto, de entender qué hace que el factor multimodal sea tan importante en el campo de la verificación automatizada, algo que los humanos realizan de forma natural. De hecho, como apuntaban hace ya décadas estudios sobre la entonces denominada "comunicación multimedia" (Salaverría, 2001), los humanos "no nos limitamos a recibir la información de forma multisensorial, también nos comunicamos de ese modo" (Salaverría, 2014, p. 25). A pesar de esto, en la literatura se ha detectado una falta de definición sobre qué se entiende por verificación multimodal, así como una ausencia de una terminología unificada (Wilson *et al.*, 2023).

3. EL RETO DE DEFINIR LA VERIFICACIÓN MULTIMODAL

La verificación multimodal es aquella que trata de examinar la desinformación cuya base del engaño radica en la relación que se establece entre estos formatos multimedia. Esto requiere examinar el conjunto de los elementos de texto, imagen, audio y/o vídeo para poder realizar la verificación (Hameleers *et al.*, 2020; Alam *et al.*, 2022; Biamby *et al.*, 2022).

En otras palabras, para entender qué es un 'gato', se puede buscar la definición formal que arroja el diccionario o se pueden ver distintas fotos que muestren gatos y generar una asociación. La combinación de ambos será, en cualquier caso, mucho más potente que una de las dos vías por sí sola. En el ámbito de la verificación, se puede dar el caso que el texto y la imagen sean correctos, pero la relación que se ha establecido entre ambos no, por lo que es imprescindible analizarlos de forma conjunta e integrada.

Uno de los primeros autores en definir el fenómeno fue Cooper (2007), quien se refería a la *fauxtografía* para hablar de "imágenes visuales, especialmente fotografías de noticias, que transmiten una percepción cuestionable o incluso falsa de los eventos que parecen representar". Esta noción se ha discutido ampliamente en la literatura sobre desinformación y manipulación mediática.

Entender por qué es clave definir este fenómeno requiere revisar los problemas a los que se han enfrentado otros investigadores. Por ejemplo, Zhang *et al.* (2020) explican que tanto el texto como las imágenes son componentes importantes para completar narrativas, y detallan que ambas se complementan para afirmar una realidad particular expresando el mismo significado semántico desde diferentes perspectivas, lo que nos ayuda a dar significado rápidamente al mundo visual, "y esta correlación puede proporcionar pistas para la detección de desinformación".

Wilson *et al.* (2023) consideran el análisis multimodal como aquel que incluye dos o más modalidades, como el lenguaje, los gestos, las imágenes o los sonidos, entre otros, en su interrelación e interacción. Los autores advierten que el estudio de una modalidad de forma aislada pasa por alto cómo se integran los recursos textuales, auditivos, lingüísticos, espaciales y visuales en la comunicación para crear un único discurso. Por eso, el análisis multimodal es clave para entender el uso de varias modalidades en la composición de la manipulación. Para estos autores, la verificación debe incluir no solo la conclusión sobre si una información es correcta o incorrecta, sino el encuadre con el que se busca engañar de forma más sutil.

Otros autores definen la verificación multimodal como la comprobación de similitudes, por ejemplo, entre el texto y la imagen representados (Giachanou *et al.*, 2020). Para Zlatkova *et al.* (2019), estos sistemas buscan predecir la factualidad de una afirmación con respecto a una imagen, y se refieren a casos en los que una imagen es completamente legítima, pero se publica junto con algún texto que no refleja con precisión su contenido. Esta aproximación trata de verificar las afirmaciones hechas sobre las imágenes que las acompañan. En varias ocasiones los autores se refieren al término *'fauxtography'* para describir imágenes falsas o manipuladas que se presentan como auténticas, combinando las palabras 'falsa' y 'fotografía'.

Song *et al.*, (2021) también abordan el fenómeno multimodal, señalando que existen relaciones complementarias y mejoradas —relaciones que otros autores han designado como "sintaxis multimedia" (Salaverría, 2014, p. 45)— entre diferentes modalidades como texto, imágenes y videos. Aunque también advierten que, a pesar del progreso alcanzado, se ignora cómo mantener las propiedades únicas de cada modalidad al analizarlas conjuntamente cuando se trata de detectar la desinformación.

4. LA CONCEPTUALIZACIÓN DESDE UNA PERSPECTIVA TECNOLÓGICA

Desde la perspectiva tecnológica, los sistemas han tratado de aprovechar la combinación de diferentes tipos de datos para mejorar la precisión en la detección y clasificación de información falsa. Esta combinación permite una comprensión más completa del contexto y el contenido de la información compartida.

Google define un modelo multimodal como aquel que es capaz de procesar información de varias modalidades (*Google Cloud*, n.d.). Estos modelos pueden entender, operar y combinar diferentes tipos de información, incluido texto, código, audio, imagen y video (Pichai y Hassabis, 2023; Segura-Bedmar y Alonso-Bartolome, 2022). Los datos multimodales son más ricos que solo el lenguaje, por lo que son mejores para el aprendizaje de los modelos, y además ofrecen una mayor escalabilidad (Kiela, 2023).

En palabras de Dirik y Paul (2023), una característica que ayuda a definir estos modelos es su capacidad para procesar tanto imágenes (visión) como texto o lenguaje natural (lenguaje). Este proceso depende de las entradas, salidas y la tarea que se les pida a estos modelos que realicen. En definitiva, la verificación multimodal integra el análisis conjunto de datos textuales y visuales para evaluar la autenticidad de los contenidos e identificar incoherencias entre texto e imagen que pueden indicar que se trata de contenido falso o engañoso.

Este tipo de modelos necesitan establecer relaciones entre los elementos visuales y el texto para extraer conclusiones relevantes. Es decir, requieren de la capacidad de razonar e inferir. Para ello, se necesitan nuevas arquitecturas que no solo integren modelos para cada tarea, sino que sean capaces de poner en relación las conclusiones a las que llegan y hacer una clasificación de la desinformación a partir de estas ideas (Saha y Kobti, 2023).

Los nuevos modelos de inteligencia artificial generativa incorporan la multimodalidad y la aplican de manera coherente y contextualmente relevante. Estos modelos son capaces de comprender la relación entre distintos tipos de datos, ya que emplean sus habilidades de razonamiento del lenguaje a las imágenes (OpenAI, 2023). La percepción multimodal es una necesidad para lograr la inteligencia artificial general, ampliando las aplicaciones de los modelos de lenguaje a áreas de mayor valor (Huang *et al.*, 2023).

Introducir la multimodalidad en la computación también ha traído consigo nuevos riesgos. Entre otros, *OpenAI* menciona áreas donde, de manera aislada, el contenido de texto y de la imagen son benignos, pero, en conjunto, crean una instrucción o un mensaje dañino (OpenAI, 2023).

5. TIPOS DE DESINFORMACIÓN MULTIMODAL

Entre la lista de tipos de desinformación multimodal, Akhtar *et al.* (2023) enumeran los siguientes: (i) afirmaciones sobre contenido manipulado; (ii) usar imágenes en un contexto engañoso; o (iii) incrustar una afirmación en un meme o una imagen.

Existen distintas formas de combinar los formatos, con variaciones como las que combinan texto falso con una imagen auténtica (el texto da un contexto falso para una imagen real), una imagen falsa con texto auténtico (la imagen está manipulada, editada o generada con IA, para respaldar el texto), o texto e imagen auténticos, pero con una conexión falsa o sin relación entre sí, induciendo a una interpretación equivocada (Papadopoulos *et al.*, 2023a). Estas disonancias también pueden darse entre audio y video, o con algunos de estos elementos sacados de contexto. Por ejemplo, unas declaraciones reales pero usadas sobre imágenes de un evento diferente. En los siguientes párrafos analizamos algunos de los tipos de desinformación multimodal más recurrentes.

Imagen y texto ciertos, correlación falsa

La desinformación multimodal puede darse a través de distintas combinaciones. Por ejemplo, puede que tanto el texto como la imagen sean ciertos de manera independiente y el engaño resida en establecer una conexión falsa entre ellos.

Imagen 1. Correlación falsa

Fuente: https://www.newtral.es/

En el ejemplo de la imagen 1, el texto es cierto, ya que en esa fecha hubo un incendio en Zaporiyia, Ucrania. La imagen que lo acompaña tampoco está manipulada, pero no corresponde a la planta nuclear de Zaporiyia, sino a un incendio que sufrió una fábrica de plásticos de Chile en 2012[1].

Texto falso junto a imagen cierta

Otro tipo de desinformación multimodal es el que combina un texto falso con una imagen que no está manipulada. Por ejemplo, en la imagen 2 se ve a niñas vestidas de blanco de la mano de hombres adultos

---

1   https://www.newtral.es/falso-incendio-planta-nuclear-ucrania/20220311/ y https://factual.afp.com/doc.afp.com.324Q3EV

vestidos de traje, acompañada del siguiente texto: "Marruecos legaliza el matrimonio entre hombres y niñas. El ministro, Mustafa Ramid, justificó q los matrimonios entre hombres y menores de edad es por el bien de las niñas. Abran los ojos q por eso se estan viendo casos de pedofilia". Sin embargo, el autor de la foto señala que la realizó en 2012 en Gaza, Palestina, y que no se trata de una boda de niñas, sino que son familiares de los contrayentes[2].

Imagen 2. Texto falso

Fuente: https://www.newtral.es/

---

2   https://www.newtral.es/foto-boda-ninas-marruecos-palestina/20240228/, https://maldita.es/malditobulo/20230104/marruecos-matrimonio-hombres-ninas/ y https://factual.afp.com/doc.afp.com.336H3QH

Contexto falso o imagen manipulada

En otras ocasiones, se utilizan medios auténticos fuera de su contexto original para construir narrativas engañosas. En estos casos, el engaño puede provenir también de la manipulación de las imágenes. En el caso de la imagen 3, la fotografía de la izquierda está manipulada y, además, se le atribuye un contexto falso en el texto que la acompaña. La imagen original fue tomada en El Cairo, Egipto, en 2011, durante las protestas de la plaza Tahrir. La fotografía se ha editado para añadir unas esteladas y apoyar visualmente el mensaje que la acompaña, pero la foto no muestra una celebración de la Diada catalana[3].

Imagen 3. Contexto falso

LA ROSA DE SARON
@ROSADESARON150

Enhorabuena a esos catalanes de cuna celebrando la diada!!

9:12 a. m. · 13 sept. 2022

Fuente: https://www.newtral.es/

---

3   https://www.newtral.es/catalanes-celebrando-diada-mujeres-hi-yab/20220916/

6. BÚSQUEDA MULTIMODAL: UN PASO INTERMEDIO EN LA VERIFICACIÓN AUTOMATIZADA DE DESINFORMACIÓN

Una nueva funcionalidad que han traído los nuevos desarrollos de inteligencia artificial en la intersección entre el procesamiento de lenguaje natural y el procesamiento de imágenes es la capacidad de realizar búsquedas multimodales. Por ejemplo, para comprobar si una imagen ya ha sido antes verificada por otras organizaciones de *fact-checking* solo subiendo la imagen o copiando su enlace, a través de *Google Fact Check Explorer*. Esta función permite ver el contexto y la línea de tiempo de una imagen, para comprobar cuándo fue indexada por primera vez por Google (Hebbar, 2024) y cómo ha sido utilizada desde entonces (Babakar y Sud, 2023).

Estos avances han dado paso a la búsqueda semántica multimodal con inteligencia de modelos de lenguaje de gran escala. Entre otros, *Google Cloud* lanzó *Vertex AI*, una plataforma que permite trabajar con modelos de visión computacional para analizar imágenes o texto y extraer su significado o patrones relevantes (Sato y Cheung, 2023).

6.1. Enfoques para automatizar la verificación multimodal

Los esfuerzos por abordar esta tarea desde la computación se han centrado en dos puntos específicos: por un lado, la creación de *datasets* o conjuntos de datos de desinformación multimodal que permitan analizar y entrenar nuevos modelos y, por otro, el desarrollo de nuevos modelos de detección (Papadopoulos *et al.*, 2023b; Papadopoulos *et al.*, 2024).

Hasta ahora, el enfoque estándar para crear modelos multimodales implicaba entrenar componentes separados para diferentes tareas y luego agregarlos en una arquitectura compleja para lograr una aproximación a estas funcionalidades. Sin embargo, aunque los modelos pueden ser buenos de forma individual, tienen dificultades con el razonamiento más conceptual y complejo (Pichai y Hassabis, 2023).

Los primeros trabajos en esta área utilizaron métodos entrenados con información extraída del contenido textual, mientras que estudios más recientes incorporan otros factores como el perfil de los usuarios involucrados, la credibilidad de la fuente, y los elementos de contexto, como comentarios y respuestas, para captar mejor el significado de las palabras y frases.

Estos enfoques han ayudado a mejorar la precisión en la detección de bulos al combinar múltiples dimensiones de información que van más allá del texto, capturando patrones en los perfiles de usuarios, la fuente y el contenido, lo cual es esencial para abordar la complejidad de la desinformación.

Una de las aproximaciones ha sido intentar incorporar modelos capaces de describir las imágenes para tratar de medir la similitud entre la imagen y el texto (Zhang *et al.*, 2022). Otro enfoque ha sido evaluar las piezas de información midiendo la coherencia semántica entre los componentes lingüísticos y visuales (Tan *et al.*, 2020).

6.2. Problemas y desafíos de la verificación multimodal

Entre los problemas identificados en la verificación multimodal automatizada se encuentran los siguientes:

1. Integrar múltiples tareas. Los modelos que combinan múltiples modalidades enfrentan el desafío principal de idear un mecanismo para combinarlas de manera sistemática de modo que una modalidad complemente a las otras (Alam *et al.*, 2022).

2. Jerarquizar el valor de la información de cada parte. Los verificadores encuentran con frecuencia piezas de información compuestas de varios componentes, aunque no todos son igual de relevantes para contrastar una afirmación. Una modalidad puede dominar a las demás a la hora de difundir narrativas de desinformación, especialmente el texto. Los modelos necesitan priorizar las modalidades que más peso tienen para lograr un balance.

3. Las modalidades adicionales pueden agregar ruido. Cuando las dos modalidades son ciertas de manera independiente, detectar dónde reside la desinformación supone un desafío. Las técnicas

empleadas buscan identificar incongruencias entre el contexto de la imagen y el texto, pero no siempre logran capturar estos matices.

4. Limitaciones de la comprensión del contexto. Cuando el texto hace una referencia sutil o subliminal al contenido de la imagen, los modelos tienen limitaciones para reconocer el contexto y medir su veracidad. Esto puede dar lugar a falsas correlaciones o a que el modelo no pueda inferir la relación cuando se da de forma sutil o muy implícita.

5. No hay suficientes conjuntos de datos multimodales etiquetados que incluyan ejemplos de desinformación reales, por lo que la representación es insuficiente.

6. La rápida evolución de la desinformación y la difícil adaptación de los sistemas de verificación automatizada, que, por su naturaleza, siempre van a ir un paso por detrás.

Estos desafíos hacen que la verificación multimodal siga siendo un área en desarrollo, y la investigación continúa enfocándose en mejorar la precisión y robustez de estos sistemas al integrar modalidades de manera más cohesiva y eficiente. Por lo tanto, como indican Denaux y Gómez-Pérez (2020), el valor de los sistemas actuales no radica tanto en su precisión, sino en su capacidad para recuperar información potencialmente relevante que puede ayudar a los *fact-checkers*, que son los principales usuarios previstos de estos sistemas.

7. REFERENCIAS BIBLIOGRÁFICAS

Abdelnabi, S., Hasan, R., y Fritz, M. (2022). Open-domain, content-based, multi-modal fact-checking of out-of-context images via online resources. En *Proceedings of the IEEE/CVF Conference on Computer Vision and Pattern Recognition (CVPR)* (pp. 14940–14949). https://doi.org/10.1109/cvpr52688.2022.01452

Akhtar, M., Schlichtkrull, M., Guo, Z., Cocarascu, O., Simperl, E., y Vlachos, A. (2023). Multimodal automated fact-checking: A survey. En *Findings of the Association for Computational Linguistics: EMNLP 2023* (pp. 2997–3007). https://doi.org/10.18653/v1/2023.findings-emnlp.361

Alam, F., Cresci, S., Chakraborty, T., Silvestri, F., Dimitrov, D., Da San Martino, G., Shaar, S., Firooz, H., y Nakov, P. (2022). A survey on multimodal disinformation detection. En *Proceedings of the 29th International Conference on Computational Linguistics* (pp. 6625–6643). International Committee on Computational Linguistics. https://aclanthology.org/2022.coling-1.576

Aneja, S., Bregler, C., y Nießner, M. (2023). COSMOS: Catching Out-of-Context Image Misuse with Self-Supervised Learning. En *Proceedings of the 37th AAAI Conference on Artificial Intelligence, AAAI 2023* (pp. 14084–14092). https://doi.org/10.1609/aaai.v37i12.26648

Babakar, M., y Sud, A. (2023, June 29). *New features coming to Fact Check Explorer*. Google Blog. https://tinyurl.com/3nryx63s

Biamby, G., Luo, G., Darrell, T., y Rohrbach, A. (2022). Twitter-COMMs: Detecting climate, COVID, and military multimodal misinformation. En *Proceedings of the 2022 Conference of the North American Chapter of the Association for Computational Linguistics: Human Language Technologies* (pp. 1530–1549). Association for Computational Linguistics. https://doi.org/10.18653/v1/2022.naacl-main.110

Bozarth, L., y Budak, C. (2020). Toward a Better Performance Evaluation Framework for Fake News Classification. En *Proceedings of the International AAAI Conference on Web and Social Media*, 14(1), 60-71. https://doi.org/10.1609/icwsm.v14i1.7279

Cooper, S. D. (2007). A concise history of the fauxtography blogstorm in the 2006 Lebanon War. *American Communication Journal, 9*(2). https://mds.marshall.edu/communications_faculty/3/

Cruz, J.D. (2022, marzo 17). *Es falso que en Rusia haya manifestaciones de apoyo a la invasión de Ucrania: son protestas contra la guerra*. Newtral. https://tinyurl.com/ycky5a37

Gao, J., Hoffmann, H.-F., Oikonomou, S., Kiskovski, D., y Bandhakavi, A. (2022). *Logically at Factify 2022: Multimodal Fact Verification*. Brookfoot Mills, Brookfoot Industrial Estate, Brighouse, HD6 2RW, United Kingdom. Recuperado de https://arxiv.org/pdf/2112.09253

Denaux, R., y Gomez-Perez, J. M. (2020). *Linked credibility reviews for explainable misinformation detection*. arXiv. https://doi.org/10.1007/978-3-030-62419-4_9

Dirik, A., y Paul, S. (2023, enero 26). *A Dive into Vision-Language Models*. Hugging Face. https://tinyurl.com/yc8jzush

Giachanou, A., Zhang, G., y Rosso, P. (2020). Multimodal multi-image fake news detection. En *Proceedings of the IEEE International Conference on Data Science and Advanced Analytics (DSAA)* (pp. 647–654). IEEE Computer Society. https://doi.org/10.1109/DSAA49011.2020.00091

Google Cloud. (n.d.). *Overview of generative AI on Vertex AI*. Google Cloud. https://tinyurl.com/6mr8psmj

Hameleers, M., Powell, T. E., Van Der Meer, T. G. L. A., y Bos, L. (2020). A picture paints a thousand lies? The effects and mechanisms of multimodal disinformation and rebuttals disseminated via social media. *Political Communication*, 37(2), 281–301. https://doi.org/10.1080/10584609.2020.1746868

Hebbar, N. (2024, April 2). *4 ways to use Search to check facts, images and sources online*. Google Blog. https://tinyurl.com/3vbdrrjf

Huang, S., Dong, L., Wang, W., Hao, Y., Singhal, S., Ma, S., Lv, T., Cui, L., Mohammed, O. K., Patra, B., Liu, Q., Aggarwal, K., Chi, Z., Bjorck, J., Chaudhary, V., Som, S., Song, X., y Wei, F. (2023). *Language is not all you need: Aligning perception with language models*. arXiv. https://doi.org/10.48550/arXiv.2302.14045

Kiela, D., Thrush, T., Ethayarajh, K., y Singh, A. (2023). *Plotting progress in AI*. Contextual AI Blog. https://contextual.ai/blog/plotting-progress

Newtral. (2022, marzo 10). *La Plaza de la Independencia de Kiev no ha sido destruida: es un bulo*. Newtral. https://tinyurl.com/5n99zw7n

OpenAI. (2023, September 25). *ChatGPT can now see, hear, and speak*. OpenAI. https://tinyurl.com/exmhcjbh

Papadopoulos, S.-I., Koutlis, C., Papadopoulos, S., y Petrantonakis, P. (2023a). Synthetic misinformers: Generating and combating multimodal misinformation. En *Proceedings of the 2nd ACM International Workshop on Multimedia AI against Disinformation (MAD '23)* (pp. 36–44). Association for Computing Machinery. https://doi.org/10.1145/3592572.3592842

Papadopoulos, S.-I., Koutlis, C., Papadopoulos, S., y Petrantonakis, P. (2023b). *RED-DOT: Multimodal fact-checking via relevant evidence detection*. arXiv. https://ar5iv.labs.arxiv.org/html/2311.09939

Papadopoulos, S.-I., Koutlis, C., Papadopoulos, S., y Petrantonakis, P. (2024). *Similarity over Factuality: Are we making progress on multimodal out-of-context misinformation detection?* arXiv. https://ar5iv.labs.arxiv.org/html/2407.13488

Pichai, S., y Hassabis, D. (2023, December 6). *Introducing Gemini: our largest and most capable AI model.* Google Blog. https://tinyurl.com/55b2nj6b

Saha, K., y Kobti, Z. (2023). DeBERTNeXT: A Multimodal Fake News Detection Framework. En Mikyška, J., de Mulatier, C., Paszynski, M., Krzhizhanovskaya, V.V., Dongarra, J.J., Sloot, P.M. (eds) *Computational Science – ICCS 2023. ICCS 2023. Lecture Notes in Computer Science*, vol 14074. Springer, Cham. https://doi.org/10.1007/978-3-031-36021-3_36

Salaverría, R. (2001). Aproximación al concepto de multimedia desde los planos comunicativo e instrumental. *Estudios Sobre el Mensaje Periodístico, 7*, 383-395. https://revistas.ucm.es/index.php/ESMP/article/view/ESMP0101110383A

Salaverría, R. (2014). Multimedialidade: informar para cinco sentidos. En Canavilhas, J. (org.) *Webjornalismo: 7 caraterísticas que marcam a diferença* (pp. 25-52). Covilhã, Portugal: LabCom, Livros LabCom. https://hdl.handle.net/10171/37153

Sato, K., y Cheung, I. (2023, August 22). *What is multimodal search: "LLMs with vision" change businesses.* Google Cloud Blog. https://tinyurl.com/39wsh2th

Segura-Bedmar, I., y Alonso-Bartolome, S. (2022). *Multimodal fake news detection. Information*, 13(6), 284. https://doi.org/10.3390/info13060284

Serafini, F., y Reid, S. F. (2023). Multimodal content analysis: expanding analytical approaches to content analysis. *Visual Communication*, 22(4), 623-649. https://doi.org/10.1177/1470357219864133

Song, C., Ning, N., Zhang, Y., y Wu, B. (2021). A multimodal fake news detection model based on cross-modal attention residual and multichannel convolutional neural networks. *Information Processing & Management, 58*, 102437. https://doi.org/10.1016/j.ipm.2020.102437

Tan, R., Plummer, B. A., y Saenko, K. (2020). Detecting cross-modal inconsistency to defend against neural fake news. En *Proceedings of the 2020 Conference on Empirical Methods in Natural Language Processing (EMNLP)* (pp. 2081–2106). Association for Computational Linguistics. https://doi.org/10.18653/v1/2020.emnlp-main.163

Wang, Y., Ma, F., Jin, Z., Yuan, Y., Xun, G., Jha, K., Su, L., y Gao, J. (2018). EANN: Event adversarial neural networks for multi-modal fake news detection. En *Proceedings of the 24th ACM SIGKDD International Conference on Knowledge Discovery & Data Mining (KDD 2018)* (pp. 849–857). ACM. https://doi.org/10.1145/3219819.3219903

Wang, Y., Tahmasbi, F., Blackburn, J., Bradlyn, B., De Cristofaro, E., Magerman, D., Zannettou, S., y Stringhini, G. (2021). Understanding the use of fauxtography on social media. *Proceedings of the International AAAI Conference on Web and Social Media*, *15*(1), 776–786. https://doi.org/10.1609/icwsm.v15i1.18102

Wilson, A., Wilkes, S., Teramoto, Y., y Hale, S. (2023). Multimodal analysis of disinformation and misinformation. *Royal Society Open Science, 10*, 230964. https://doi.org/10.1098/rsos.230964

Zhang, T., Wang, D., Chen, H., Zeng, Z., Guo, W., Miao, C., y Cui, L. (2020). BDANN: BERT-based domain adaptation neural network for multi-modal fake news detection. En *2020 International Joint Conference on Neural Networks (IJCNN)* (pp. 1–8). IEEE. https://doi.org/10.1109/IJCNN48605.2020.9206973

Zhou, Y., Yang, Y., Ying, Q., Qian, Z., y Zhang, X. (2023). Multi-modal Fake News Detection on Social Media via Multi-grained Information Fusion. En *Proceedings of the 2023 ACM International Conference on Multimedia Retrieval (ICMR '23)*. Association for Computing Machinery, New York, NY, USA, 343–352. https://doi.org/10.1145/3591106.3592271

Zlatkova, D., Nakov, P., y Koychev, I. (2019). Fact-checking meets fauxtography: Verifying claims about images. En *Proceedings of the 2019 Conference on Empirical Methods in Natural Language Processing and the 9th International Joint Conference on Natural Language Processing (EMNLP-IJCNLP)* (pp. 2099–2108). Association for Computational Linguistics. https://doi.org/10.18653/v1/d19-1216

Capítulo 9

Aproximación a la inteligencia artificial generativa y la alfabetización mediática e informacional: estado de la cuestión y propuesta metodológica previa al diseño de su evaluación desde las ciencias sociales y las humanidades

Leonardo La Rosa Barrolleta
Universidad Rey Juan Carlos

Ana Pérez Escoda
Universidad Francisco de Vitoria

1. INTRODUCCIÓN

La capacidad de generar contenido original a partir de datos preexistentes por parte de la Inteligencia Artificial Generativa (IAG) es uno de los grandes saltos cualitativos que ha dado el campo de la inteligencia artificial (IA) en los últimos años. Estas tecnologías, conocidas como Modelos de Lenguaje de Gran Escala, Modelos de Lenguaje Grande o Modelos de Gran Tamaño (LLMs, por sus siglas en inglés), han revolucionado el procesamiento del lenguaje natural (PLN) mediante el uso de redes de transformación. Estas redes, introducidas por científicos de Google hace ya 8 años con el artículo seminal "*Attention Is All You Need*" (Vaswani, *et al.*, 2017), permiten a los modelos priorizar y analizar de manera simultánea partes específicas de grandes cantidades de texto, logrando una eficiencia sin precedentes desde que McCarthy, Minsky y Shannon (1955) acuñaran el término inteligencia artificial hace ya 70 años.

Los LLMs son algoritmos entrenados en grandes conjuntos de datos que emulan la escritura humana o lenguaje natural, y su uso dentro de lo que se conoce como la interacción humano-robot ha sido estudiado en casi todos los campos del conocimiento, con ejemplos que pueden parecer muy dispares, tales como la robótica (Sevilla, *et al.*, 2022), la medicina (Saeed, *et al.*, 2023) o los estudios de género (Luhang, *et al.*, 2024), aunque la tendencia es hacia la multidisciplinariedad ya que el uso de la IAG es transversal.

En este estudio queremos proponer una metodología que ayude a diseñar procesos de evaluación de LLMs que sirva para académicos en comunicación y profesorado de secundaria que quiera utilizar algunos de estos modelos de IA en sus ordenadores personales, tanto para diseñar contenidos que incluyan la Alfabetización Mediática e Informacional (AMI) en su programación docente particular -independientemente de la asignatura a impartir, para consultar de qué manera se pueden afrontar los retos de la AMI en un contexto digital siempre cambiante.

2. ESTADO DE LA CUESTIÓN: INTELIGENCIA ARTIFICIAL GENERATIVA Y LARGE LANGUAGE MODELS EN LAS HUMANIDADES Y LAS CIENCIAS SOCIALES

En los últimos años, tanto en el campo de las Humanidades como en el de las Ciencias Sociales, se han explorado nuevos paradigmas donde las técnicas computacionales enriquecen las metodologías tradicionales. En las humanidades, y previo al lanzamiento de *ChatGPT* al público en 2022, ya se estudiaba la IAG, abarcando desde la aplicación de métodos de atribución generativa para verificar la autenticidad de los textos históricos (Kestemont, *et al.*, 2020) hasta la evaluación de GPT-3 en la producción de textos literarios (Elkins y Chun, 2020). Este último estudio, además, implicaba una evaluación mediante un Test de Turing del famoso modelo de IAG que *OpenAI* luego lanzó al público, lo cual habla de un conocimiento de estas tecnologías en las humanidades incluso antes de su popularización en 2022.

En las Ciencias Sociales y más específicamente en Comunicación, el estudio de la IAG no es un campo con muchos años de estudio. A pesar de que una búsqueda sistemática en una de las bases de datos más prestigiosas del mundo académico, *Web of Science* (WOS), sobre IA en Comunicación y Ciencias Sociales se encontró al 12 de diciembre de 2024 un total de 180.839 artículos publicados desde el año 2000 (Gráfico 1), si reducimos la búsqueda únicamente a IAG y LLMs tenemos un total de 5.075 artículos desde 2023, de entre los cuales tan sólo 736 están relacionados directamente con campos de estudios de la AMI: 432 artículos en investigación en Educación y 331 en Comunicación (Tabla 1).

Gráfico 1. Artículos científicos en Ciencias Sociales
y Comunicación publicados en WOS entre 2000 y 2024

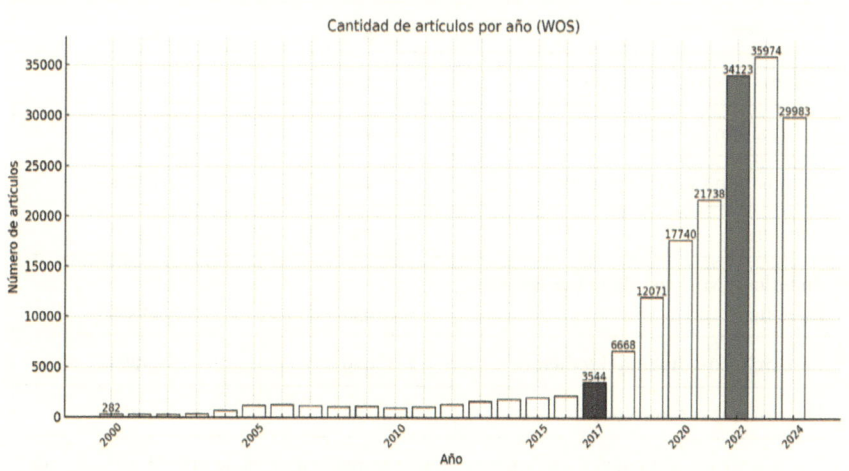

Fuente: Elaboración propia.

Tabla 1. Número de artículos sobre IA en Ciencias Sociales y Comunicación por Campo de estudio en WOS y porcentaje del total

Campos de estudio	N° de artículos	Porcentaje del total *
Computer Science	3251	64,06%
Engineering	869	17,12%
Mathematical Computational Biology	849	16,73%
Health Care Sciences Services	567	11,17%
Psychology	519	10,23%
Behavioral Sciences	508	10,01%
Education Educational Research	432	8,51%
Mathematics	334	6,58%
Communication	331	6,52%
Science Technology Other Topics	327	6,44%
Medical Informatics	318	6,27%
Telecommunications	303	5,97%
General Internal Medicine	300	5,91%
Information Science Library Science	300	5,91%
Automation Control Systems	244	4,81%
Robotics	231	4,55%
Radiology Nuclear Medicine Medical Imaging	230	4,53%
Research Experimental Medicine	229	4,51%
Neurosciences Neurology	178	3,51%

* El número de artículos y los porcentajes son respecto al total de artículos (5.075), de entre los cuales la gran mayoría forman parte de varios campos del conocimiento.

Fuente: Elaboración propia.

Según estos datos podemos encontrar dos incrementos significativos que podríamos vincular a dos momentos clave en el estudio de la IAG: entre 2017 y 2018, cuando se dieron a conocer las redes de transformación (Vaswani, *et al.*, 2017); y en 2022, año en que *Open AI* lanzó su famoso modelo *GPT3* al gran público.

2.1. La IA dentro de la alfabetización mediática e informacional

En el contexto de este estudio, la IAG no solo es una herramienta tecnológica, sino un catalizador para la innovación en la alfabetización mediática y el análisis de desinformación, áreas de creciente relevancia en el ámbito de la Comunicación y las Ciencias Sociales. En este sentido, se hace necesario destacar cómo los estudios de la IA en relación con la desinformación han formado parte de la literatura académica de manera prolífica desde el escándalo de *Cambridge Analytica* y la campaña electoral a la presidencia de los Estados Unidos en 2016. Desde entonces se dio a conocer cómo la personalización de contenidos en redes sociales podría significar una amenaza para las democracias liberales tal y como se conocen en la actualidad (Tabla 2).

Tabla 2. Artículos en prensa de referencia
sobre el escándalo de Cambridge Analytica

Titular	Medio	Autoría
"Ted Cruz using firm that harvested data on millions of unwitting Facebook users"	*The Guardian*	Davies, H. (2015)
"Ted Cruz campaign paid $750,000 to 'psychographic profiling' company"	*The Washington Post*	Sellers, F. S. (2015)
"Cambridge Analytica: cómo hizo ganar a Trump y el Brexit usando datos de Facebook"	*El País*	Galindo, J. (2018)

Fuente: Elaboración propia.

Esto quiere decir que a pesar de que la relación entre IAG y AMI es reciente en la investigación académica, contamos con una amplia base metodológica que relaciona la inteligencia artificial generativa y la alfabetización mediática e informacional.

Un artículo que sirve de ejemplo de lo que estamos afirmando se titula *Anatomy of an Online Misinformation Network* (Shao *et al.*, 2018), en este se examina cómo se propaga la desinformación y la verificación o *fact-checking* en X (antes Twitter). Esta investigación es especialmente importante porque mediante el desarrollo de *Hoaxy*, una plataforma abierta diseñada para analizar la difusión de noticias falsas y esfuerzos de verificación en redes sociales, los autores estudian la estructura y dinámica de la red de desinformación. Sus hallazgos revelan que, a medida que se avanza hacia el núcleo de la red, la verificación prácticamente desaparece y los *bots* sociales proliferan, sugiriendo que los esfuerzos tradicionales de *fact-checking* tienen un alcance limitado en los espacios donde la desinformación es más influyente.

Al igual que Shao, *et al.*, (2018), otras investigaciones sugirieron la creación herramientas de IA para combatir la desinformación, situación que se acentuó aún más desde la pandemia de la COVID-19. Es así como encontramos artículos que estudian el impacto de la desinformación en la salud pública, resaltando la necesidad de herramientas tecnológicas para diferenciar información veraz de información falsa en temas sanitarios (Isaakidou, *et al.*, 2021).

Otras investigaciones pasan directamente a la acción y luego de investigar el atractivo emocional de las noticias falsas y concluir que las emociones negativas son más pronunciadas en los títulos y cuerpos de noticias falsas en comparación con las reales (Paschen, 2020), utilizan herramientas de IA para analizar los artículos, demostrando cómo el PLN puede ser una herramienta eficaz para detectar noticias falsas a través del análisis de emociones y estructuras narrativas.

Entre las investigaciones más recientes encontramos una solución tecnológica combinada basada en IA y *blockchain* para minimizar la propagación de desinformación (Kim, *et al.*, 2024), la cual desarrolla un algoritmo que no solo verifica la autenticidad de las noticias mediante *blockchain*, sino que también predice la difusión de noticias falsas utilizando modelos de aprendizaje automático como Redes de Neuronales Artificiales (ANN por sus siglas en inglés) y Razonamiento Basado en Casos (CBR por sus siglas en inglés). Sin embargo, a pesar del avance técnico y metodológico en la utilización de IA para combatir la desinformación, existe una carencia real de estudios específicos que propongan metodologías para la correcta utilización de la IAG en función de objetivos relacionados con la Alfabetización Mediática e Informacional (AMI) en nuestro campo de estudio.

2.2. Evaluación de Large Language Models en la literatura académica

La evaluación de LLMs es un campo en pleno desarrollo y las publicaciones varían según el área de experticia académica. En el campo de la AMI no suelen encontrarse casos específicos de uso y evaluación de estos modelos de forma comparativa, aunque hay muchas publicaciones relacionadas indirectamente. En este sentido, hemos encontrado investigaciones que revisan métodos de aprendizaje automático y técnicas de fusión para detectar *DeepFakes* en imágenes y videos. Un ejemplo es el artículo *A Comprehensive Review of DeepFake Detection Using Advanced Machine Learning and Fusion Methods* (Gupta, *et al.*, 2024), que, aunque no menciona explícitamente el uso de LLMs para la detección de *DeepFakes*, proponen el uso de redes neuronales convolucionales (CNN por sus siglas en inglés) y arquitecturas como *MesoNet* y *XceptionNet* para lograr tasas de precisión superiores al 95% en detección de características visuales y de audio.

También se encuentran artículos más directamente relacionados con la evaluación de LLMs en el campo sanitario, destacando uno que incluso analiza métricas para evaluar *chatbots* de salud basados en IAG (Abbasian, *et al.*, 2024). En este artículo se critican *benchmarks* como

HELM (*Holistic Evaluation of Language Models*) y SuperGLUE (*General Language Understanding Evaluation*), conjuntos de pruebas diseñadas para evaluar las capacidades y el rendimiento de los *Large Language Models*. Un *benchmark* es un conjunto estándar de pruebas y métricas diseñado para evaluar el rendimiento y las capacidades de un sistema, en este caso, LLMs. En el ámbito del PLN, los *benchmarks* permiten comparar modelos en tareas específicas bajo condiciones controladas, garantizando objetividad y replicabilidad.

SuperGLUE, por ejemplo, evalúa habilidades críticas de comprensión textual con métricas como precisión y F1-score, una métrica robusta para datos desbalanceados que considera tanto falsos positivos como falsos negativos en sus cálculos. Así, establece un punto de comparación entre modelos y el rendimiento humano (Wang, *et al.*, 2019). Por otro lado, *benchmarks* más recientes, como HELM, consideran una evaluación más amplia, abarcando aspectos éticos y técnicos, tales como sesgos en la generación de contenido, impacto en la sostenibilidad y seguridad del modelo (Liang, *et al.*, 2022).

Sin embargo, implementar *benchmark*s como HELM o SuperGLUE para evaluar LLMs localmente presenta importantes desafíos debido a limitaciones de recursos y la especialización técnica requerida. En primer lugar, ejecutar cadenas de operaciones (*pipelines*) de ajuste fino (*fine-tuning*), así como su evaluación, requiere de grandes recursos computacionales, como varias tarjetas gráficas de alto rendimiento y mucha memoria RAM, especialmente para modelos derivados de GPT o BERT con miles de millones de parámetros.

Aunque los modelos más pequeños, como las variantes de 2B o 7B, son menos exigentes, el proceso sigue implicando la gestión de grandes conjuntos de datos, un preprocesamiento extenso y múltiples iteraciones de entrenamiento (Kaplan, *et al.*, 2020), lo que supera las capacidades de hardware personal típico. En segundo lugar, este proceso exige experiencia en aprendizaje automático, incluyendo la optimización de modelos, implementación de métricas de evaluación y depuración de flujos de trabajo computacionales complejos (Ruder, 2021). Para investigadores en AMI u otros campos de las Ciencias Sociales, tal experiencia técnica suele estar fuera del ámbito de nuestra especialización, haciendo que la implementación sea ineficiente y poco pragmática.

Además, la investigación en AMI a menudo enfatiza aplicaciones prácticas y análisis contextuales (Buckingham, 2003; Hobbs y Jensen, 2009), que difieren del enfoque técnico de *benchmarks* como Super-GLUE, diseñados para priorizar tareas generales de PLN. Esta brecha destaca la necesidad de métodos de evaluación más alineados con los objetivos de la alfabetización mediática e informacional, tales como la detección de sesgos, la síntesis de políticas públicas o la identificación de desinformación en textos. De esta forma no se desviaría el tiempo y los recursos de la investigación para ejecutar *benchmarks* localmente, lo cual justifica la adopción de enfoques alternativos mejor adaptados a nuestro campo.

Para abordar estas limitaciones, un enfoque práctico consistiría en utilizar modelos de 2B o 7B ya pre-entrenados y disponibles en plataformas como *Hugging Face*. Por ejemplo, los modelos LLaMA 2-7B de Meta y Mistral 7B son opciones viables debido a su rendimiento en tareas generativas y accesibilidad para investigaciones académicas. En lugar de ajustar estos modelos, los investigadores podrían cargar directamente un corpus específico sobre AMI, tales como políticas públicas, artículos académicos que hagan de estado de la cuestión e informes, y diseñar *prompts* para que los modelos realicen tareas como identificación de sesgos, análisis de desinformación o resúmenes.

3. PROPUESTA METODOLÓGICA PREVIA AL DISEÑO DE LA EVALUACIÓN DE DESEMPEÑO DE LARGE LANGUAGE MODELS EN TAREAS RELACIONADAS CON LA AMI

Para evaluar el desempeño de estos modelos en nuestro campo, se puede emplear una metodología cualitativa, lo cual implicaría valorar las salidas del modelo basándose en criterios como precisión, relevancia, coherencia y profundidad contextual.

Por ejemplo, periodistas o académicos en Ciencias Sociales podrían calificar las respuestas utilizando rúbricas que destaquen su utilidad práctica en tareas de la AMI. Además, un enfoque complementario podría incluir panel de discusión o consensos de expertos, donde especialistas evalúen la efectividad de los modelos en captar matices de los desafíos de alfabetización mediática e informacional. Este enfoque evitaría la necesidad de *benchmarks* computacionalmente intensos al tiempo que nivelaría el proceso de evaluación con la naturaleza aplicada e interpretativa de la investigación en Ciencias Sociales y Humanidades.

En nuestro caso, queremos proponer una alternativa cualitativa que permita no sólo al personal académico, sino al profesorado de secundaria, evaluar y comparar dos modelos de IAG accesibles en *HuggingFace. com*. No obstante, esta alternativa cualitativa en el diseño de las métricas de evaluación vendría necesariamente después de un proceso de selección y configuración de herramientas y materiales que hacen posible la evaluación sin necesidad de gastar grandes recursos materiales y técnicos especializados.

Los LLMs a elegir tienen que ser seleccionados por su capacidad de ejecutarse en hardware doméstico, esto permitiría a investigadores y docentes en general realizar evaluaciones sin infraestructuras avanzadas y con la privacidad que sólo puede ofrecer el usarlas desde un ordenador personal al no comprometer ningún tipo de datos las plataformas de grandes tecnológicas que ofrecen estos servicios en línea.

La comparación buscaría analizar el rendimiento de estos modelos en tareas relacionadas con la alfabetización mediática y la desinformación, proporcionando un marco replicable para futuros estudios académicos y sentar las bases para recomendaciones prácticas al personal docente español en todas las etapas de la educación pública en nuestro país. Además, la metodología y pasos propuestos pueden ser extrapolables a cualquier modelo descargable y cualquier cantidad de modelos a comparar, siendo la única limitación la capacidad computacional del hardware doméstico a utilizar.

3.1. Selección de marcos LLM

Un marco LLM es una plataforma o herramienta que facilita la interacción con Modelos de Lenguaje de Gran Escala, permitiendo a los usuarios ejecutar modelos, ajustar parámetros y procesar datos textuales sin necesidad de desarrollar algoritmos desde cero. Estas herramientas simplifican la experimentación con LLMs, ofreciendo interfaces amigables y funcionalidades específicas que disminuyen la complejidad técnica para investigadores y docentes. Por ejemplo, marcos como FATE-LLM han demostrado ser eficaces al facilitar el uso de LLMs en entornos con recursos limitados mediante técnicas de ajuste eficiente de parámetros y mecanismos de privacidad durante el entrenamiento y la inferencia (Fan, *et al.*, 2023). De manera similar, herramientas como LLMsuite integran técnicas avanzadas para manejar tareas complejas y mejorar la fiabilidad en la generación de texto (Roffo, 2024).

Desarrollos actuales en marcos como Low-code LLM utilizan interfaces gráficas para simplificar la interacción entre humanos y LLMs, eliminando la necesidad de escribir *prompts* complejos y permitiendo una generación más controlada y estable de resultados (Cai, *et al.*, 2023). Asimismo, herramientas como LMTuner destacan por su capacidad de iniciar procesos de ajuste fino de LLMs en minutos, haciéndolas accesibles incluso para usuarios novatos con hardware estándar (Weng, *et al.*, 2023). En este capítulo, proponemos el uso del software de código abierto y descargable para cualquier sistema operativo *Jan.ai* debido a su facilidad de uso, compatibilidad con hardware de gama media y capacidad para importar modelos desde la plataforma de código abierto referencia para el desarrollo y uso de modelos de IA y aprendizaje automático *HuggingFace*.

Imagen 1. Captura de pantalla del software Jan.ai cargado con el modelo Mixtral 8x7B Instruct 4 en un ordenador doméstico de gamma baja

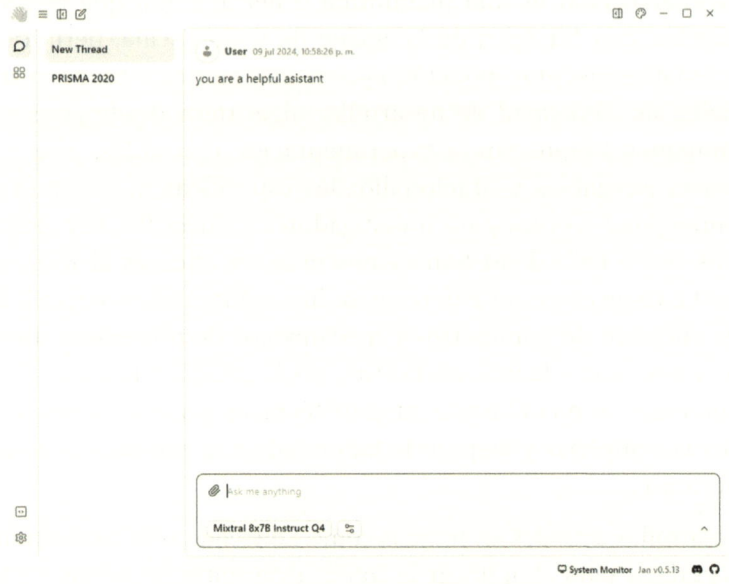

Fuente: Elaboración propia

Jan.ai no requiere configuraciones complejas ni experiencia previa en programación avanzada, lo que lo convierte en una opción ideal para usuarios no versados en informática. Además, su interfaz intuitiva permite cargar corpus personalizados y realizar tareas como análisis textual, generación de resúmenes o identificación de patrones en el texto con solo unos clics. Comparado con otros marcos como GPT4All, LM Studio, llama.cpp, llamafile, Ollama o NextChat, Jan.ai destaca por su integración directa con la biblioteca *HuggingFace*, lo que facilita la descarga y uso de modelos preentrenados con configuraciones ajustadas a tareas específicas. Esta característica elimina la necesidad de instalaciones manuales o configuraciones complejas, brindando una experiencia optimizada para académicos y profesionales de las Ciencias Sociales.

3.2. Selección de modelos

La selección de los modelos a ejecutar desde Jan.ai debe considerar la capacidad computacional de hardware doméstico y la especificidad de las tareas de alfabetización mediática e informacional (AMI). Proponemos los siguientes modelos, accesibles desde HuggingFace, por su equilibrio entre rendimiento y accesibilidad:

- LLaMA 2-7B (Meta): Este modelo es conocido por su robustez en tareas de generación de texto y por estar optimizado para hardware de gama media. Su arquitectura permite realizar análisis semánticos profundos y generar respuestas coherentes en tareas de AMI.

- Mistral 7B: Un modelo eficiente que destaca en tareas de clasificación y generación de texto. Su enfoque en la optimización lo hace ideal para computadoras personales con recursos limitados.

- Falcon 7B: Otro modelo accesible, reconocido por su rendimiento en generación de texto coherente y su capacidad para manejar tareas complejas sin requerir GPUs avanzadas.

Criterios de selección

- Compatibilidad con hardware: Todos los modelos propuestos pueden ejecutarse en ordenadores personales con GPU moderadas o CPU optimizadas.

- Facilidad de implementación: Los modelos seleccionados están disponibles directamente en *HuggingFace* y pueden integrarse con Jan.ai sin configuraciones adicionales.

- Relevancia para AMI: Estos modelos son efectivos en tareas de análisis textual, detección de patrones y generación de contenido educativo.

3.3. Selección del corpus de datos

El siguiente paso es la selección de documentos representativos para evaluar la precisión y relevancia de los modelos. En este sentido, proponemos comenzar con la siguiente documentación que forma parte del *Desk Research* del proyecto europeo WISE -ME (No. KA220-SCH-000152252) sobre AMI en el que estamos trabajando:

1. Políticas nacionales relevantes, como la Ley Orgánica 3/2020 (LOMLOE) y el Plan de Acción contra la Desinformación del Departamento de Seguridad Nacional.

2. Informes nacionales e internacionales:

   · Estudio sobre alfabetización mediática en centros de secundaria.

   · Reporte Iberifier sobre fact-checkers.

   · Digital News Report del Reuters Institute.

   · Informe ONTSI sobre redes sociales y salud mental.

3.4. Ajustes específicos para procesamiento de texto y análisis académico

Una vez seleccionado el *corpus* de datos, es crucial realizar ajustes específicos que permitan optimizar el desempeño de los modelos LLM en las tareas de análisis académico relacionadas con la alfabetización mediática e informacional (AMI). A continuación, se describe el proceso detallado para implementar estos ajustes utilizando Jan.ai.

Entrenamiento Contextualizado

Aunque Jan.ai no requiere un ajuste fino exhaustivo, permite realizar un entrenamiento contextualizado mediante la integración de subconjuntos del corpus seleccionado. Este proceso mejora la capacidad del modelo para comprender conceptos clave. Los pasos son:

- Segmentación del *Corpus*:
  ○ Dividir el *corpus* en subconjuntos según los temas prioritarios, tales como desinformación, políticas públicas y redes sociales.
  ○ Cargar cada subconjunto como un archivo individual en Jan. ai utilizando su función de "*Corpus Import*".
- Entrenamiento Adaptativo:
  ○ Utilizar la función de entrenamiento disponible en Jan.ai para ajustar el modelo.
  ○ Configurar el modelo para aprender de estos subconjuntos mediante *prompts* especializados (Tabla 3).

Tabla 3. Propuesta de prompts especializados
según el Corpus propuesto para evaluar LLMs

Documento del Corpus	*Prompt* Especializado
Ley Orgánica 3/2020 (LOMLOE)	"Resume las disposiciones de la LOMLOE relacionadas con la alfabetización mediática e informacional en menos de 200 palabras."
	"¿Qué medidas establece la LOMLOE para integrar el análisis de noticias falsas en el currículo educativo?"
Plan de Acción contra la Desinformación (DSN)	"Identifica los objetivos principales del Plan de Acción contra la Desinformación y describe cómo aborda las noticias falsas."
	"Resume las estrategias propuestas en este plan para combatir la desinformación en España."
Estudio sobre alfabetización mediática en centros de secundaria	"Explica los principales hallazgos del estudio sobre el nivel de alfabetización mediática en estudiantes de secundaria."
	"Identifica las recomendaciones del estudio para mejorar la alfabetización mediática en el entorno escolar."
Reporte Iberifier sobre fact-checkers	"Describe las herramientas más utilizadas por los fact-checkers en España según el reporte de Iberifier."
	"Resume los desafíos identificados por Iberifier en el combate a la desinformación en España y Portugal."

Digital News Report del Reuters Institute	"Resume la sección de España en el Digital News Report, destacando los hábitos de consumo de noticias en línea."
	"¿Cuáles son las preocupaciones principales de los usuarios españoles sobre la desinformación según este informe?"
Informe ONTSI sobre redes sociales y salud mental	"Describe cómo el informe ONTSI relaciona el uso de redes sociales con los problemas de salud mental en jóvenes."
	"Resume las recomendaciones del informe ONTSI para reducir los impactos negativos del uso de redes sociales en la juventud."

Fuente: Elaboración propia.

Preprocesamiento de Datos

El preprocesamiento es fundamental para garantizar que los datos cargados al modelo sean consistentes y de alta calidad. Podemos simplificar este proceso mediante herramientas integradas en Jan.ai para el manejo de texto.

- Estandarización de términos:

  ○ Crear un glosario de términos clave en AMI, tales como desinformación, *fact-checking* y alfabetización digital.

  ○ Usar la función "*Text Cleaner*" de Jan.ai para reemplazar sinónimos o términos inconsistentes por definiciones estándar.

- Eliminación de ruido textual para garantizar respuestas precisas:

  ○ Revisar el *corpus* en busca de elementos irrelevantes como metadatos, comentarios marginales o caracteres especiales.

  ○ Utilizar la función de preprocesamiento de texto en Jan.ai para limpiar automáticamente estas inconsistencias antes de la carga

4. DISEÑO DE MÉTRICAS DE EVALUACIÓN BASADAS EN TÉCNICAS CUALITATIVAS

El diseño de métricas para evaluar el desempeño de los LLMs en tareas de AMI puede fundamentarse en metodologías cualitativas ampliamente utilizadas en las Ciencias Sociales. Estas metodologías permiten una evaluación interpretativa y contextualizada, en contraste con las métricas cuantitativas que suelen centrarse únicamente en la precisión y la eficiencia. Métodos como el análisis temático (Braun y Clarke, 2006) y las rúbricas de evaluación cualitativa (Jonsson y Svingby, 2007) ofrecen un marco sólido para valorar aspectos como la relevancia, profundidad y coherencia en las respuestas generadas por los modelos.

Basándonos en estas dos lecturas proponemos comenzar con las siguientes métricas (Tabla 4), aunque aquí ya hay un amplio margen para que cada investigador y docente adapte las métricas según sus intereses particulares y lecturas metodológicas previas:

Tabla 4. Propuesta de métricas previas para evaluar y comparar LLMs

Métrica	Descripción	Criterios de Evaluación
Precisión Conceptual	Evalúa si el modelo comprende y utiliza correctamente los conceptos clave relacionados con AMI.	· Uso correcto de términos técnicos. · Ausencia de definiciones incorrectas o ambiguas.
Relevancia Contextual	Analiza si las respuestas generadas son pertinentes y adaptadas al contexto sociocultural español.	· Referencias específicas a políticas nacionales o regionales. · Pertinencia respecto al tema solicitado.
Coherencia Narrativa	Valora la claridad y fluidez en la organización de las ideas presentadas por el modelo.	· Estructura lógica en los argumentos. · Fluidez y cohesión textual.
Utilidad Práctica	Determina si las respuestas son útiles para actividades educativas y de investigación en AMI.	· Aplicabilidad directa en el aula o en investigaciones. · Respuestas claras y fáciles de implementar por docentes.

Fuente: Elaboración propia.

Para implementar estas métricas, se sugiere utilizar entrevistas semiestructuradas (Kvale, 1996) y paneles de discusión (Jonsson y Svingby, 2007) con expertos en AMI y docentes, quienes analizarán las respuestas del modelo basándose en una rúbrica cualitativa (Braun y Clarke, 2006). Además, las técnicas de triangulación, como la comparación entre evaluadores, garantizarán la validez de los resultados (Flick, 2018).

5. CONCLUSIONES

La propuesta metodológica presentada demuestra que es posible evaluar y comparar el desempeño de modelos de lenguaje de gran escala (LLMs) en tareas de alfabetización mediática e informacional utilizando un enfoque cualitativo. Este enfoque, basado en metodologías propias de las Ciencias Sociales, se adapta a las limitaciones técnicas de hardware doméstico y permite que tanto académicos como docentes accedan a herramientas avanzadas sin necesidad de conocimientos especializados en informática. Al centrarse en la relevancia, precisión y utilidad práctica de las salidas generadas por los modelos, se promueve una evaluación más alineada con los objetivos educativos y sociales del ámbito de AMI.

Esta metodología no solo permite valorar modelos específicos como LLaMA 2-7B y Mistral 7B, sino que también establece las bases para futuras investigaciones replicables y escalables. De este modo, se contribuye a un marco teórico-práctico para el uso de la IA generativa en el análisis de políticas públicas, la identificación de desinformación y la creación de recursos educativos.

Agradecimiento y apoyos

Este capítulo se ha hecho con el apoyo del proyecto europeo WISE-ME: the right use of social media to fase disinformation and fake news. Unión Europea, Erasmus+ project number: KA220-SCH-000152252.

6. REFERENCIAS BIBLIOGRÁFICAS

Abbasian, M., Khatibi, E., y Azimi, I. (2024). Foundation metrics for evaluating the effectiveness of healthcare conversations powered by generative AI. *npj Digital Medicine, 7*(82). https://doi.org/10.1038/s41746-024-01074-z

Braun, V., y Clarke, V. (2006). Using thematic analysis in psychology. *Qualitative Research in Psychology, 3*(2), 77–101. https://doi.org/10.1191/1478088706qp063oa

Buckingham, D. (2003). *Media education: Literacy, learning, and contemporary culture.* Cambridge: Polity Press.

Cai, Y., Mao, S., Wu, W., Wang, Z., Liang, Y., Ge, T., Wu, C., You, W., Song, T., Xia, Y., Tien, J., Du, N., y Wei, F. (2023). Low-code LLM: Graphical User Interface over Large Language Models. *ArXiv.* https://doi.org/10.18653/v1/2024.naacl-demo.2

Elkins, K., y Chun, J. (2020). Can GPT-3 pass a writer's Turing test? *Journal of Cultural Analytics, 5*(2). https://doi.org/10.22148/001c.17212

Fan, T., Kang, Y., Ma, G., Chen, W., Wei, W., Fan, L., y Yang, Q. (2023). FATE-LLM: An Industrial Grade Federated Learning Framework for Large Language Models. *ArXiv.* https://doi.org/10.48550/arXiv.2310.10049

Flick, U. (2018). *An introduction to qualitative research* (6th ed.). SAGE Publications.

Gupta, G., Raja, K., Gupta, M., Jan, T., Whiteside, S. y Prasad, M. (2024). A comprehensive review of DeepFake detection using advanced machine learning and fusion methods. *Electronics, 13*(1), 95. https://doi.org/10.3390/electronics13010095

Hobbs, R., y Jensen, A. (2009). The past, present, and future of media literacy education. *Journal of Media Literacy Education, 1*(1), 1–11. https://digitalcommons.uri.edu/jmle/vol1/iss1/1/

Isaakidou, M., Zoulias, E., y Diomidous, M. (2021). Investigating the impact of misinformation sources on health issues: Implications for public health. *Public Health and Informatics, Proceedings of MIE 2021, 281*, 494–495. https://doi.org/10.3233/SHTI210211

Jonsson, A., y Svingby, G. (2007). The use of scoring rubrics: Reliability, validity and educational consequences. *Educational Research Review, 2*(2), 130–144. https://doi.org/10.1016/j.edurev.2007.05.002

Kaplan, J., McCandlish, S., Henighan, T., Brown, T. B., Chess, B., Child, R., Gray, S., Radford, A., Wu, J., y Amodei, D. (2020). Scaling laws for neural language models. *ArXiv.* https://doi.org/10.48550/arXiv.2001.08361

Kestemont, M., Stover, J., Koppel, M., Karsdorp, F., y Daelemans, W. (2016). Authenticating the writings of Julius Caesar using generative authorship attribution. *Expert Systems with Applications, 63*, 86–96. https://doi.org/10.1016/j.eswa.2016.06.029

Kim, S. K., Huh, J. H., y Kim, B. G. (2024). Artificial intelligence blockchain-based fake news discrimination. *IEEE Access, 12*, 53838–53854. https://doi.org/10.1109/ACCESS.2024.3384338

Kvale, S. (1996). *InterViews: An introduction to qualitative research interviewing.* Thousand Oaks, CA: SAGE Publications.

Liang, P., Bommasani, R., Lee, T., Tsipras, D., Wang, K., Sohn, J., y Chen, E. (2022). Holistic evaluation of language models. *ArXiv.* https://doi.org/10.48550/arXiv.2211.09110

Luhang, S., Mian, W., Yibing, S., Yoo, J., Liwei, S., y Sijia, Y. (2024). Smiling women pitching down: Auditing representational and presentational gender biases in image-generative AI. *Journal of Computer-Mediated Communication, 29*(1), zmad045. https://doi.org/10.1093/jcmc/zmad045

McCarthy, J., Minsky, M., Rochester, N., y Shannon, C. (1955). A proposal for the Dartmouth summer research project on artificial intelligence. Archivado en https://www-formal.stanford.edu/jmc/history/dartmouth/dartmouth.html

Roffo, G. (2024). Exploring advanced large language models with LLMsuite. *ArXiv.* https://doi.org/10.13140/RG.2.2.11774.80963

Ruder, S. (2021). Recent advances in language model fine-tuning. *ArXiv.* https://doi.org/10.48550/arXiv.2111.02096

Saeed, M., Naseer, A., Masood, H., Rehman, S. U., y Gruhn, V. (2023). The power of generative AI to augment for enhanced skin cancer classification: A deep learning approach. *IEEE Access, 11*, 130330–130344. https://doi.org/10.1109/ACCESS.2023.3332628

Sevilla Salcedo, J., Carrasco Martínez, S., Castillo, J. C., Castro-González, A., y Salichs, M. A. (2022). Modelos de lenguaje natural para robots sociales. *XLII Jornadas de Automática: Libro de Actas*, 828–834. https://doi.org/10.17979/spudc.9788497498418.0828

Shao, C. C., Hui, P. M., Wang, L., Jiang, X. W., Flammini, A., Menczer, F., y Ciampaglia, G. L. (2018). Anatomy of an online misinformation network. *PLOS ONE, 13*(4), e0196087. https://doi.org/10.1371/journal.pone.0196087

Vaswani, A., Shazeer, N., Parmar, N., Uszkoreit, J., Jones, L., Gomez, A. N., Kaiser, Ł., y Polosukhin, I. (2017). Attention is all you need. *31st Conference on Neural Information Processing Systems (NIPS 2017)*, Long Beach, CA, USA. https://doi.org/10.48550/arXiv.1706.03762

Wang, A., Singh, A., Michael, J., Hill, F., Levy, O., y Bowman, S. R. (2019). SuperGLUE: A stickier benchmark for general-purpose language understanding systems. *Advances in Neural Information Processing Systems, 32*, 3266–3280. https://tinyurl.com/bddrn3w9

Weng, Y., Wang, Z., Liao, H., He, S., Liu, S., y Zhao, J. (2023). LMTuner: An user-friendly and highly-integrable training framework for fine-tuning large language models. *ArXiv.* https://doi.org/10.48550/arXiv.2308.10252

Capítulo 10

Una reflexión sobre contranarrativas e inteligencia artificial: nuevos modelos de lenguaje contra el discurso de odio en la red

Tania Brandariz Portela
Universidad Nebrija

Manuel Rodríguez Morillo
Universidad Nebrija

David del Pino Díaz
Universidad Nebrija

1. INTRODUCCIÓN

En los últimos años, la proliferación de discursos de odio se ha convertido en una de las principales amenazas para la convivencia social, política y cultural en los países occidentales. La supervivencia de nuestras democracias liberales se encuentra en entredicho: se ha abierto la posibilidad de la llegada de líderes políticos de la extrema derecha (Forti, 2024). Sus discursos apelan a la exclusión, el miedo y el desprecio a los grupos vulnerables, erosionando los principios mínimos que han de existir para que las democracias representativas gocen de salud.

Los discursos de odio erosionan los principios democráticos en un plano discursivo o ideológico, pero también se percibe una correspondencia entre la proliferación de discursos misóginos, xenófobos o racistas con los crímenes de odio cometidos en regiones de España. Las cifras de los delitos más graves en nuestro país han aumentado (Müller y Schwarz, 2020).

El auge de estas expresiones de odio coincide con la democratización del debate en las redes sociales y la globalización de la información. La facilidad de escudarse en el anonimato y de extender en pocos minutos, sin dificultad técnica ni necesidad de grandes recursos, discursos anti-democráticos, ha provocado que las redes, que por sí mismas no son un espacio tóxico, se conviertan en el canal de transmisión de narrativas que erosionan la convivencia democrática (Segura, 2022).

En gran medida, la red social adquirida por el multimillonario Elon Musk, conocida como X -anteriormente *Twitter*-, se ha transformado en un espacio donde proliferan discursos extremos y desinformación con capacidad de marcar la agenda pública. X se ha convertido no solo en una herramienta para hacer comunicación política, sino en una herra-mienta política en sí. Recientemente, se observó un incremento de la exposición de cuentas republicanas meses antes de las elecciones de 2024 en EEUU (Graham y Andrejevic, 2024). Los temas que nacen en redes sociales, posteriormente, son tratados en los medios de comuni-cación tradicionales: prensa, radio y televisión (Bane, 2019).

La extensión de los discursos de odio en redes sociales o medios de comunicación no requeriría tanta atención si no fuera por la creciente mediatización no solo de la política, sino del cuerpo social en general. Las redes sociales y los medios de comunicación tradicionales no son meros transmisores de contenido o agentes pasivos. Estos actores se han convertido en el principal actor político, imponiendo sus objetivos y re-glas del juego al resto de los campos sociales (Bourdieu, 1997; Mazzoleni y Schulz, 1999). Prestar atención a la proliferación de discursos de odio en redes sociales y encontrar mecanismos de defensa es una necesidad de primer orden en las democracias occidentales.

El objetivo principal de esta investigación consiste en señalar la importancia que adquieren los modelos de lenguaje automatizado, la Inteligencia Artificial (IA), para identificar discursos de odio en redes sociales y la programación de una contranarrativa. Mediante el esta-blecimiento de un conjunto de patrones, como la toxicidad o el seña-lamiento de colectivos vulnerables, los nuevos modelos de lenguaje identifican discursos de odio y pueden proponer una contranarrativa que desarme su objetivo político. Se hace indispensable encontrar nuevos mecanismos y métodos que ayuden a identificar y desarmar discursos de odio en la red, contrarrestando a la vez la correspondencia entre el odio en línea y el aumento de la violencia en las calles.

En esta investigación consideramos necesario mostrar los avances de SINAI, el grupo de investigación de Sistemas Inteligentes de Acceso a la Información de la Universidad de Jaén (España). Se trata de un equipo compuesto por diez investigadores/as y dos estudiantes de doctorado especializado en el estudio de las Tecnologías del Lenguaje Humano (HLT), también conocidas como Lingüística Computacional. Este grupo tiene abiertas varias líneas de investigación, entre ellas la recuperación de información multilingüe y multimodal, la clasificación de documentos, minería de datos y de opinión, entre otras.

Entre las aplicaciones prácticas de estas líneas de investigación, podemos destacar proyectos como GeMeCo, encaminado a mostrar la brecha de género en los medios de comunicación, un detector de casos sospechosos de COVID-19 o, para el caso que nos ocupa, ALIADA, una plataforma de aplicación web para la detección de la agresividad en redes sociales utilizando técnicas de procesamiento de lenguaje natural y aprendizaje automático.

Precisamente dentro de esta línea de trabajo podemos encontrar *Moderates*, iniciativa que forma parte de *Real Up*, un proyecto dirigido por el Observatorio contra el Racismo y la Xenofobia (OBERAXE) perteneciente al Ministerio de Inclusión, Seguridad Social y Migraciones. Su objetivo es detectar y contrarrestar narrativas favorables al discurso de odio en redes sociales gracias a herramientas de procesamiento de lenguaje natural.

Consideramos que atender a los discursos de odio y establecer mecanismos que ayuden a desarmarlos es un acto de necesidad y responsabilidad colectiva. Este es el principal motivo que justifica una investigación de estas características. Implica reconocer que, como nos advertía

Adorno (2008) en *La personalidad autoritaria*, el objetivo ulterior de estos discursos es instalar una estructura mental colectiva de incertidumbre, zozobra y resentimiento; sentimientos que una vez corporeizados en el mundo social permiten la aceptación pasiva de cualquier forma de gobierno autoritaria.

Los discursos de odio no son solo un negocio para determinadas corporaciones o empresas transnacionales, sino la condición de posibilidad para instalar una zozobra social de tal calibre que permita mirar a otro lado cuando surjan de los fondos más oscuros de la historia expresiones políticas que busquen socavar los cimientos de la democracia (Astobiza, 2024).

2. OBJETIVOS Y METODOLOGÍA

El principal objetivo de este estudio consiste en arrojar luz sobre la importancia de implementar los nuevos códigos de lenguaje y la Inteligencia Artificial para identificar discursos de odio y armar contranarrativas. En este sentido, cabe enumerar los tres objetivos secundarios que persigue esta investigación: 1) presentar los discursos de odio y su centralidad en nuestras sociedades; 2) definir la importancia que tienen los nuevos modelos de lenguaje para desarmar discursos antidemocráticos y articular respuestas adecuadas; 3) señalar la importancia que tienen proyectos de investigación como SINAI, que son un ejemplo de la transferencia de conocimiento que debe ir de las Universidades hasta la sociedad civil, pasando por las instituciones privadas.

Para el desarrollo de esta investigación se ha empleado una metodología cualitativa de naturaleza hermenéutica, basada en la lectura crítica de textos científicos; y una metodología cualitativa basada en una entrevista en profundidad a María Teresa Martín Valdivia, catedrática de Lenguajes y Sistemas Informáticos de la Universidad de Jaén. Como investigadora de SINAI, se pudo conocer de primera mano la tecnología, enfoques y posibles aplicaciones de sus investigaciones sobre herramientas de procesamiento de lenguaje natural, para así buscar su viabilidad como instrumento en la generación de contranarrativas y estrategias de comunicación política más favorables a la convivencia y los Derechos Humanos. La entrevista se realizó el 13 de noviembre de 2024, vía *Teams*. La duración fue de 45 minutos.

Esta metodología es adecuada para nuestra investigación porque el objetivo principal es señalar la centralidad que adquieren los nuevos modelos de lenguaje para identificar discursos de odio y armar contranarrativas en la red. El proyecto de la catedrática María Teresa Martín, compuesto por un equipo multidisciplinar, es un caso de estudio que nos permite comprender la aplicación práctica de una investigación comprometida con los sujetos vulnerables y los Derechos Humanos en el debate democrático. Este capítulo de libro busca desarrollar una investigación descriptiva que sirva para instalar principios básicos que permitan llevar a cabo estudios empíricos en el futuro.

3. MARCO TEÓRICO

3.1. Discursos de odio y desinformación

La Organización Mundial de la Salud (2020), ante la desconfianza en las instituciones y las autoridades debido a la crisis sanitaria de la COVID-19, acuñó el término infoxicación. Los medios de comunicación habían cumplido históricamente una función social: orientar a los ciudadanos. Las instituciones servían para reducir la incertidumbre, garantizando una cohesión social que hoy se ve impugnada por fomentar el conflicto y la señalización de un otro que amenaza nuestra identidad (Souto-Galván, 2024).

La red ha cambiado las dinámicas de comunicación de los ciudadanos. Han pasado de ser pasivos receptores de información, a potenciales creadores de contenido que democratizan, a través de las redes sociales, la información, pero no necesariamente el conocimiento. El entorno online y las redes sociales han propiciado nuevas posibilidades para la participación ciudadana, la transparencia y el acceso a la información. Sin embargo, estas mismas tecnologías han generado nuevos desafíos para la democracia (Astobiza, 2024).

En un contexto en que la red permite que convivan múltiples versiones de un hecho, se dificulta que los ciudadanos diferencien la verdad de la mentira. Se ha acentuado, en los últimos años, una profunda desconfianza generalizada hacia las instituciones, especialmente las públicas: gobiernos, medios de comunicación u ONG's (Informe Edelman, 2024). La ciudadanía acude a las redes sociales para informarse, buscando alternativas a las narrativas oficiales que entienden como propias del *establishment*: buscan outsiders 'ajenos' al poder. Verdades que no se apoyen en la razón, sino en las emociones que reafirman sus predisposiciones.

Hay que añadir que en contextos donde existe confianza institucional se percibe una mayor confianza hacia las personas en general (Schyns y Koop, 2010) lo que traería un mayor compromiso cívico. Por lo tanto, si nos encontramos en un contexto en que se considera que nuestra identidad se encuentra amenazada, surge el miedo a un 'otro'. Así, señalamos a un 'otro' más vulnerable que nosotros, lo estereotipamos, caricaturizamos y lo excluimos de la legítima participación en la esfera pública, material y simbólicamente. Los principales receptores del discurso de odio son grupos vulnerables que ven limitada, por tanto, su participación (García-González, 2022).

Los algoritmos de la red están construidos para propagar contenidos que propician reacciones emocionales pronunciadas en la opinión pública:

> el contexto de posverdad hace, por tanto, referencia a una esfera pública irracional, cargada de afectos y emociones, profundamente tribal-identitaria y susceptible de focalizar la atención prioritariamente en aquellos aspectos y contenidos que refuerzan las posiciones previas de los consumidores (Carrasco- Campos, n.f, p. 48).

La fragmentación de la opinión en la red provoca que se generen los conocidos como filtros burbuja, es decir, ciudadanos que reafirman sus propias ideas al encontrar en la red, únicamente, información afín a sus posiciones ideológicas. Esta realidad, al anular el acceso a una información plural, atenta contra los pilares de la democracia. Se genera así el espacio idílico para la propagación de la desinformación, que viaja a gran velocidad en contraposición a las instituciones, que son mucho más lentas en la toma de decisiones (Souto-Galván, 2024). Se acortan los tiempos, empujando a la ciudadanía a la impulsividad de acción en la red, a una toma de decisiones inmediata que anula la racionalidad y el debate sosegado (García-Tojar, 2021).

Sin embargo, resulta importante salir del espacio común de la crítica al algoritmo. Los fenómenos provocados por los filtros burbuja y las cámaras de eco descritos anteriormente pueden tener una contrapartida positiva en algunos casos:

> la ruptura de algunos consensos sociales es, en parte, consecuencia de la ruptura del monopolio de la opinión por parte de los medios tradicionales y en parte del contexto de crisis social, política, económica e incluso climática que abren posibilidades de emancipación y libertad (Hernández-Santaolalla y Candón-Mena, 2024, p. 34).

La relación entre los discursos de odio y la desinformación es estrecha. Es importante diferenciar entre bulo y desinformación. Un bulo se acota en el tiempo, podríamos comprenderlo como una táctica; la desinformación forma parte de una estrategia a medio y largo plazo. Por otro lado, la desinformación no tiene que ser completamente falsa: es una elección intencionada de datos parciales, incompletos o alterados (Lazo, 2024). Los factores que favorecen la desinformación son la manipulación activa de datos por parte de compañías tecnológicas-; manipulación pasiva de datos -que busca reforzar las cámaras de eco-; censura informativa; manipulación a través de *deepfakes*; creación de tramas narrativas que resultan atractivas para un perfil de audiencia; y atención fragmentada, que favorece los atajos cognitivos (Lazo, 2024).

Respecto a los datos sobre discurso de odio en la red en España, conviene reparar en el incremento no solo de las notificaciones de casos, sino también de la inacción de las plataformas. Tan solo en 2023 se notificaron un total de 2.655 contenidos enmarcados como discurso de odio. Antes de entrar en las cifras, resulta conveniente apuntar la definición de discurso de odio: "cualquier forma de expresión que denigre, humille o atente contra la dignidad de las personas por razón de alguna de sus características personales o estados, como puede ser su origen étnico, su nacionalidad o su orientación sexual" (Ministerio de Inclusión, Seguridad Social y Migraciones, 2023, p. 12).

Un 33,7% de los discursos de odio se corresponde con hostilidad hacia las personas del norte de África; un 26,2% tiene características propias de la islamofobia; un 23,7% está dirigido a personas afrodescendientes; un 14,4% emplean el concepto 'inmigrantes'. Se percibe un aumento del discurso de odio dirigido a los judíos y el 78,3% de los que no se enmarcan en un colectivo se corresponden con contenido supremacista (OBERAXE, 2023). Además, en cinco redes sociales (X, Facebook, Instagram, TikTok y YouTube), se retiró menos de la mitad del contenido notificado: solo un 49,4%. No obstante, a pesar de la impunidad contra el discurso de odio en la red, como estrategia contra él surgen las contranarrativas, que todavía son, a menudo, insuficientes o incluso ausentes (Kardelis *et al.*, 2024).

3.2. Modelos de lenguaje e inteligencia artificial. Contranarrativas que fomentan el debate democrático

Las contranarrativas automatizadas parecen ser eficaces para luchar contra el discurso de odio y fomentar debates constructivos (Tekiroglu, *et al.*, 2020). Consisten en la aportación de respuestas argumentadas, sin recurrir al silencio o la censura, que fortalezcan el debate social desde la veracidad. Uno de los retos a los que nos enfrentamos es la capacidad que tienen los agentes generadores de odio de cambiar su conducta para intentar escapar de los controles y mecanismos de detección del odio. No obstante, es posible modificar los lexicones, los 'diccionarios' de términos con los que se entrenan a los modelos de lenguaje para que sean más eficaces en la detección de términos (Chung, *et al.,* 2019). También nos enfrentamos a un segundo reto: si la argumentación racional, en una sociedad mediatizada, tiene impacto en la opinión pública.

A la vez, las comunidades de *haters* pueden seguir adaptando sus estrategias para *hackear* el funcionamiento de la herramienta y así evitar las nuevas medidas de control, por lo que esto puede llevar en última instancia a una lucha perpetua entre quienes generan las narrativas de odio y quienes tratan de contrarrestarlas. Una lucha de los sistemas de Inteligencia Artificial por una actualización constante que es también una lucha política. Además, no solo son importantes los datos, hay que reparar también en los enfoques para el análisis contextual, porque no existe una solución única para afrontar los discursos de odio. La ironía o el humor dificultan, por ejemplo, la clasificación (MacAvaney *et al.,* 2019).

Una interesante estrategia de *prompt* es lo que se llama cadena de pensamiento (Chung *et al.,* 2023). Esta estrategia implica que el proceso esté basado en pasos coherentes. Atendiendo a las contranarrativas, consistiría en señalar al sujeto que está recibiendo el discurso de odio, al que se está ofendiendo; indicar qué aspectos están siendo ofendidos; posteriormente, generar la contranarrativa que promueva positividad, argumentos racionales y, por último, el respeto por los derechos de los grupos vulnerables. En la construcción de contranarrativas se deben incluir una serie de elementos: estar en contra del *hate speech* o la ofensividad; tener un tono positivo; incluir cuanta más información mejor e incluso argumentación desde evidencias y datos confiables, es decir, debe estar caracterizado por la veracidad (Chung *et al.,* 2023).

4. RESULTADOS

La entrevista realizada a María Teresa Martín se celebró vía *Teams* el día 13 de noviembre de 2024. La catedrática que lidera proyectos centrados en contranarrativas automatizadas contra el discurso de odio abordó el rol de la Universidad en la transferencia del conocimiento; el modelo de lenguaje de la AI y los estereotipos vinculados a él; así como las contranarrativas contra el discurso de odio, centrándonos en su aplicación a la comunicación política y las instituciones.

A continuación, se aporta una reflexión que busca contribuir a la visibilización no solo de los riesgos de la IA -desinformación, bulos-, sino de las potencialidades de la Inteligencia Artificial a favor de una sociedad más justa y democrática, que aproveche los datos para trabajar sobre modelos predictivos que no contribuyan a la reproducción del *statu-quo*, sino que busquen revertir todos los relatos que vulneran los derechos y las libertades, que estereotipan, que silencian o que humillan, especialmente a los sujetos vulnerables.

La Universidad como actor social central en la transferencia del conocimiento

"Llevo 30 años en tecnología y ahora la tecnología está lista para transferir". Así comienza la entrevista la catedrática María Teresa Martín, que hace hincapié en la Universidad como actor social central en la transferencia de un conocimiento tecnológico que, tiempo atrás, se quedaba encerrado en las paredes de la institución. Esto se debe, sobre todo, a la estrecha colaboración entre la empresa y la Universidad.

Los modelos de Inteligencia Artificial tienen una aplicación práctica directa porque permiten obtener resultados en tiempo real basados en el tratamiento de datos y la elaboración de modelos predictivos, que se pueden aplicar, por ejemplo, en diagnósticos médicos. El hospital Virgen del Rocío ha sido un ejemplo de ello. Profesionales del hospital lideraron un proyecto con Inteligencia Artificial a través del que pudieron concluir, al tercer año, mejor que el ojo médico la profundidad de un melanoma.

Bulos, discursos de odio y contranarrativas

Para la elaboración de contranarrativas con Inteligencia Artificial, María Teresa Martín estableció la diferencia entre discurso de odio y desinformación. En su equipo elaboran un patrón a través del que identifican si se trata de un discurso de odio u ofensividad. Así, responden con un mensaje positivo contra ese discurso de odio.

Lo interesante aquí son las cuestiones que debe contener un mensaje positivo, que va más allá de una respuesta estricta. El mensaje fortalece incluso los cimientos del debate, al aportar no solo información sino también contexto, argumentos. Es decir, se trata de contrarrestar no solo la desinformación, sino la emocionalidad intrínseca asociada a ella. Así, la contranarrativa tiene que ser:

· Positiva y veraz.

· Debe aportar información que incluya, incluso, argumentación y *fact checking* con datos fiables de instituciones como el Instituto Nacional de Estadística (INE).

El modelo de lenguaje Open AI: estereotipos, impacto social e interdisciplinariedad

Para contrarrestar el discurso de odio, conviven los modelos de IA y las narrativas generadas por humanos. En la entrevista, María Teresa Martín expuso la colaboración que están desarrollando con la Federación Nacional de Mujeres Gitanas Kamira. Esta organización detecta de manera manual gracias a su equipo entrenado casos de discursos tóxicos en redes sociales contra la población romaní. Posteriormente, contestan uno a uno estos mensajes rebatiendo con datos y evidencias. La aportación de SINAÍ será crear un modelo que les permita automatizar este proceso, cargando la información en la biblioteca del modelo de lenguaje y generando contranarrativas adaptadas a cada mensaje.

Además, la herramienta ofrecerá diferentes alternativas de contranarrativas para que sean los equipos humanos quienes puedan seleccionar cuál sirve mejor para cada caso. Esto no solo aumenta la productividad de los equipos en su trabajo de lucha contra el discurso de odio, sino que tiene una externalidad positiva: ayuda a proteger la salud mental de cada profesional, ya que el trabajo continuo de exponerse a bulos y mensajes tóxicos también les afecta.

Dentro de los aprendizajes sobre obstáculos que han encontrado, es relevante señalar que los modelos de lenguaje tienden a ser demasiado "buenistas", en el sentido de crear contranarrativas excesivamente positivas, que propugnan un mundo solidario y sin estereotipos. Los datos sugieren que este tipo de mensajes no calan en las audiencias, haciendo este trabajo menos eficaz de lo deseable.

La experiencia piloto con la Federación Kamira aspira a estudiar si este sesgo buenista puede corregirse con la validación manual de los equipos humanos. Es decir, el modelo de lenguaje puede proponer contranarrativas que finalmente serán validadas por humanos, aumentando su eficacia y afinando las futuras creaciones de la herramienta a través de su entrenamiento. Esto supone una oportunidad para muchas organizaciones que pueden ver cambiados sus procesos internos de trabajo sin tener que renunciar a sustituir sus equipos humanos por máquinas.

Un aspecto clave de la investigación de María Teresa Martín es la comparativa entre diferentes modelos de lenguaje: utilizando el mismo *prompt* (indicaciones que se le dan a la máquina para que responda construyendo contranarrativas), se pueden evaluar diferencias, ventajas e inconvenientes de cada uno de los sistemas que van apareciendo: GPT 3, GPT 4, Llama, Mistral... El potencial de uso de cada modelo tiene que ver también con su titularidad.

Por ejemplo, *ChatGPT,* perteneciente a *OpenAI*, tiene un modelo de lenguaje propietario y por tanto no se puede descargar para analizar en busca de sesgos y tratar de corregirlos mediante entrenamiento. En cambio, Llama, el modelo de lenguaje de Meta, sí admite la posibilidad de añadir capas de entrenamiento. Tiene la característica además de que al ser software de código abierto (*open source*) se puede cargar con datos propios privados sin riesgo para la protección de datos sensibles lo que permite, por ejemplo, a un hospital público cargar la herramienta con expedientes médicos.

Una importante limitación encontrada por la experta es su incapacidad para medir el impacto real de este trabajo. A menudo se hace demasiado énfasis en la herramienta y no en los componentes comunicativos y sociológicos de la audiencia. "Nosotros somos informáticos", afirma para argumentar que sus profesionales son capaces de estudiar, crear y adaptar la herramienta, pero será trabajo de profesionales de las ciencias sociales y la comunicación política encontrar indicadores y metodologías acertadas para medir la efectividad de estas nuevas formas de construir contranarrativas. Esto abre un horizonte de oportunidades laborales y de colaboración interdisciplinar entre profesionales de diferentes ámbitos. El propio grupo de investigación estudiado ya cuenta no sólo con personal informático sino con la asistencia de lingüistas y personas expertas en otras materias.

Comunicación política e IA generativa

Respecto a los usos de las contranarrativas contra el discurso de odio en comunicación política, María Teresa Martín se centra en los sesgos, prejuicios y estereotipos que se puedan apuntar sobre un 'otro'. Para ello, señala un método que, como hemos tratado en el marco teórico, se está trabajando internacionalmente. Primero es necesario detectar al sujeto ofendido, después los aspectos que están siendo ofendidos y, con esta información, generar la contranarrativa.

La catedrática pone el siguiente ejemplo. Con la afirmación "los chicos con síndrome de Down entorpecen el trabajo en las aulas, deben ser aislados", se la trasladan a Llama, identifican el sujeto (personas con síndrome de Down), los aspectos ofendidos (que ese mensaje promociona el aislamiento de esas personas); la discriminación, ya que se apunta que no deben tener los mismos derechos; la estigmatización, es decir, negación del derecho a que reciban educación igualitaria. La herramienta logró señalar que una frase que podría salir en una conversación normal, en realidad era una bomba de discriminación.

Uso de la IA en instituciones, gabinetes y organizaciones políticas

Ante el futuro de los usos de la Inteligencia Artificial en instituciones, gabinetes y organizaciones políticas, la experta María Teresa Martín explicó que se buscó incorporar la IA a las administraciones públicas. Martín apuntó que no existen problemas de privacidad: contrarrestar narrativas implica hacerlo con material público. Ahondando en los usos de la IA en la administración pública, explicó que el reto no pasaba por la dificultad de hacer parte a la tecnología de la administración, sino la falta de voluntad política. De hecho, Martín concluyó que esta tecnología, centrándonos únicamente en los recursos, es más económica que licencias como Office.

Como obstáculos para la escalabilidad y replicabilidad del uso de estas herramientas, encontramos dos. Por una parte, se reconoce que, aunque estos proyectos puedan generar impacto, los recursos financieros disponibles son limitados. En otro sentido, surge la inquietud de cómo los usuarios percibirán las intervenciones basadas en IA. Si las personas rechazan o desconfían del uso de modelos de lenguaje, especialmente si las interacciones no parecen genuinas, esto podría debilitar los esfuerzos para combatir el discurso de odio.

5. CONCLUSIONES

Este capítulo de libro ha consistido en una reflexión sobre el potencial de las contranarrativas generadas con Inteligencia Artificial para contrarrestar el discurso de odio en la red. A menudo, nos centramos en los riesgos asociados a la IA, pero no reparamos en sus potencialidades en favor de una sociedad más justa y democrática. En un contexto de descrédito institucional que ha roto la cohesión social, emergen relatos que señalan a un 'otro' que amenaza nuestros privilegios. Un 'otro' al que se excluye, material y simbólicamente, de la participación en la vida pública.

A través de una entrevista en profundidad a la catedrática de Lenguajes y Sistemas Informáticos de la Universidad de Jaén, María Teresa Martín Valdivia, hemos podido concluir una serie de cuestiones. En primer lugar, las contranarrativas contra el discurso de odio generadas con Inteligencia Artificial conviven con la actualización constante de los generadores de odio. Esto obliga a una 'carrera armamentística' que es una lucha también política. Surge la duda de si las contranarrativas, que buscan dar respuesta al odio pero también aportar contexto, pueden disputar, desde la racionalidad, el relato emocional amplificado por los algoritmos.

En la entrevista, María Teresa Martín hizo hincapié en un cambio de paradigma en la Universidad: hoy es un actor central en la transferencia del conocimiento tecnológico. En la línea de lo investigado por Chung, *et al.*, (2019) las contranarrativas se construyen siguiendo un patrón. Tienen que ser positivas y veraces, debe existir argumentación e incluso *fact checking* basado en datos de instituciones oficiales.

Se ha concluido, además, que los modelos de la IA tienden a ser 'buenistas', lo que nos hace cuestionar si los mensajes tendrán calado en la sociedad. En esta línea, la catedrática apunta la necesidad de interdisciplinariedad para entender no solo los modelos, sino el impacto en la ciudadanía. El camino hacia un debate democrático, que respete a todos los sujetos, será a través de las contranarrativas. Pero, ¿cómo haremos para que los ciudadanos soporten tanta racionalidad? ¿Ganará el pulso, en el debate, la razón a la emoción?

6. REFERENCIAS BIBLIOGRÁFICAS

Adorno, T. W. (2008). Estudios sobre la personalidad autoritaria. En *Escritos sociológicos II*, Vol. 1 (pp. 151-526). Madrid: Akal.

Astobiza, A. (2024). Deepfakes, desinformación, discursos de odio y democracia en la era de la Inteligencia Artificial. *Cuadernos del Audiovisual, 12*, 177-190. https://doi.org/10.62269/cavcaa.20

Bane, K. C. (2019). Tweeting the agenda: How print and alternative web-only news organizations use Twitter as a source. *Journalism Practice, 13*(2), 191-205. https://doi.org/10.1080/17512786.2017.1413587

Bourdieu, P. (1997). *Sobre la televisión*. Anagrama.

Carrasco-Campos. (nd). Fake news: la producción social de la desinformación y la reproducción social de las ideologías, *PCE*. Recuperado de: https://n9.cl/2ibyfo

Chung, Y., Kuzmenko, E., Tekiroglu, S. y Guerini, M. (2019). CONAN—COunter NArratives through Nichesourcing: a multilingual dataset of responses to fight online hate speech. *arXiv preprint arXiv:1910.03270*. https://doi.org/10.18653/v1/P19-1271

Chung, Y., Abercrombie, G., Enock, F., Bright, J. y Rieser, V. (2023). Understanding counterspeech for online harm mitigation. *arXiv preprint arXiv:2307.04761*. https://doi.org/10.48550/arXiv.2307.04761

Edelman (2024). *Edelman Trust Barometer España*. Recuperado de: https://n9.cl/50muh

Forti, S. (2024). *Democracias en extinción. El espectro de las autocracias electorales*. Akal.

García-González, S. (2022). Necropolítica y discursos de odio. Sentimiento antinmigración, vulnerabilidad y violencia simbólica. *Isegoría*, (67), e07-e07. https://doi.org/10.3989/isegoria.2022.67.07

García Tojar, L. (2021). La extinción del sistema mediático. *La Comunicación Política en la era de la mediatización*, 127-154. Ed. Castromil, A., Humanes, M. y García-Tojar, L. Comunicación Social. Ediciones y Publicaciones.

Graham, T., y Andrejevic, M. (2024). A computational analysis of potential algorithmic bias on platform X during the 2024 US election. https://eprints.qut.edu.au/253211/

Hernández-Santaolalla, V., y Candón-Mena, J. (2024). Polarización, radicalización y sesgo confirmatorio en la red: una lectura desde las teorías de los efectos de los medios y la democracia deliberativa. *Estudos em Comunicação*, (38). https://doi.org/10.25768/1646-4974n38a03

Kardelis, S., Ortí, A., Moraño, X. y Guiteras, X. (2024). MENAs y polarización en medios sociales digitales: la retroalimentación del odio. *Icono14*, 22(1). https://doi.org/10.7195/ri14.v22i1.2074

Lazo, C. (2024). La desinformación, enfermedad de la sociedad posdigital: amenazas y desafíos. *Panorama social*, (39), 105-116. https://tinyurl.com/8kxst7wa

Mazzoleni, G. y Shulz, W. (1999). Mediatization of Politics: A Challenge for Democracy? *Political Communication*, 16(3), 247-261. https://doi.org/10.1080/105846099198613

OBERAXE, Ministerio de Inclusión, Seguridad Social y Migraciones (2023). *Informe anual. Monitorización del discurso de odio en redes sociales*. Edit: Observatorio Español del Racismo y la Xenofobia. Recuperado de: oberaxe@missm.inclusion.gob.es

MacAvaney S., Yao H-R, Y., Russell K, G. y Frieder, O. (2019) Hate speech detection: Challenges and solutions. *PLoS ONE 14*(8). https://doi.org/10.1371/journal.pone.0221152

Müller, K. y Schwarz, C. (2020). Fanning the Flames of Hate: Social Media and Hate Crime. *Journal of the European Economic Association*, 19(4) 2131–2167 https://doi.org/10.1093/jeea/jvaa045

Schyns, P., y Koop, C. (2010). Political distrust and social capital in Europe and the USA. *Social indicators research*, 96, 145-167. https://doi.org/10.1007/s11205-009-9471-4

Segura, M. S. (2022). Por una comunicación pública democrática. Alternativas a la desinformación y los discursos de odio. *Revista Sociedad, 43*. https://tinyurl.com/ynksmer2

Souto-Galván, B. (2024). El impacto de la desinformación en la propagación del discurso de odio racista y xenófobo. *Revista de Derecho Político, 121*, 111-142. https://doi.org/10.5944/rdp.121.2024.43064

Tekiroglu, S., Bonaldi, H., Fanton, M. y Guerini, M. (2022). Using pre-trained language models for producing counter narratives against hate speech: a comparative study. *arXiv preprint arXiv:2204.01440*. https://doi.org/10.48550/arXiv.2204.01440

El impacto de la IA en la inclusión social de los colectivos vulnerables: una gran oportunidad no exenta de riesgos

Carlos Jiménez Narros
Universidad Nebrija

Mercedes Herrero de la Fuente
Universidad Nebrija

Pilar Bernat Sánchez
CEO y Dir. de Contenidos de Novocuatro Ediciones,
Zonamovilidad.es y ZonaMediaManager

1. INTRODUCCIÓN

La tecnología ha transformado multitud de esferas en nuestra sociedad, abriendo una vía de evolución constante, donde los cambios se suceden cada vez a mayor velocidad y se imponen en nuestra realidad cotidiana (Harari, 2017). La inteligencia artificial (IA) es la última vuelta de tuerca en esta carrera acelerada y su repercusión intensifica la interacción con entornos digitales y abarca multitud de ámbitos y procesos (López-Baroni, 2021), afectando a diferentes colectivos profesionales y humanos.

Este trabajo pone el foco en el impacto que las nuevas herramientas de IA pueden tener en determinados grupos sociales considerados vulnerables. Incluye por tanto un amplio espectro de personas, pero nos centraremos en algunos de ellos, a saber: aquellos que por edad, discapacidad, enfermedad, o determinada condición ven mermadas algunas de sus capacidades, especialmente las sensoriales. Esto puede suceder de forma permanente o transitoria y en mayor o menor grado.

Planteamos este estudio desde la creencia de que todos presentamos alguna vulnerabilidad y es el contexto el que puede desplazarnos hacia una situación de exclusión, de forma que las personas no son vulnerables *per se* (CRE, 2024). Recursos como la IA pueden ser una vía para que cada individuo tenga la posibilidad de realizar su aportación a la sociedad (ONU, 2021), pero también presentan riesgos.

2. INTELIGENCIA ARTIFICIAL Y GRUPOS VULNERABLES

Según la Organización de las Naciones Unidas para la Educación, la Ciencia y la Cultura (UNESCO) (2021), la IA es la "simulación de procesos de inteligencia humana por parte de máquinas". Tales desarrollos incluyen el aprendizaje, el razonamiento y la autocorrección. En relación con esta definición, Blanco-Marañón (2023) profundiza en el concepto "simulación", afirmando que imitar no implica ser igual. Los sistemas de IA se encuentran entrelazados con una serie de elementos y funcionalidades, entre los cuales el algoritmo y los *Big Data* son elementos constitutivos básicos (Bariffi, 2021). A ellos se han sumado el aprendizaje automático (*machine learning*) y el aprendizaje profundo (*deep learning*) o toma de decisiones automatizadas, que multiplican las utilidades de la IA y su poder transformador (Domingos, 2018).

Desde el lanzamiento de *Chat GPT* (*OpenAI*) en España el 30 de noviembre de 2022 (Rubio-Hancock, 2022), la IA se ha convertido en un recurso omnipresente en todos los ámbitos, incorporándose también al desarrollo de productos y servicios dirigidos a las personas vulnerables. Numerosas herramientas se han dado a conocer en los últimos meses que automatizan todo tipo de tareas y que, como expondremos más adelante, podrían constituir una revolución para la accesibilidad (García-García, 2023). Sin embargo, es necesario analizar también sus limitaciones y los riesgos que llevan aparejados, dado que nos estamos refiriendo a grupos sociales que precisan de una especial protección.

Raso, *et al.*, (2018) advierten que un uso no regulado de la IA aumentaría el riesgo de discriminación para los más vulnerables.

La IA se alimenta de datos ya existentes, por lo que tiende a replicar sesgos y prejuicios propios de la condición humana. De alguna forma, cada conjunto de datos utilizado para entrenar su aprendizaje automático contiene una visión del mundo (Crawford, 2021), que no incluye de la misma forma a todos los colectivos. "La IA persigue rentabilidad y eficiencia, no inclusión y accesibilidad" (Real Patronato Sobre Discapacidad, 2024, p. 61) y esto puede provocar desajustes, porque se manejan patrones de datos referidos a grupos mayoritarios, mientras se obvian los que corresponden a los minoritarios.

Así, los sistemas de reconocimiento de voz no procesan dificultades en el habla, como tartamudeo, frases gramaticalmente incompletas o pronunciación no estándar. De igual manera, en el reconocimiento de imágenes pueden no identificar como persona a alguien en sillas de ruedas, o con muletas (Real Patronato Sobre Discapacidad, 2024). Por tanto, las herramientas de IA se basan en algoritmos entrenados por fuentes de datos que no incluyen a los grupos vulnerables (o lo hacen de forma residual).

Otro factor de exclusión puede radicar en los sistemas predictivos, como los *softwares* ATS (*Applicant Tracking System*), cada vez más utilizados por las empresas para agilizar los procesos de selección. Permiten comparar las candidaturas y descartar las que no cumplen con los requisitos en cuanto a competencias y habilidades específicas. Este uso de la IA supone un ahorro de tiempo en el reclutamiento de las empresas, pero hemos de preguntarnos si se fundamenta en criterios inclusivos. Si sus algoritmos no contemplan tales principios, el riesgo es que se amplifiquen los sesgos ya existentes y se discrimine a las personas vulnerables, en una vía de inserción social tan esencial como el empleo.

Según un estudio realizado por la Fundación Adecco (2024) en el que participan 123 empresas de ocho sectores económicos, la incorporación de la IA para reclutar a nuevos miembros de la plantilla es minoritaria: únicamente el 20,3% de las encuestadas recurre a esta herramienta. Sin embargo, es preocupante la escasa utilización de parámetros inclusivos, ya que sólo un 25,2% tiene constancia de ello (2024, p. 15). La investigación se centra en las personas con discapacidad, pero podemos hacerla extrapolable a otros grupos, como candidatos que padecen alguna enfermedad o profesionales de más edad, de forma que todos ellos podrían verse excluidos por esta falta de conciencia sobre las limitaciones de la IA.

Nos hemos detenido en dos aspectos de la IA que podrían agravar determinadas condiciones de vulnerabilidad, pero existen otras cuestiones que suscitan polémica (protección de datos, vigilancia del ámbito privado, etc.). En todas estas controversias se apela a su uso ético y transparente, sin embargo, los expertos señalan dificultades para llevar esto a la práctica debido a la denominada 'caja negra'. Este concepto alude al funcionamiento oculto de los sistemas de IA, "que viene determinado por la propia complejidad que ofrecen los códigos informáticos, por motivos de protección de derechos de propiedad intelectual o por la protección de datos" (Valle-Escolano, 2023, p. 21).

Anotados algunos de los ámbitos en los que la IA podría tener efectos negativos para los colectivos de personas vulnerables, nos centramos en los siguientes epígrafes en el potencial de la inteligencia artificial para mejorar la accesibilidad de las herramientas digitales y en los principios básicos que deben regir el diseño de estos recursos.

3. LA IA COMO FACTOR PARA MEJORAR LA ACCESIBILIDAD DIGITAL: LA NECESIDAD DE UN DISEÑO UNIVERSAL Y EL EFECTO CURB-CUT

En 2023 España incorporó a la legislación nacional la Directiva Europea de Accesibilidad Web, tras ser revisada por la Comisión Europea la normativa en vigor desde junio de 2021[1]. En virtud de esta, todos los

---

1   Esta es sólo la última iniciativa legal en España para asegurar el acceso de todas las personas a los servicios públicos y garantizar su derecho a la

sitios web y aplicaciones móviles del sector público han de ser plenamente accesibles para las personas con discapacidad. También desde Bruselas se ha impulsado el mandato legal para todas las empresas de cumplir con las exigencias de accesibilidad en el verano de 2025 (Disruptiv, 2024).

De esta forma se aplican las directrices impulsadas por la *Web Accessibility Initiative* (WAI), que desde los años noventa persigue que cualquier usuario tenga la posibilidad de percibir, comprender, navegar e interactuar en un portal web (*Bureau of Internet Accessibility*, 2019). Las pautas de accesibilidad fundamentales se recogen en la *Web Content Accessibility Guidelines* (WCAG), una guía que establece además una valoración de la accesibilidad web, definiendo AAA como el nivel óptimo (de tres). También desde la WAI se aportan soluciones prácticas, como librerías de componentes accesibles o herramientas para testar la accesibilidad de una web (Axe y Pau, entre otras), aunque su eficacia es limitada (Disruptiv, 2024).

Recientemente se han lanzado al mercado recursos de IA que permiten al usuario web definir previamente su perfil[2], de manera que los contenidos de la web se adapten a sus necesidades particulares. Además se pueden regular las condiciones de navegación, acercándolas a las posibilidades de las personas con discapacidades motoras, visuales, auditivas o cognitivas. Esto puede suponer un gran avance para la formación y la inserción laboral, especialmente para las personas con discapacidad sensorial (Bariffi, 2024). La IA aporta numerosas herramientas

---

información. La Convención Internacional de Derechos de las Personas con Discapacidad (ONU 2008) incide en este aspecto como esencial para la plena participación social de todos los colectivos en igualdad de condiciones.

2   Abarcan perfiles diversos, entre ellos: discapacidad visual, discapacidad auditiva, discapacidad intelectual, discapacidad motora, dislexia, trastorno de déficit de atención con hiperactividad (TDAH) y epilepsia. https://www.tuwebaccesible.es/funcionalidades-weallweb/

que mejoran la accesibilidad, como lectores de pantalla, asistentes de voz, sistemas de transcripción, reconocimiento de documentos o traductores simultáneos. Todas ellas han comenzado a ser más comunes en nuestro día a día, debido al avance de tendencias como el llamado 'diseño universal'.

Este concepto se basa en que "el diseño accesible no sólo beneficia a las personas con discapacidad, sino que incrementa el nivel global de usabilidad" (Guenaga-Gómez, *et al.*, 2007, p. 166). En los últimos años se ha extendido esta idea sobre la conveniencia de concebir los productos tecnológicos de forma que resulten inclusivos para el mayor número de usuarios, sin necesidad de adaptaciones. El también llamado 'diseño para todos' (DpT) ayuda igualmente a las personas mayores (según una proyección del Instituto Nacional de Estadística recogida en un informe del Consejo Superior de Investigaciones Científicas, en 2040 las personas mayores llegarán al 27,4%, de la población española. CSIC, 2023), a aquellos que pasan puntualmente por una situación de merma de sus facultades, incluso a inmigrantes o personas que viven en un país extranjero, que pueden servirse de iniciativas como la lectura fácil, en principio dirigida a la discapacidad intelectual (Herrero-de-la-Fuente y Jimémez-Narros, 2023).

En línea con el diseño universal, se identifica el denominado efecto *curb-cut* (bordillo), por el cual iniciativas lanzadas para apoyar a determinados grupos vulnerables son utilizadas y apreciadas por un grupo social más amplio: leyes y programas diseñados para beneficiar a las personas con discapacidad o a determinadas minorías étnicas a menudo benefician a toda la sociedad (Glover-Blackwell, 2017).

La accesibilidad de cualquier persona a un nuevo producto es definida en los años ochenta por el norteamericano Ronald Mac, que plantea estas características: "igualdad de uso, flexibilidad, utilización simple e intuitiva, información comprensible, tolerancia al error, esfuerzo físico viable y tamaño adecuado" (Vega-Pindado 2020, pp. 17-20). Para obtener este carácter accesible es imprescindible que las personas que pueden experimentar dificultades en el uso de la tecnología, especialmente el colectivo de la discapacidad, estén presentes en el proceso de diseño. Así lo reivindica la Organización Internacional del Trabajo, que en uno de sus informes sobre economía digital apunta a esta necesidad desde las primeras fases de elaboración (OIT, 2021). No obstante, este criterio no es seguido por el 54% de las empresas, según revela una amplia encuesta realizada por la *International Association of Accessibility Professionals* (2021, p. 24).

Que la tecnología, apoyada en la IA, sea accesible es fundamental además para que esta herramienta recoja el uso de la misma que hacen los grupos vulnerables e incorpore sus intereses y sus necesidades, de forma que sea cada vez más útil para ellos.

4. METODOLOGÍA

Para entender las nuevas posibilidades de accesibilidad que nos brinda la IA hemos acudido a una serie de expertos que están trabajando en nuevos sistemas dirigidos de forma específica a personas dentro de colectivos vulnerables. Recurrimos a la técnica de la entrevista en profundidad por su validez para recabar datos cualitativos obtenidos de fuentes solventes. Kvale (2012) la define como una interacción profesional que trasciende del intercambio espontáneo de ideas y Munárriz-Irañeta (1992) afirma que permite comprender perspectivas, situaciones, problemas o soluciones.

Para la realización de las entrevistas en profundidad se sigue un modelo semiestructurado, que recorre los siguientes ejes temáticos:

· Principales características del proyecto basado en IA.

· Mejoras que puede aportar para las personas vulnerables.

· Resultados de su aplicación real.

· Limitaciones del proyecto y posibilidades de superarlas.

La siguiente tabla presenta a los expertos entrevistados:

Tabla 1. Entrevistas en profundidad a expertos

Entrevistados	Perfil Profesional	Fecha de la entrevista
 Jesús Hernández Gil	Director de Innovación y Accesibilidad de la Fundación ONCE (Organización Nacional de Ciegos Españoles). Premio Nacional de Innovación 2024. Ha liderado múltiples iniciativas tecnológicas basadas en IA para promover la inclusión social.	16 abril 2024
 Carlos Fernández Casares	Director de Desarrollo Empresarial en Amazon Web Services (AWS). Desde la Dirección General de Alexa Voice Service en España participó en el proyecto 'Hogares más accesibles' promovido por Cruz Roja Española (CRE).	5 noviembre 2024
 Carlos Capataz Gordillo	Director de Servicios Tecnológicos Digitales de Cruz Roja Española (CRE). Impulsor del proyecto 'Hogares más accesibles' promovido por Cruz Roja Española.	15 noviembre 2024
 Julián Andújar Pérez	Director Gerente de la Fundación Tecnologías Sociales (TECSOS). Desde 2002 trabaja en aplicar la tecnología para mejorar y hacer accesibles los servicios de teleasistencia	19 noviembre 2024

Fuente: elaboración propia

5. RECURSOS DE IA PARA PERSONAS VULNERABLES

La inteligencia artificial tiene una potencialidad fundamental para mejorar la vida de los grupos vulnerables. De hecho, este colectivo ha sido uno de los primeros en adoptarla a través de herramientas interactivas utilizadas en su vida diaria (Sarasíbar-Iriarte, 2024, p. 2). El Informe de Cruz Roja Española (CRE) 'Investigación tecnología y vulnerabilidad' (2024) aclara que las brechas digitales pueden ser de tres tipos: de acceso, de conocimiento y de uso. Todas ellas son aplicables a la IA.

Revisamos ahora algunos de los proyectos que han sido diseñados para públicos vulnerables, en los que están trabajando organizaciones como ONCE y Cruz Roja Española, y empresas como Amazon Web Services (AWS) o TECSOS. Jesús Hernández, director de Accesibilidad e Innovación de Fundación ONCE y profesional de referencia en la lucha por un enfoque inclusivo de la tecnología y la accesibilidad, señala:

> Un entorno accesible no sólo permite que las personas con discapacidad vivan con mayor autonomía, sino que también aumenta la comodidad y calidad de vida de todos los seres humanos, sin importar sus capacidades; la accesibilidad es para todos, no es un lujo ni un privilegio, sino un derecho básico.

A continuación, nos detendremos en algunas aplicaciones que han incorporado IA en sus procesos y han permitido mejorar la calidad de vida de las personas vulnerables, como los mayores o las personas con discapacidad.

5.1. Asistentes de voz

Comenzamos explorando las tecnologías que permiten procesar el lenguaje natural, en concreto los asistentes de voz. El precursor de estos dispositivos surge en 1960, cuando IBM crea Shoebox, que reconocía sólo dieciséis palabras y los dígitos del uno al diez. En la actualidad son un recurso de IA que se ha instalado en nuestras vidas, a través del teléfono móvil o de altavoces.

Desde hace años las grandes compañías, como Amazon, Apple y Google, comercializan estos asistentes virtuales de audio, lo que supone un avance en accesibilidad para personas con discapacidad motora o visual. Primero fue Siri (Apple, 2011) pionera en integrar la tecnología de voz en los usuarios de *smartphones*, seguido de Cortana (Microsoft) y *Google Assistant* (Android). En 2014 Amazon lanza Alexa, altavoz que permite interactuar oralmente con un amplio abanico de funcionalidades para ordenar y completar diversas tareas: desde compras hasta automatización del hogar (en la que nos detenemos más tarde).

Entre los ejemplos estudiados destaca el proyecto 'Hogares más accesibles', impulsado durante la pandemia de la COVID-19 por Amazon, Cruz Roja Española, TECSOS y Accenture para ayudar a las personas mayores a interactuar con la tecnología. Carlos Fernández, promotor de esta iniciativa desde *Alexa Voice Service* en España (Amazon), nos relata que se donaron cien dispositivos de Alexa con pantalla, instalados en las casas de estas personas, que normalmente vivían solas. Por parte de CRE, Carlos Capataz explica que los usuarios respondían a distintos perfiles tecnológicos: algunos ya tenían experiencia con *smartphones* o *tablets*, mientras para otros era su primer contacto con el mundo digital. Se implicó a la consultora Accenture para recabar datos a través de entrevistas en profundidad con los usuarios, sus familias y un grupo de voluntarios implicados.

En sus testimonios se registran frases como: "Ya era hora de que fueran las máquinas quienes aprendieran a relacionarse con nosotros", reproduce Capataz. Esta perspectiva animó a CRE a escalar la propuesta, exportándose a otros entornos como los clubes de lectura de Asturias, donde los participantes pudieron reunirse mediante videoconferencias a través de Alexa. El principal problema de la primera etapa de lanzamiento fue la cobertura tecnológica, es decir, la falta de wifi. Este factor está muy conectado a la zona geográfica y se reveló como un inconveniente, porque si no existe una infraestructura adecuada no es posible la accesibilidad a cualquier tecnología que trabaje con IA.

En la actualidad y tras el ensayo de 2020, el proyecto tiene desplegados miles de dispositivos de este tipo. Fernández señala:

> Es verdad que Alexa no ha cambiado mucho, pero los *skills* sí han ido mejorando y añadiendo funcionalidades a los primeros servicios, que estaban enfocados a que los mayores hicieran ejercicios en casa. Incorporaba además en un principio la posibilidad de que establecieran videollamadas con los voluntarios, dado que durante la pandemia no se permitía el contacto físico.

La compañía Sanitas ha sido la primera en incorporar en dos de sus residencias de Madrid la nueva versión de este asistente (*Alexa Smart Properties for Senior Living*), con funciones como videoconsultas con algunas especialidades médicas, urgencias 24 horas, información sobre el entorno, horarios de actividades, recordatorios de citas e incluso juegos. A la vez, esta tecnología permite que los cuidadores de la salud puedan comunicarse de manera más eficaz con los mayores (Sanitas, 2023).

Cruz Roja Española ha anunciado en 2024 que esta experiencia iniciada en Madrid permitirá que más de 26.000 personas puedan incorporar en sus hogares estos dispositivos, potenciando su autonomía y evitando la soledad (Sanitas, 2023). Preguntado sobre la IA como agente inclusivo, Fernández afirma:

> Las olas tecnológicas ofrecerán las dos caras. Hay personas que se quedarán atrás, pero a la vez va a mejorar la vida de otros colectivos. Los asistentes virtuales no pueden suplir a los humanos, pero tener un dispositivo o agente disponible es positivo. Se trata de complementar el aspecto humano con el tecnológico.

Coincide con esta valoración Julián Andújar, de la Fundación TECSOS, quien añade que "debemos asegurarnos de que la IA complemente a las personas en lugar de sustituirlas, especialmente en habilidades humanas fundamentales, como la creatividad o la comunicación".

Alexa ya ha cumplido diez años y con el despertar de la IA generativa este dispositivo es ahora más conversacional, permitiendo una comunicación más natural con las personas vulnerables. Capataz concluye:

La llegada de asistentes de voz con inteligencia artificial generativa puede ser un cambio radical. Hay conceptos muy poderosos en juego, como la posibilidad de que la máquina se adapte a la persona, en lugar dc que la persona tenga que adaptarse a la tecnología (...). Observo un futuro donde la IA nos permitirá construir relaciones más cercanas y personalizadas con personas vulnerables, permitiéndoles permanecer en sus hogares y mejorar su calidad de vida sin temor a la tecnología.

Según un reciente informe del Real Patronato sobre discapacidad (2024), las acciones más valoradas y útiles de los asistentes de voz son: contactar con amigos y familiares y buscar información. En el lado opuesto se encuentran programar electrodomésticos y funciones del hogar. Con relación a las barreras para su uso, la primera es la económica, seguida de la percepción de escasa utilidad y de la dificultad en su uso. La información adecuada y la formación se manifiestan como imprescindibles, es decir, los menús deben ser sencillos y adaptados a la accesibilidad universal. La convivencia con otras personas en el hogar, especialmente los hijos, influye de forma positiva en el manejo de esta tecnología, según el mencionado estudio.

5.2. Traductores de la lengua de signos

Determinados algoritmos trabajan con la visión artificial, transformando imágenes en texto. Hablamos de asistentes virtuales capaces de traducir la lengua de signos en tiempo real, un avance de gran trascendencia para las personas con limitaciones auditivas . Este proceso no es sencillo, ya que no resulta universalmente reconocible: existen más de trescientas lenguas de signos diferentes. A ello se unen variaciones de velocidad, intensidad, vocabulario y manifestaciones expresadas a través del resto del cuerpo, incluido el rostro. Algunas herramientas de este tipo ya están siendo utilizadas, como *Signall*, que funciona con el rastreo de movimientos de cabeza, manos y cuerpo y pretende ser un puente entre las comunidades sordas y los oyentes.

El proyecto *Sign4all* es la primera *app* traductor que en tiempo real interpreta el alfabeto de la lengua de signos española (LSE). Es resultado de un proyecto del Grupo de Robótica y Visión Tridimensional de la Universidad de Alicante, creado por Esther Martínez y Francisco Morillas. Es bidireccional, ya que cuenta también con un avatar virtual que realiza los signos cuando el oyente teclea las palabras en español. Su precisión al reconocer el alfabeto de la LSE es del 80% (Vico, 2023).

Para este colectivo con limitaciones auditivas, Andújar menciona avances relevantes: la transcripción en tiempo real ya permite capturar no sólo palabras y conversaciones, sino también alarmas, timbres y otros sonidos, convirtiéndolos en texto. Algunos dispositivos móviles ya incorporan esta funcionalidad de forma nativa, como ciertos modelos de *smartphone* de Samsung, que transcriben en tiempo real el audio de llamadas o vídeos. Recursos como Visualfy proporcionan avisos personalizados a través de luces de colores, vibraciones e iconos.

En cuanto a las alarmas, el sistema viene preconfigurado con una serie de sonidos iniciales, llanto de bebé, alarma de incendio, timbre de puerta o tetera. La IA permite que los receptores aprendan del sonido ambiente. Además, los avisos pueden derivarse a notificaciones de *WhatsApp* o correo electrónico (Orientatech, 2024).

5.3. Otras herramientas de ayuda

Al hablar sobre proyectos que trabajan en beneficio de colectivos más desfavorecidos, Andújar se refiere a la existencia de aplicaciones comerciales basadas en visión artificial, que son realmente útiles para personas ciegas: "Permiten hacer un barrido del entorno a través de la cámara del móvil, ofreciendo descripciones detalladas de lo que se ve. Ayudan a las personas con discapacidad visual a encontrar objetos o identificar ropa".

Otra tecnología interesante es la *app Unfear*, que asiste a las personas con un cierto nivel de intolerancia al ruido. Está diseñada especialmente para el espectro autista, pero no de manera exclusiva. Este dispositivo se utiliza con unos auriculares específicos que reducen el nivel de ruido cuando este supera los niveles preseleccionados o cuando percibe un sonido específico que causa malestar en el usuario (sirenas, llantos, ladridos, tormentas, vehículos, claxon, obras, petardos, etc.). Los sonidos exteriores son atenuados por la aplicación. Uno de los principales problemas es, en este caso, el elevado coste económico de los auriculares.

Para las personas con limitaciones motoras o visuales existen herramientas revolucionarias que integran asistentes de voz y sistemas domóticos. Con todo ello se pueden controlar luces, persianas o electrodomésticos, lo que supone un gran avance en su autonomía.

La Fundación ONCE ha estado involucrada en el proyecto *Access-Robots*, que emplea IA para asistir a personas con discapacidades sensoriales, físicas y cognitivas en entornos públicos, como aeropuertos, estaciones de tren, hospitales y centros comerciales. "Este robot facilita la movilidad y la interacción autónoma en estos espacios, al reducir las barreras físicas y digitales", declara Hernández. ONCE e Inserta Innovación también han presentado el proyecto Walkerpisa, que utiliza la IA para asistencia personalizada en pavimentos urbanos y mejorar su seguridad y accesibilidad. Para ello es esencial que se recojan las necesidades demandadas por entidades relacionadas con la accesibilidad y la discapacidad, de forma que permita seguridad y autonomía en las ciudades (Europa Press Social, 2023).

6. REFLEXIONES Y CONSIDERACIONES FINALES

- Es preciso evitar que tecnologías como la IA profundicen en la marginación de los grupos más vulnerables. Existe un riesgo claro de que estas personas, especialmente si cuentan con menos recursos, se queden al margen de los avances expuestos en este capítulo, de forma que la brecha digital en relación al resto de la sociedad aumente. La inteligencia artificial debe ser utilizada y alimentada por estos colectivos, de forma que sus necesidades e intereses estén representados. Se ha de vigilar que los algoritmos, especialmente en los sistemas predictivos, apliquen sesgos que resulten en su exclusión, especialmente en el ámbito laboral.

- Para que la IA sea un recurso al servicio de las personas vulnerables es fundamental que la planificación de estas herramientas siga criterios de accesibilidad. El diseño universal amplía los potenciales consumidores de cualquier nuevo producto, ya que sus usuarios se extienden más allá de sus beneficiarios más directos. Abordar esta premisa desde el inicio supone una mayor rentabilidad económica para las empresas y un notable beneficio para la sociedad.

- La huella digital que generan las personas vulnerables cuando navegan por Internet debe garantizar la privacidad, el anonimato, la no trazabilidad y la no observabilidad de las mismas. Se trata de una condición *sine qua non* para cualquier individuo, que adquiere aún más relevancia en este caso concreto.

- Las discapacidades con más estandarización y adaptabilidad son las sensoriales (visual y auditiva), seguidas de la física. Estas limitaciones afectan también al amplio colectivo de las personas mayores, por lo que la IA puede ser una ayuda para el acceso de todos estos grupos vulnerables a soluciones tecnológicas que amplíen su autonomía. Las discapacidades intelectual y psíquica requieren enfoques más complejos y personalizados, sin que por ello tengan que renunciar al apoyo que puede proporcionarles la tecnología (como la lectura fácil, por poner sólo un ejemplo).

- La IA es una herramienta que abre un mundo de posibilidades para los colectivos más vulnerables, pero su aplicación requiere reflexión y debate, ya que no sólo facilita tareas repetitivas, sino que influye en el razonamiento y la creatividad. Los robots pueden asistir en multitud de labores, pero el ser humano ha de permanecer en el centro de las interacciones personales y sociales.

7. REFERENCIAS BIBLIOGRÁFICAS

Bariffi, F. (2024). *Por una gobernanza inclusiva de la inteligencia artificial en las empresas y organizaciones para un mejor y mayor empleo de las personas con discapacidad.* CERMI (Comité Español de Representantes de Personas con Discapacidad)–Ediciones Cinca. https://cutt.ly/yeVKdt34

Bariffi, F. (2021). "Inteligencia artificial, derechos humanos y discapacidad ¿Reflejo de los prejuicios humanos u oportunidad del transhumanismo?" En R. de Lorenzo-García y L.C. Pérez-Bueno (coords.). *Nuevas fronteras del Derecho de la discapacidad* (pp. 107-136). Thomson Reuters Aranzadi.

Blanco-Marañón, N. (noviembre 2023). "Qué diría Aristóteles de la inteligencia artificial". *Telos*, 123, 35-39. https://tinyurl.com/2pmzssyx

Bureau of Internet Accessibility (2019). *What are the four major categories of accessibility?* https://cutt.ly/dHCpwKp

Contreras, X. (12 junio 2023). "Using AI to Translate Signed Languages". *Medium.* https://cutt.ly/oeBiahNK

CSIC (Consejo Superior de Investigaciones Científicas) (2023). *Informes envejecimiento en red. Un perfil de las personas mayores en España 2023.* https://cutt.ly/zeCd1PxQ

Crawford, K. (2021). *Atlas of AI: Power, politics, and the planetary costs of Artificial Intelligence.* Yale University Press.

CRE (Cruz Roja Española) (2024). *Tecnología y vulnerabilidad.* https://cutt.ly/HeXfVH0U

Disruptiv. Plataforma Tecnológica Española de Tecnologías Disruptivas (2024). *Accesibilidad digital. Informe de situación 2023.* https://tinyurl.com/5f23n295

Domingos, P. (2018). *The master algorithm: How the quest for the ultimate learning machine will remake our world.* Basic Books.

Europa Press Social (2023). *'Walkerpisa', el proyecto para crear pavimentos inteligentes para personas con discapacidad.* https://cutt.ly/xeBzWu58

Fundación Adecco (2024). *Tecnología y discapacidad.* https://cutt.ly/JeXgawz4

García-García, I. (27 febrero 2023). "La inteligencia artificial revoluciona la accesibilidad". *Addaw.* https://cutt.ly/UeVrBKdM

Glover-Blackwell, A. (2017). "The Curb-Cut Effect". *Stanford Social Innovation Review.* https://ssir.org/articles/entry/the_curb_cut_effect

Guenaga-Gómez, M.L., Barbier-Ibáñez, A. y Eguíluz-Morán, A. (2007). "La accesibilidad y las tecnologías en la información y la comunicación". *Trans. Revista de Traductología, 11*, 155-169. https://doi.org/10.24310/TRANS.2007.v0i11.3104

Harari, Y. N. (2017). *Homo Deus: breve historia del mañana*. Debate.

Herrero-de-la-Fuente, M. y Jiménez-Narros, C. (2023). "La accesibilidad a las nuevas tecnologías como factor esencial para la empleabilidad de las personas con discapacidad". En H. Martínez-Fresneda (coord.). *Periodismo y desinformación* (pp. 97-116). Sindéresis.

IAAP (International Association of Accessibility Professionals) (2020). *The State of Digital Accessibility 2020*. https://cutt.ly/fHCiXs9

Kvale, S. (2011). *Las entrevistas en investigación cualitativa*. Ediciones Morata.

López-Baroni, M.L. (2021). *Bioética y tecnologías disruptivas*. Herder.

Munarriz-Irañeta, B. (1992). "Técnicas y métodos en investigación cualitativa". En E. Abalde-Paz y J.M. Muñoz-Cantero (eds.). *Metodología educativa* (pp. 101-116). Universidade da Coruña. http://hdl.handle.net/2183/8533

OIT (Organización Internacional del Trabajo) (2021). *An inclusive digital economy for people with disabilities*. https://cutt.ly/9HG4IQL

ONU (Organización de Naciones Unidas) (2021). *Derechos de las personas con discapacidad–Informe del Relator Especial sobre los derechos de las personas con discapacidad*. https://cutt.ly/NeCesouD

ONU (Organización de Naciones Unidas) (2008). *Convención Internacional sobre los Derechos de las Personas con Discapacidad*. https://cutt.ly/7eVKw4SR

Orientatech (2024). Visualfy. https://orientatech.es/visualfy/

Raso, F.A., Hilligoss, H., Krishnamurthy, V., Bavitz, C. y Kim, L. (2018). *Artificial Intelligence & human rights: Opportunities & risks*. Center for Internet & Society. https://cutt.ly/5eV97u76

Real Patronato Sobre Discapacidad (2024). *Impacto de la inteligencia artificial en los derechos de las personas con discapacidad*. https://cutt.ly/OeCenFJH

Rubio-Hancock, J. (6 diciembre 2022). "ChatGPT: la inteligencia artificial que no reemplazará a los humanos". *El País*. https://cutt.ly/MeVuZoDH

Sanitas (28 noviembre 2023). Salas inmersivas y fisio digital: cómo la tecnología mejora la calidad de vida de las personas en centros de mayores. https://cutt.ly/xeBEK9JQ

Sarasíbar-Iriarte, M. (2024). *La inteligencia artificial ante la discapacidad.* XVIII Congreso de la AEPDA. El derecho administrativo en la era de la inteligencia artificial. Vigo, 25-27 enero 2024. https://cutt.ly/eeCefRwG

UNESCO (Organización de las Naciones Unidas para la Educación, la Ciencia y la Cultura) (2021). TVETipedia Glossary. *UNESCO International Centre for Technical and actional Education and Training.* https://cutt.ly/Ew2grz3A

Valle-Escolano, R. (2023). Inteligencia artificial y derechos de las personas con discapacidad: el poder de los algoritmos. *Revista Española de Discapacidad,* *11*(1), 7-28. https://doi.org/10.5569/2340-5104.11.01.01

Vega-Pindado, E. (2020). La discapacidad en la sociedad de la opulencia: De la rehabilitación al diseño universal. *i+Diseño. Revista Internacional de Innovación, Investigación y Desarrollo en Diseño*, 15, 5-22. https://doi.org/10.24310/Idiseno.2020. v15i0.10307

Vico, M. (10 agosto 2023). Conoce a Sign4all: la primera app traductor de lenguaje de signos. *Educa.Pro.* https://cutt.ly/peBz1p3p

World Wide Web Consortium (1999). *Web Content Accessibility Guidelines (WCAG).* https://www.w3.org/TR/WCAG21/

Capítulo 12
La IA en la publicidad: posibilidades creativas, adaptación a nuevos públicos y desafíos futuros

Pavel Sidorenko Bautista
Universidad Internacional de La Rioja

Sonia Ferruz González
Universidad Pontificia Comillas

Celia Sancho Belinchón
Universidad Nebrija

1. INTRODUCCIÓN

Hasta inicios del siglo XXI, la publicidad de marca se creaba tras un proceso estratégico cuyo objetivo era publicitar el contenido deseado para vender el producto o servicio a públicos clave previamente identificados. Los procesos creativos que sucedían en este transcurso eran definidos y diseñados por personas; sin embargo, con la llegada de las distintas herramientas de inteligencia artificial (IA), este procedimiento se ha visto modificado y ya no es siempre así.

La Inteligencia Artificial Generativa (IAG) está tomando fuerza en la publicidad al servicio de la comunicación y la promoción de las marcas de maneras diversas y cada vez más creativas. Gigantes de la publicidad digital como Meta han puesto a disposición de los anunciantes herramientas basadas en IAG para crear distintas variaciones del texto de un anuncio, generar fondos mediante mensajes de texto y recortar imágenes para crear elementos visuales con distintas relaciones de aspecto.

No obstante, que se utilice o no la IA en el proceso de creación publicitaria, la realización de campañas publicitarias que tengan en cuenta los sentimientos y emociones humanas debe ser siempre el objetivo prioritario. En esta línea, se puede afirmar que el éxito de cualquier campaña publicitaria o de marketing se encuentra en realizar la conexión entre el consumidor y la marca utilizando *insights* que produzcan una experiencia significativa, basada en emociones y motivaciones (Sebastián-Morillas *et al.,* 2020).

Una de las grandes ventajas de utilizar la IA en el diseño de campañas publicitarias es el potencial de las herramientas de diseño como fuente de inspiración del proceso creativo, además de para crear piezas gráficas (Matthews *et al.,* 2023). Nos podemos servir de herramientas de IA para poner en práctica diseños más novedosos o actuales y así buscar esa conexión deseada entre la marca y el consumidor.

En el presente artículo se analiza cómo se ha ido incorporando la IAG al sector publicitario. Del mismo modo, se destaca como esta tecnología ha permitido crear contenido publicitario innovador demostrando que la IAG es una herramienta de valor para la publicidad.

2. EVOLUCIÓN DE LA PUBLICIDAD DIGITAL

El futuro que representa la irrupción de la IA en la generación de publicidad nos muestra que ésta permitirá a los equipos humanos ser más creativos y mejorará la eficiencia de la publicidad digital (Dentsu, 2023). Según los datos estadísticos de los últimos años, el tráfico web en dispositivos móviles ha representado casi la mitad de todo el tráfico web global (Román-Aguirre *et al.,* 2022).

Tras el confinamiento por la pandemia de la COVID-19, el entorno digital ha evolucionado como consecuencia del cambio de hábitos de los consumidores que han modificado sus decisiones de compra y esto ha producido el aumento de ventas a través de los canales digitales (Hootsuite, 2022). Como consecuencia de ello, la publicidad digital, ha ido creciendo en cantidad produciendo un continuo 'bombardeo' al consumidor, siendo necesario un punto más de diferenciación para que llame la atención de los públicos. Una herramienta útil para ello puede ser el uso de la IAG en la generación de anuncios online.

La publicidad digital debe mostrar la diferencia, destacar por encima de todo el ruido y entretener al espectador para conseguir la conversión deseada. Es por ello por lo que la generación de *advertainment* parece adecuada en la evolución de la publicidad digital. Dicho concepto es la unión de las palabras *advertising* y *entertainment* y podría traducirse como "publicidad que entretiene" (Lorán y Cano, 2017, p. 44).

Una de las consecuencias más directas de este *advertainment* es sin duda el *share* o la acción de compartir. De este modo, el usuario se convierte en el portador de la publicidad y en el canal por el que fluye la misma a más usuarios, pasando así a convertirse en *adprosumer* (Quijandría, 2020). Este comportamiento es habitual en la dinámica existente de las redes sociales, en las que los jóvenes pueden llegar a facilitar el proceso viral de los anuncios digitales realizando ese trabajo de *adprosumer*.

La transformación digital de la sociedad, también en el ámbito publicitario, obliga a realizar una política global dentro de la Unión Europea, sobre todo tras la irrupción de la IA. El Parlamento Europeo dictó una resolución en febrero de 2019 en materia de IA y robótica (Parlamento Europeo, 2019) que puso en evidencia la necesidad de legislar en materia de transformación digital.

Fijar la atención en la llegada de la IA a la publicidad es hablar de dos grandes ámbitos: la aplicación al análisis predictivo y la aplicación a la generación de contenido. En el primer caso, el trabajo con el *big data* hace posible que las marcas puedan adelantarse a las necesidades de los públicos. Y en el segundo caso, la IA aporta capacidad de procesar, aprender, organizar y publicar contenido de forma muy similar a como lo realizan las personas, además de su uso en el proceso creativo (Fernández, 2023).

2.1. La incorporación de la IA a la Publicidad. Un recorrido por los diferentes ámbitos

El uso de la IA en el ámbito profesional y específicamente en la publicidad no es nuevo. Los primeros avances datan de comienzos de los 2000 y estuvieron asociados a la recopilación y análisis de grandes cantidades de datos, lo que permitió a las empresas recurrir a algoritmos de aprendizaje automático con el fin de segmentar audiencias de forma más precisa, entendiendo patrones de consumo, comportamientos de compra y preferencias de los usuarios. Así, las campañas publicitarias consiguieron estar mucho más focalizadas y ser más efectivas.

Un primer ejemplo que referir es el de Google *Analytics*, que usa esta tecnología para poder identificar comportamientos de usuario en los sitios web y generar segmentaciones automáticas. De igual forma, Facebook *Ads* e Instagram *Ads* (ambos pertenecientes a Meta) recurren a la IA para analizar los datos de los usuarios (etarios, de comportamiento, etc.) y ofrecer anuncios dirigidos según intereses y comportamientos. Este es básicamente el valor agregado que ofrecen a sus clientes para persuadirlos de contratar los anuncios con ellos, y que fue también el detonante del caso de *Cambridge Analytica*[1].

Hacia 2010, a medida que la IA fue evolucionando, también lo hizo el desarrollo de plataformas de publicidad programática cuyo fin era la automatización de la compra y colocación de anuncios en tiempo real. Estas plataformas incorporaron algoritmos de IA para determinar qué anuncios mostrar a qué usuarios, en qué momento y en qué contexto, lo que permitió optimizar la efectividad de las campañas publicitarias y maximizar el retorno de inversión (ROI), como ha sido el caso de *The Trade Desk* o *Google DV360*, herramientas que permiten

---

[1]   En la década de 2010, la consultora británica Cambridge Analytica recopiló datos de millones de usuarios de Facebook sin su consentimiento, y posteriormente los vendió para ser utilizados con fines de propaganda política.

a los anunciantes utilizar publicidad programática, donde las decisiones de compra de medios se automatizan y se personalizan a partir de esta tecnología.

A partir de 2010, a medida que la IA fue avanzando, las marcas comenzaron a utilizarla cada vez más para personalizar e individualizar los anuncios según demandas de los usuarios. Utilizando los datos recogidos de su comportamiento en línea, la IA permitió la creación de anuncios adaptados a sus preferencias, lo que incidió en la mejora de las probabilidades de conversión. En este proceso de personalización es posible aludir desde el contenido visual hasta el mensaje y el tono de los anuncios.

De esta manera, la plataforma de vídeo a demanda (VOD) Netflix, ha recurrido a esta tecnología para recomendar contenido basado en el historial de visualización de sus usuarios, así como personalizar los *trailers* y miniaturas de los contenidos para captar mejor la atención de cada usuario en particular. Por su parte, Amazon también hace uso de IA para mostrar productos recomendados según las búsquedas y compras anteriores de los usuarios con el fin de proporcionar una experiencia de usuario más personalizada.

Los *chatbots* basados en IA han sido otra manifestación de cómo se puede articular esta tecnología en la comunicación. De esta forma, estos recursos han permitido desde hace una década la interacción en tiempo real con los consumidores, mejorando la experiencia del cliente, ya que permiten respuestas a preguntas frecuentes, recomendaciones de productos, orientación en el proceso de la compra y realización de encuestas a partir del procesamiento de lenguaje natural (NLP) para entender y responder de manera efectiva al usuario. Un ejemplo lo encontramos en la cadena de cosméticos Sephora, que ha venido utilizando un *chatbot* llamado *Sephora Virtual Artist*, que emplea IA para ayudar a los clientes a probar productos virtualmente; otro ejemplo es el de la compañía de moda y accesorios H&M, que también ha implementado un *chatbot* como asistente de compras dentro de su aplicación móvil. Son sólo dos ejemplos de los muchos que existen en la actualidad.

En este mismo período la IA también ha sido aplicada para mejorar la experiencia de usuario (UX) en los sitios web y las plataformas publicitarias mediante el análisis del comportamiento del usuario. Así, los algoritmos alcanzaron la posibilidad de predecir la tipología del contenido con mejor rendimiento con los usuarios, como también de ajustar la interfaz de manera que aumentara las tasas de conversión. Este es el caso de *Adobe Sensei*, responsable de la optimización automatizada de imágenes, videos y contenido web para mejorar la experiencia del usuario. En el ámbito publicitario específico, Google *Ads* también ha ajustado los anuncios en tiempo real para adaptarse mejor a las interacciones del público.

A finales de 2022 se produjo el auge de la IAG, lo que despertó gran interés por estas tecnologías por parte de los usuarios, como queda constancia en la Figura 1. En este contexto la IA fue rápidamente utilizada para la generación de textos publicitarios, la creación de imágenes o incluso la edición de videos. Algunos ejemplos que permiten ilustrar esta explosión de la IAG son por una parte *Persado*, que utiliza el procesamiento del lenguaje natural para generar mensajes publicitarios que resuenan emocionalmente con los consumidores, y casos como *Copy. ai* y *Jasper.ai* que tienen la posibilidad de crear automáticamente textos publicitarios adaptados a diferentes audiencias.

Figura 1. Interés en ChatGPT en la búsqueda de Google de noviembre de 2022 a junio de 2024 en todo el mundo, por semana

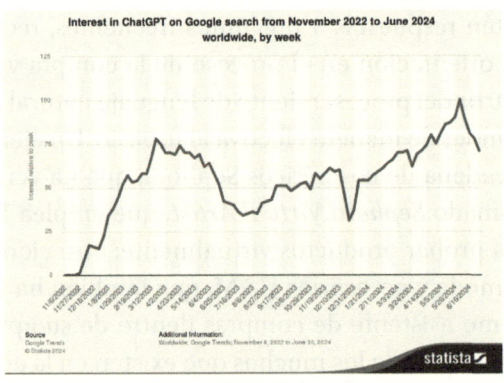

Fuente: Statista (2024).

Otro desarrollo que corresponde a esta época es el del *'deep learning'* (aprendizaje profundo), que, junto al análisis predictivo, están llevando la publicidad digital a un nuevo nivel, al permitir anticiparse. En otras palabras, se trata de algoritmos con capacidad de predecir con alta precisión qué tipo de contenido será más relevante para un usuario en particular y, al mismo tiempo, optimizar los anuncios en tiempo real, basándose en patrones de comportamiento previos. Quizás un buen ejemplo de ello sea *Criteo*, que utiliza el análisis profundo para recomendar, de forma personalizada, productos alineados con el comportamiento de navegación de los usuarios, tanto dentro de las plataformas de las marcas como en otros sitios web, lo que permite mejorar la efectividad de los anuncios y aumentar la tasa de conversión.

3. UTILIZACIÓN DE LA IAG EN PUBLICIDAD: POSIBILIDADES CREATIVAS Y USOS SEGÚN CASOS DE ÉXITO

Durante 2023 y 2024, las marcas han adoptado tecnologías avanzadas como GPT-4, DALL·E, *MidJourney*, y otras plataformas impulsadas por IA para crear contenido publicitario innovador, personalizar la experiencia del cliente y optimizar campañas en tiempo real. De hecho, el porcentaje de profesionales del ámbito que utilizaban en 2023 diferentes herramientas de IAG es notable (Figura 2).

Figura 2: Porcentaje de profesionales en USA que utilizan herramientas de IAG

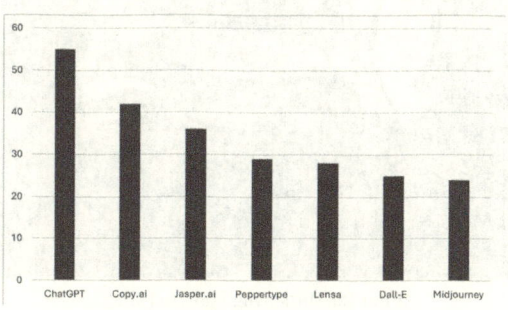

Fuente: Butler (2023).

De esta manera se ha intentado aumentar la relevancia de los anuncios, reducir costos y mejorar el retorno de inversión (ROI) mediante el uso de la tecnología. A continuación, se detallan algunos de los casos más exitosos del uso de la inteligencia artificial generativa en la publicidad.

Coca-Cola: Anuncios personalizados con IA para maximizar el engagement

Coca-Cola ha utilizado la IAG de manera innovadora para crear experiencias personalizadas para sus consumidores. Desde 2023 la marca ha ido integrando de forma variada y gradual esta tecnología en sus campañas; como ejemplo la campaña "Create Real Magic", en la que Coca-Cola lanzó un sitio web donde los fans podían usar la IA para crear arte digital basado en la icónica imagen de la marca, la botella de Coca-Cola, y sus personajes navideños. Los diseños ganadores se mostraron en vallas publicitarias en lugares como Times Square y Piccadilly Circus (Lastra, 2023). También implementó una campaña con anuncios creados en una parte importante con IA (Figura 3), usando herramientas como *Stable Diffusion* para generar imágenes personalizadas de la marca (Pérez, 2024).

Figura 3: Fotograma del spot 'Masterpiece' de Coca Cola

Fuente: Marketing Directo (2023).

PepsiCo: Generación de contenido visual para campañas multicanal

Un ejemplo reciente del uso de la IAG en las campañas publicitarias de PepsiCo es su colaboración con Google y Publicis para optimizar anuncios de manera dinámica y personalizada. Durante 2023, PepsiCo implementó estrategias basadas en IA generativa para adaptar los anuncios en tiempo real, lo que permitió crear múltiples versiones de anuncios visuales según el perfil de cada usuario y el contexto de la plataforma, como Instagram o Tiktok. Esta adaptación fue posible gracias al el uso de herramientas como DALL·E para generar imágenes únicas y relevantes, ayudando a la marca a mejorar el *engagement* con los consumidores y aumentar la efectividad de sus campañas (Cortés, 2023).

Además, PepsiCo ha explorado cómo la IA puede ser utilizada no solo para la creación de contenido visual, sino también para personalizar y mejorar la interacción con los consumidores en plataformas digitales, lo que demuestra un enfoque avanzado en la personalización masiva de anuncios.

BMW: Optimización de anuncios digitales con IA predictiva

La empresa alemana BMW también ha utilizado la IA generativa en su estrategia publicitaria para ofrecer campañas más personalizadas y eficaces. Un ejemplo es su campaña en la que se celebró el 60 aniversario del "Hofmeister Kink", un diseño icónico de la marca. Utilizando IA, BMW pudo identificar más de 56,000 carreteras de EE.UU. con una forma similar a esta característica de diseño, lo que permitió crear experiencias personalizadas para los entusiastas de la marca.

Figura 4. Fotograma del spot 'Hofmeister Kink' de BMW

Fuente: Ad Latina (2022).

Otro ejemplo de la marca es la campaña digital "Ángeles de la Guarda" y la tecnología BMW Proactive Care lanzada en 2023, que utilizó IA no solo para crear anuncios visuales, sino también para personalizar las experiencias del cliente mediante el análisis predictivo de sus necesidades, demostrando cómo la tecnología puede mejorar la experiencia de conducción y la atención al cliente (BMW Group, 2023).

Spotify: personalización, predicción y automatización

Spotify ha incluido la IAG en su *Spotify Ads Studio* (véase https://ads.spotify.com/es-ES/), la herramienta de la empresa que permite a las marcas crear anuncios en audio de manera más eficiente y personalizada. La IA genera *copys* (textos) y ajusta el tono y estilo de la narración según los parámetros establecidos por la marca, haciendo que el proceso sea mucho más ágil y económico.

Uno de los avances más notables en el uso de esta tecnología por parte de Spotify es su capacidad para personalizar los anuncios en función de los hábitos de escucha y preferencias de los usuarios. Gracias a la gran cantidad de datos que recopila sobre el comportamiento de los oyentes, la plataforma ha desarrollado la capacidad de generar anuncios que no solo sean relevantes para los intereses generales de los usuarios, sino también adaptarlos al contexto específico en el que se encuentran. Por ejemplo, si un usuario está escuchando música de artistas indie por la mañana, los anuncios de marcas que le aparezcan serán sobre productos relacionados con la música o eventos en vivo de este género.

Ahora bien, si el usuario cambia a una lista de reproducción, por ejemplo, con música para realizar entrenamientos, los anuncios de productos deportivos o bebidas energéticas serán más frecuentes. La IAG de Spotify analiza el historial de escucha, las preferencias de género musical y el momento del día para ajustar los anuncios y hacerlos más efectivos.

Sin embargo, sus esfuerzos no se quedan ahí; la IA también es utilizada para crear anuncios más visuales y de audio adaptados a diferentes plataformas y dispositivos, optimizando así la experiencia del usuario. A través de *Spotify Audience Network*, la plataforma tiene la capacidad de combinar la IAG con análisis en tiempo real para entregar contenido publicitario personalizado, sin que la experiencia del usuario se vea interrumpida. Además, el contenido publicitario cambia dinámicamente en función de las respuestas de los oyentes, lo que permite ajustar el mensaje y estilo según el tipo de audiencia que esté interactuando con el anuncio. Por ejemplo, un anuncio para una nueva aplicación de bienestar podría tener un tono y un estilo más relajante si se reproduce mientras alguien escucha música para meditar, pero podría cambiar a un enfoque más activo y motivador si se escucha mientras alguien entrena. Estos cambios se hacen automáticamente, sin intervención humana, lo que significa que Spotify puede generar miles de versiones diferentes de un anuncio para diferentes segmentos de audiencia.

Otra de las áreas donde Spotify realmente ha aprovechado la IAG es en la optimización de campañas publicitarias en tiempo real. La plataforma no solo genera anuncios, sino que también predice qué tipo de anuncio tendrá el mayor impacto en cada usuario basándose en su comportamiento pasado y sus interacciones con anuncios previos.

Por último, es preciso señalar que la plataforma de música en cuestión ha realizado varias colaboraciones con marcas para mejorar y optimizar la personalización de los anuncios. Por ejemplo, junto a Coca-Cola y Nike, se utilizaron herramientas de IAG para crear anuncios visuales y de audio altamente dirigidos a diferentes grupos demográficos.

Unilever: optimización de campañas para el catálogo de marcas

Uno de los avances más significativos de Unilever en el uso de IAG es la creación automática de contenido visual para sus marcas. Unilever ha trabajado con varias tecnologías de IA generativa para desarrollar anuncios adaptados a los intereses y comportamientos específicos de diferentes segmentos de su audiencia. Este enfoque ha sido clave para marcas globales como Dove, Hellmann's, y Knorr, donde la personalización es fundamental para conectar con los consumidores de manera más efectiva.

En el caso particular de Dove, se ha utilizado esta tecnología para crear anuncios gráficos y de video adaptados a la diversidad de sus consumidores, generando contenido de campaña visualmente atractivo según el tipo de consumidor y la cultura local. A través de algoritmos, la compañía ha podido producir imágenes de mujeres diversas, reforzando así el mensaje de inclusión y autoestima que se ha promovido en campañas anteriores.

Por su parte, para Hellmann's, se han creado spots centrados en la sostenibilidad y el desperdicio de alimentos. Mediante la IAG, los anuncios no solo se adaptaron a la región o el perfil del consumidor, sino también a las preferencias alimentarias y hábitos de compra de los usuarios, sugiriendo recetas o ideas de uso del producto de manera personalizada y dinámica. No es la primera vez que para esta marca se recurre a tecnologías emergentes. En el 2021 se llevaron a cabo dos acciones de comunicación a través del videojuego *Animal Crossing New Horizons*, que podrían ser catalogadas como responsabilidad social corporativa y marketing al mismo tiempo (Sidorenko y Herranz, 2021).

En el caso de la marca de sopas y caldos Knorr, también se utilizó IA para generar contenido visual de manera rápida y adaptativa, lo que permitió realizar ajustes sobre la marcha según las métricas de rendimiento y el comportamiento de los consumidores. Además, con esta tecnología se pudo para crear versiones de anuncios dirigidas a audiencias más jóvenes que respondían mejor a contenidos de video breves y dinámicos.

Vemos, por tanto, que mediante herramientas como *Google Ads* y *Facebook Ads*, la IAG ha permitido a Unilever crear diferentes versiones de anuncios de forma automática. Hablamos de versiones que se ajustan en tiempo real a factores como la ubicación geográfica, el dispositivo que usa el consumidor, la hora del día, e incluso el tipo de contenido con el que la persona está interactuando en ese momento. Por ejemplo, un anuncio de Dove podría mostrar un contenido diferente en función de si el usuario está interactuando con contenido relacionado con la belleza, salud o bienestar.

Otro uso de Unilever de la IA ha sido la posibilidad de realizar test A/B de manera más eficiente. En lugar de depender de análisis manuales, la IA ajusta las variables de los anuncios en función del rendimiento, permitiendo que los anunciantes encuentren las versiones de anuncios más efectivas de forma mucho más rápida. Asimismo, la tecnología ha permitido a la empresa analizar grandes volúmenes de datos sobre la interacción de los usuarios con los anuncios. La IA predice las reacciones de los usuarios ante ciertos tipos de contenido y ajusta los anuncios para maximizar el impacto permitiendo personalizar aún más los anuncios, desde la narrativa hasta los elementos visuales y sonoros.

Con todo, la IAG ha permitido automatizar y personalizar contenidos, así como analizar los datos de usuarios y sus interacciones, con el fin de optimizar las campañas y procurar mensajes más efectivos.

4. CONCLUSIONES

La publicidad es una disciplina que se ha relacionado de manera muy rápida con la IA y la IAG. En los planes de estudio de los grados en publicidad, encontramos asignaturas relacionadas con la ideación, el diseño y la creación de estrategias, la creatividad o la guionización en las que la IAG puede tener un gran impacto; sobre todo en la eficacia de los procesos creativos que incluyan texto, imagen y sonido (Guerrero-Solé, 2024).

Desde las aulas se está empezando a incorporar la IAG en la formación de los futuros profesionales para desarrollar campañas publicitarias con un mayor impacto en el público, haciendo un uso correcto de las plataformas que actualmente cuentan con IA integrada (Blanco-Sanguineti *et al.*, 2024). Este avance en el mundo de la publicidad y en sus profesionales, genera una ventaja para las empresas, que, en la actualidad, aprovechan para realizar campañas experienciales personalizadas con ayuda de la IA, así como para integrar la utilización de la IA en la generación de anuncios para que los públicos tomen decisiones rápidas (Lim *et al.*, 2024).

Aun así, cabe mencionar que cada vez es más complejo comprender al consumidor actual. La influencia de internet ha incrementado esta situación ya que hoy las emociones que expresan los consumidores se centran en diferentes recursos como comentarios, blogs, contenidos multimedia (Kietzmann *et al.*, 2018), sin dejar de lado las interacciones físicas y las que se realizan utilizando dispositivos analógicos (Court *et al.*, 2009). Es decir, los inputs a tomar en consideración vienen de muy distintos canales y en distintos formatos, lo que dificulta su interpretación. Es especialmente en las redes sociales donde los usuarios-consumidores se manifiestan de una manera más rápida en la esfera pública (Kietzmann *et al.*, 2018), sobre todo los jóvenes. Es principalmente en estas redes, donde se consiguen recopilar evidencias reales de los gustos de las personas y de sus comportamientos en el mundo digital.

Sin embargo, gracias a la introducción de la IAG en la creación de estrategias y campañas publicitarias encontramos a marcas y empresas que pueden servirse de herramientas para monitorear grandes cantidades de datos digitales en tiempo real, incluso pueden exaltar personajes, valores culturales y folklore al servicio de la promoción de marcas, como señalan Ferruz-González *et al.,* (2023), ocurre en el caso de la campaña "Con Mucho Acento" de la cervecera española Cruzcampo.

No podemos obviar que hay un aspecto, que puede considerarse negativo, en el que interviene la IA y que puede ser entendido como manipulación: la comunicación persuasiva que ejerce. Como advierten Pelau *et al.* (2021) la utilización de IA puede conllevar un alto riesgo de manipulación de los usuarios por la que la relación entre usuarios y la tecnología puede ser susceptible de reducir las capacidades cognitivas de los individuos, afectando así a su toma de decisiones y su modo de pensar.

Este peligro que se menciona adquiere mucho más poder con la irrupción del fenómeno cultural del *mainstream*. Este término se refiere a la cultura que se genera mediante operaciones de persuasión construidas por estrategias publicitarias que se convierten en corrientes dominantes socialmente hablando (Plasencia, 2018). Siguiendo esta definición podemos añadir dos posibles connotaciones: una positiva, relacionada con la cultura para todos; y otra negativa, centrada en lo superficial que puede ser el concepto. Por ello, se debe discernir de qué modo utilizamos la IA y la IAG para desarrollar publicidad sin poner en riesgo a los individuos a los que va dirigida la campaña y sirviéndonos de manera profesional de la creatividad productiva que las propias herramientas consiguen. La seguridad en el uso de la IA tiene también mucho que decir en el ámbito publicitario. Las marcas y profesionales del marketing están preocupados por la privacidad de los datos sensibles que proporcionan a las herramientas para la generación de contenidos, que pueden ser recopilados y utilizados por estas (Eliot, 2023).

La IAG ha demostrado ser una herramienta muy poderosa en la industria publicitaria en los últimos años. Desde la creación de contenido visual y de texto hasta la personalización dinámica de anuncios, las marcas han aprovechado esta tecnología para mejorar la relevancia de sus campañas, optimizar el retorno de inversión y generar experiencias más atractivas para los consumidores. A esto se le añade la reducción de costes en la producción publicitaria: la empresa británica de publicidad WPP calcula que rodar un anuncio con IAG cuesta entre una vigésima y una décima parte de lo que venía costando normalmente, ya que se ahorran en buena medida gastos de producción (Kshetri *et al.*, 2024).

Marcas y empresas cuentan hoy con la posibilidad de transformar la forma en que realizan su publicidad, creando contenido personalizado y optimizado para diferentes audiencias, reduciendo costos y mejorando la eficiencia de sus campañas. Al aprovechar las capacidades de la IA para generar anuncios visuales y de video, personalizar el contenido y optimizar el rendimiento en tiempo real, los actores comerciales cuentan con mayores posibilidades de conectar de manera más eficiente con su público, siempre desde la profesionalidad y la ética en el uso de este tipo de recursos tecnológicos.

5. REFERENCIAS BIBLIOGRÁFICAS

Ad Latina (2022). *Cómo BMW usó la inteligencia artificial para convertir un elemento de diseño.* Recuperado de: https://tinyurl.com/2ad5b5hv

Blanco-Sanguineti, R., Cárdenas-Córdova, C., y Torpoco-Baltazar, A. (2024). La inteligencia artificial en la publicidad: una revisión sistemática de la década de 2020-2024. *Journal of the Academy, 11*, 53-82. https://doi.org/10.47058/joa11.4

BMW Group (2023, 19 de octubre). La marca BMW presenta campaña de publicidad "Ángeles de la Guarda". Disponible en: https://n9.cl/72dnmb

Butler, R. (2023). Where are marketers on the generative AI adoption curve? Disponible en: https://tinyurl.com/43mce5fx

Cortés H., A. E. (2023, 24 de noviembre). Google, PepsiCo y Publicis, a favor de usar herramientas basadas en IA para marketing. *Ibero.* Disponible en: https://tinyurl.com/5n8zve3n

Court, D., Elzinga, D., Mulder, S. y Vetvik, O. (2009). The consumer decision journey. McKensey & Company. Disponible en http://bit.ly/3J1A83s

Dentsu (2023). *Creativity at a Crossroads. Dentsu Creative CMO Report '23.* Dentsu. Disponible en https://bitly.cx/WISa

Eliot, (2023). *Generative AI ChatGPT can disturbingly gobble up your private and confidential data, forewarns AI ethics and AI law*. Forbes. Disponible en: https://n9.cl/hoj8k

Fernández-Rincón, A. (2023). El creativo invisible: inteligencia artificial y creación publicitaria. *Miguel Hernández Communication Journal, 14*(2), 391-408. https://doi.org/10.21134/mhjournal.v14i.1983

Ferruz-González, S., Sidorenko-Bautista, P., y Santos-López, C. (2023). Neuromarketing e inteligencia artificial: el caso de la campaña Con mucho acento de Cruzcampo. *Index.comunicación, 13*(2), 147-169. https://doi.org/10.33732/ixc/13/02Neurom

Guerrero-Solé, F. (2024). *La comunicación ante el desafío de la inteligencia artificial generativa. Reflexiones, retos y oportunidades en un escenario disruptivo*. Cultura Difusa.

Hootsuite (2022). *Digital Trends Report*. Disponible en: https://tinyurl.com/3pwtr3dv

Kshetri, N., Dwivedi, Y. K., Davenport, T.H. y Panteli, N (2024). Generative artificial intelligence in marketing: Applications, opportunities, challenges, and research agenda, *International Journal of Information Management, 75*. https://doi.org/10.1016/j.ijinfomgt.2023.102716

Kietzmann, J., Paschen, J. & Treen, E. (2018). Artificial Intelligence in Advertising. How marketers can leverage artificial intelligence along the consumer journey. *Journal of Advertising Research, 58*(3), 263-267. https://doi.org/10.2501/jar-2018-035

Lastra, E. (2023, 21 de marzo). Coca-Cola anima a sus fans a usar la IA para crear efervescente arte digital inspirado en su marca. *Marketing Directo*. Disponible en https://tinyurl.com/w88cweht

Lim, C., Zhu, Y., Omar, M, y Park, H. (2024). Decoding the Relationshipo of Artificial Intelligence, Advertising, and Generative Models. *Digital, 4*(1), 244-270. https://doi.org/10.20944/preprints202401.0373.v1

Lorán, H. y Cano, G. (2017). *La comunicación audiovisual en la empresa: Formatos, nuevas fórmulas y usos*. Editorial UOC.

Marketing directo (2023). *En este efervescente spot de Coca-Cola las obras de Warhol, Munch y otros artistas cobran mágicamente vida*. Disponible en: https://tinyurl.com/ytw8se6e

Matthews, B., Shannon, B., & Roxburgh, M. (2023). Destroy All Humans: The Dematerialisation of the Designer in an Age of Automation and its Impact on Graphic Design: A Literature Review. *International Journal of Art & Design Education*, 42, 367-383. https://doi.org/10.1111/jade.12460

Parlamento Europeo (2019). Resolución del Parlamento Europeo, de 12 de febrero de 2019, sobre una política industrial global europea en materia de inteligencia artificial y robótica. Parlamento Europeo. Disponible en: https://tinyurl.com/dp8v5mzs

Pelau, C, Ene, I, y Pop, M. (2021). The impact of artificial intelligence on consumers' identity and human skills. *Amfiteatru Economic, 56*, 33-45. https://dx.doi.org/10.24818/EA/2021/56/33

Pérez, D. (2024, 7 de mayo). Coca-Cola y su uso innovador de la IA en publicidad. *Marketech*. Disponible en: https://tinyurl.com/vbsy7uas

Plasencia, A. (2018). Imposible ir contra el "mainstream" digital. *Invertia*. Disponible en: https://n9.cl/4vazp

Quijandría, E. (2020). Análisis de la publicidad nativa en redes sociales y su influencia en el branding. *Redmarka, Revista de Marketing Aplicado, 24*(1), 17-37. https://doi.org/10.17979/redma.2020.24.1.5839

Román-Aguirre, Y., Tarambis-Morales, A., & Moscoso-Parra, A. (2022). La influencia del marketing digital en la decisión de compra de los consumidores de Etafashion. *593 Digital Publisher CEIT, 7*(3), 146-157. https://doi.org/10.33386/593dp.2022.3.1067

Sebastián-Morillas, A., Muñoz-Sastre, D., & Núñez-Cansado, M. (2020). Importancia de la estrategia de comunicación y su relación con el *insight* para conseguir la eficacia publicitaria: el caso de España. *Cuadernos.Info*, (46), 249-280. https://doi.org/10.7764/cdi.46.1786

Sidorenko B., P. y Herranz, J. M. (2021, 7 de mayo). Animal Crossing NH: una isla virtual con publicidad real. *The Conversation*. Disponible en: https://theconversation.com/animal-crossing-nh-una-isla-virtual-con-publicidad-real-158663

Statista (2024, 5 de julio). Interés en ChatGPT en la búsqueda de Google de noviembre de 2022 a junio de 2024 en todo el mundo, por semana. Recuperado de https://www.statista.com/statistics/1366930/chatgpt-google-search-weekly-worldwide/

Capítulo 13

Inteligencia artificial en la producción audiovisual, VFX, Motion Graphics experimentales y la imagen sintética

Cristina Nayeli Ángeles Huesca
Universidad Nebrija

José Luis Rubio Tamayo
Universidad Rey Juan Carlos

1. INTRODUCCIÓN

La inteligencia artificial (IA) aplicada al ámbito audiovisual ha sido objeto de avances exponenciales y sin precedentes. La producción de secuencias de vídeo a partir de *prompts* de texto, suponen ya una proyección de una serie de profundas transformaciones en los próximos años en el contexto de la producción audiovisual. No obstante, hay factores que no pueden ser obviados, tales como son la complejidad del lenguaje y la de los propios formatos audiovisuales. Conceptos como *raccord*, o la propia coherencia de la secuencia del relato, por poner sólo dos ejemplos, son algunos de los aspectos con los que las tecnologías de inteligencia artificial, así como sus desarrolladores, tendrán que lidiar como parte del proceso de ideación, prototipado, producción, y postproducción.

En este manuscrito se propone por un lado revisar el estado de la cuestión, retomando varias voces académicas, y por el otro la exploración de una serie de proyectos audiovisuales generados por inteligencia artificial, a partir del cual se describen los rasgos asociados a la retórica, la semiótica, la representación, y el proceso de producción. Todo ello para obtener una proyección sobre cómo puede evolucionar el contexto audiovisual con la hibridación de los procesos de producción con este tipo de tecnología, y las aplicaciones y los formatos que pueden surgir en este nuevo, pero cambiante, escenario.

El auge de las inteligencias artificiales en los últimos años ha supuesto, fundamentalmente en los últimos dos años, una serie de transformaciones en diferentes contextos y áreas del conocimiento. La denominada inteligencia artificial generativa –para diferenciarla de la analítica-, ha supuesto una transformación sin precedentes en la producción de contenidos en diversas áreas.

Si bien cada contexto tiene su propia idiosincrasia y sus propios rasgos, lo cual implica particularidades en el proceso de producción, el contexto de la generación de imágenes, de la generación de texto o la generación de vídeo han suscitado, en estos últimos años, una parte importante del interés y la atención de los medios (de-Lima-Santos y Ceron, 2021, Nader, *et al.*, 2024, Nguyen y Hekman, 2024). Si bien otros muchos campos de la ciencia y la tecnología se están viendo transformados por la denominada inteligencia artificial, que en realidad consiste en algoritmos masivos alimentados por cantidades ingentes de información y datos, la emergencia de tecnologías de inteligencia artificial en la producción audiovisual es una de las que ha generado un mayor efecto de impacto con respecto a sus potenciales repercusiones de esta tecnología en diferentes campos.

Así, a la cuestión del temor con respecto a la generación de vídeo para generar, por ejemplo, noticias e información falsa, se suma la cuestión de la profunda transformación de la producción en sí y las áreas del proceso de producción que se pueden ver afectadas. Y es que, el audiovisual, es, en gran parte, uno de los reflejos fundamentales de lo que nos constituye como sociedad, y nos posibilita proyectarnos y simular el espacio de posibles de la ficción, así como acceder, a través de una ventana, a un fragmento de la realidad.

Decía Alves (2017) que la producción es uno de los procesos más holísticos en el ámbito del audiovisual, y, como no podía ser de otra manera, del cine. La persona encargada de la producción es aquella que tiene una visión general de todo lo que ocurre antes, durante, y después de que una obra se produzca, y es quien debe de conocer la estructura y los medios de que dispone para llevar a cabo la obra. Igualmente, en cualquier proceso de producción audiovisual y, por extensión, cinematográfica, es esencial el conocimiento de los oficios implicados, que forman parte de una estructura compleja, pero interconectada que hace que podamos asistir a la visualización de obras de gran calidad dentro de ese medio llamado cine, y que ha evolucionado y se ha hibridado desde que emergiera a finales del siglo XIX y principios del siglo XX.

Si bien el cine es audiovisual –y es el formato primigenio de este medio extrapolado a otros soportes-, no todo el audiovisual se puede enmarcar, claramente, dentro de la categoría de cine. Y, es precisamente, dentro del contexto del audiovisual, donde otros formatos han surgido con la implementación de las tecnologías, la recontextualización (como el videoarte), los procesos de producción con gráficos computacionales (animación 2D y 3D y *motion graphics*). El medio audiovisual es complejo y presenta múltiples dimensiones narrativas, procesos de producción y flujos de trabajo, así como estilos visuales y formatos de visionado. Y puede ser, a su vez, integrado en otros medios de, si cabe, mayor complejidad, como es el caso de las tecnologías inmersivas y la realidad extendida (Rubio-Tamayo *et al.*, 2024), todo ello como parte de un proceso de transmedialización e intermedialización en el que las tecnologías posibilitan estructurar capas de información con diferentes niveles de interacción.

Es innegable que la inteligencia artificial generativa afecta de manera inapelable a estos procesos de producción y flujos de trabajo, pero la evolución del medio, y la propia tecnología, afecta a las propias estructuras narrativas y a las dimensiones en que se puede representar la información, y la cuestión importante es conocer cómo y de qué manera las tendencias en la producción pueden ayudar a comprender el proceso y proyectar los diferentes potenciales escenarios en el ámbito del audiovisual, o en el contexto de un supra-medio que abarque todos los espacios de posibles a nivel de representación o narrativa.

2. REVISIÓN DE LA LITERATURA: EL USO DE LA IA EN LA PRODUCCIÓN DE IMÁGENES

El ámbito de la creación audiovisual viene siendo objeto de constantes transformaciones desde sus inicios con la emergencia del cine a principios del siglo XX, hasta la digitalización, las imágenes sintéticas y el uso de la IA en los flujos de trabajo y los procesos de producción. Este último, el empleo de la IA generativa es uno de los últimos hitos alcanzados en la evolución del ámbito audiovisual, y si bien uno de los focos principales se centra en la generación de vídeo -de una forma análoga y con unos procesos similares a los de la generación de imágenes-, los ámbitos en los que se puede implementar, relacionados al proceso de producción, van desde la construcción narrativa del guion, hasta la optimización de los flujos de trabajo y la mejora de la postproducción, entre otros.

En lo relativo a la producción de imágenes -ya sean estáticas o a partir de secuencias en movimiento-, y como ya se ha comentado antes, la inteligencia artificial generativa ha tenido un impacto significativo hasta el punto de transformar de forma drástica el panorama de conceptualización y producción de imágenes, consolidándose como uno de los medios de producción principales en la imagen primaria. Si antes de la invención de la fotografía y los medios audiovisuales, el dibujo y la pintura eran un procedimiento para representar parte de la realidad y configurar ficciones en base al conocimiento de esta, la fotografía y su derivado, el audiovisual, se conforman como una impresión directa de un fragmento de la realidad en un espacio y tiempo determinados. Y si los *collages* y, posteriormente, las técnicas de postproducción digital nos posibilitaban "alterar" una imagen a través de la edición, creando nuevos imaginarios, actualmente, parte de las imágenes digitales son producidas directamente por algoritmos.

Gómez-Gómez y Rubio-Tamayo (2022) establecen, precisamente, la necesidad de incorporar terminología para definir esta serie de fenómenos, tal y como es el concepto de *algoritmografía*. Este término, que los autores definen como, un proceso de producción de imágenes derivado de un *mashup* de una cantidad ingente de imágenes, tiene como punto de referencia el aprendizaje profundo o *deep learning* y las redes neuronales. Si la fotografía, en su término más primigenio se define como la impresión directa de una imagen en un formato físico o digital, empleando las longitudes de onda del espectro visible, la algoritmografía partiría, precisamente, una derivada masiva de imágenes captadas del mundo real o imaginadas por artistas, en un complejo entramado de algoritmos en los que se encuentran patrones a modo de conceptos y categorías. Las inteligencias artificiales en el estado de desarrollo actual son fundamentalmente, algoritmos alimentados con datos masivos e información a gran escala.

En todo caso, la generación de imágenes y de vídeo con herramientas de inteligencia artificial generativa presenta, aún hoy, enormes retos en lo referente a la conceptualización y la interpretación de la realidad a escala y lenguaje humanos. Muchos de los avances proyectados en el campo de la IA generativa tienen que ver, fundamentalmente, con la comprensión de la semiótica y la abstracción y con lo que denominamos aquí como los nichos de la percepción, que vienen a ser aspectos que pasan desapercibidos en el entrenamiento de los algoritmos en la medida en la que la realidad en la que se entrena es un fenómeno complejo.

Otro de los aspectos fundamentales de la IA generativa es la generación de los llamados artefactos, componentes que genera la IA como parte del escenario pero que no se encuentran específicamente en el *prompt*, y que resultan, más bien, una aparición residual de la información con la que se le ha entrenado. Estos artefactos a veces tienen sentido en el contexto, pero, en otras ocasiones, son objetos que aparecen en el escenario generado producto de las complejas características con las que se les ha entrenado. Y estos aspectos son un fenómeno fundamental en la todavía divergencia entre el imaginario que genera la IA y la propia experiencia humana en la percepción del entorno.

Igualmente, existe una diferencia significativa, que aún en este contexto es objeto de debate, en la medida en que la estructuración de la información es un fenómeno complejo. Y es que, la distribución de la información difiere enormemente cuando tenemos en cuenta los niveles de semiótica y abstracción en contraposición a las imágenes fotorrealistas y/o figurativas, y todos los potenciales niveles de abstracción-figuración y estilos en los que la IA puede generar imágenes fijas o en movimiento, además de ser un campo de experimentación emergente para la creación potencialmente ilimitada de estilos visuales. Y estas transformaciones en el ámbito de la generación de imagen y, por ende, del vídeo proyectan la emergencia de nuevos formatos en un nuevo espacio de posibles, además de nuevas dimensiones en el ámbito de la semiótica y la abstracción en el lenguaje audiovisual, así como en los procesos de producción y flujos de trabajo.

Hay que tener en cuenta, también, que el término inteligencia artificial no es un término de definición estática y ha evolucionado con el paso del tiempo, en base, también, al imaginario literario y cultural proveniente, en gran parte, de la ciencia ficción y que es, a menudo, representado como una máquina omnisciente que resuelve todos nuestros problemas o adquiere conciencia, o se rebela contra la humanidad, según la versión en la que se imagina este ente abstracto. De hecho, es un fenómeno bastante común ponerle el nombre de inteligencia artificial a tecnologías que realmente no lo son, y, como ya se ha explicado en este documento, lo que hoy en día se entiende por inteligencia artificial tiene más que ver con algoritmos de gran escala más que con un ente digital que poco a poco se aproxima a la tan anunciada singularidad. No obstante, aceptamos ese término y lo empleamos de manera generalizada, incluido en esta investigación.

De hecho, son muchos los autores que aportan definiciones de inteligencia artificial, en una ventana de unos pocos años, en base a su relación con otros conceptos, tal como hacen autores como Helm, *et al.*, (2020). Autores como Saghiri, *et al.*, (2022) también analizan esa evolución, así como los rasgos de las diferentes fases en las que el término ha evolucionado a lo largo de la historia, teniendo en cuenta factores tales como la comprensión de los modelos de aprendizaje, el aprendizaje continuo, o el almacenamiento, siendo todos ellos componentes por los cuales se puede estructurar este tipo de tecnología. Definiciones de la década anterior (Dobrev, 2012 y Wang, 2019) también inciden en la necesidad de estructurar una definición en base al estado actual de la tecnología en un momento concreto, y en las capacidades que va adquiriendo a medida que se producen hitos en la evolución de ésta.

Dentro de las investigaciones que se han aplicado en la última década, independientemente de la emergencia de varias aplicaciones de inteligencia artificial generativa en los últimos meses del año 2022, destacan aquellas que plantean la tecnología de inteligencia artificial precisamente como un ámbito de experimentación en el procesamiento de efectos o en la innovación en la representación visual del contenido.

Normalmente, se asocian a la inteligencia artificial los términos *machine learning* o *deep learning*. Tal y como afirman autores como Krohn, *et al.,* (2019), el *machine learning* es considerado por muchos de los expertos como el futuro de las estadísticas y la ingeniería informática, con aplicaciones que van desde la manufactura hasta la medicina, pasando por la banca y el diseño. También ha supuesto, según los mismos autores, una revolución en el procesamiento del lenguaje natural y en otros campos como la visión artificial, donde es evidente que la inteligencia artificial analítica y generativa han supuesto, enormes avances en los últimos años (Eswaran y Khang, 2024, Patibandla, *et al.,* 2024), en campos muy divergentes.

Como afirman Guerreo-Solé y Ballester (2023), la transformación en la producción de contenido digital precisa del análisis de las aplicaciones y de las proyecciones en relación con el porvenir de la producción audiovisual. En una línea análoga, Magro-Vela, *et al.,* (2024), plantean el trazado de una línea continua en lo referente a la manipulación (con fines artísticos) de la imagen en movimiento del audiovisual, primero con efectos visuales analógicos, y posteriormente con la digitalización, para llegar a un nuevo hito en el que la inteligencia artificial generativa se convierte en una tecnología cuya aplicación permea las diferentes capas del proceso de producción.

Sea como fuere, la aplicación de la IA generativa lleva siendo una constante habitual en la producción de efectos visuales (Ong, 2021), y su importancia se ha visto incrementada en los últimos años. Esto ha sido especialmente relevante en ámbitos como la industria del cine (Singh *et al.*, 2023), donde la combinación entre efectos visuales y *machine learning* ha transformado para siempre el proceso de producción de gráficos computacionales.

Es un hecho innegable que estudios que analizan el proceso de producción y la aplicación del *machine learning* y la inteligencia artificial generativa en la producción audiovisual han visto un incremento significativo en los últimos años (Farinacci, 2024, Liu, *et al.*, 2024, Sanchez-Acedo, *et al.*, 2024). De este modo, autores/as como Magro-Vela, *et al.*, (2024), realizan un estudio empleando metodologías cualitativas y descriptivas para analizar el uso de la inteligencia artificial generativa en la producción audiovisual en las industrias culturales. Cabe destacar la importancia de diferenciar las áreas en las que se aplica el análisis de contenidos, y, en donde, aunque existan evidentes sesgos, se observa preminencia de la aplicación de la IA generativa en ciertas áreas, teniendo un mayor grado de prevalencia la publicidad, los magazines y los videoclips, con una menor presencia en las cabeceras de las series de ficción (Magro-Vela, *et al.*, 2024). Otros estudios anteriores (Anantrasirichai y Bull, 2022) ponen el foco la descripción de la aplicación de la inteligencia artificial en las industrias creativas, realizando una clasificación de las aplicaciones de la inteligencia artificial en el ámbito específico del audiovisual.

Uno de los aspectos fundamentales en lo referente a la performance audiovisual, que a menudo utiliza también el factor del espacio como elemento narrativo, es la improvisación en la interacción con el usuario. Esto es uno de los aspectos que ha planteado el arte desde hace décadas,

y que en la década pasada ponen de relieve estudios como los de Tatar, *et al.,* (2018), en el que presentan REVIVE, una performance audiovisual que emplea componentes propios de la inteligencia artificial, y
que explora el fenómeno de la interacción en vivo a través de la IA y la
improvisación en tres agentes diferentes: músicos humanos de música
electrónica, agentes de generación visual y un agente artificial llamado MASOM, acrónimo de *Musical Agent based on Self-Organizing Maps*
[Agente Musical basado en Mapas Auto-Organizativos].

3. INCLUSIÓN DE LA IA EN LA CREACIÓN DE VÍDEO O IMÁGENES EN MOVIMIENTO

La sinergia entre la inteligencia artificial y la creación de imágenes
lleva décadas gestándose y evolucionando, el más claro ejemplo es AA-
RON, probablemente la inteligencia artificial dedicada a la generación
de imágenes con más años de uso. Fue desarrollada en 1971 por Harold
Cohen quien llegó a utilizarla para generar imágenes que posteriormente él convertiría en pinturas (Cohen, 2016, p 63). En un inicio Cohen
buscaba programar una computadora para generar arte. El resultado
obtenido fueron una serie de elementos abstractos, formas, líneas que
posteriormente él coloreaba. Los siguientes veinte años los dedicó a desarrollar algoritmos y programar la computadora pensando únicamente
en la composición y el color, logrando así imágenes que podían ser con-
sideradas representaciones (p 64).

Cohen imaginaba esta herramienta para la producción de imágenes físicas, lo que hoy llamaríamos un modelo *text to image*, es decir
un modelo en la que se introducen *prompts* utilizando lenguaje ver-
bal, se procesan mediante algoritmos y se obtiene una imagen como
respuesta, misma que recibe retroalimentación, nuevamente mediante texto, lo cual le permite aprender (*machine learning*) y mejorar
los resultados que aprende como esperados y mejor valorados. Este
proceso se lleva a cabo en numerosas iteraciones antes de llegar a un
resultado convincente, este procedimiento implica entre otras, dos

cosas importantes: la primera es la necesidad imperante de saber qué tipo de imagen se espera como resultado y la segunda la multiplicidad de ensayos ofreciendo retroalimentación y entrenando la herramienta utilizada hasta obtener la imagen deseada. En el caso de la imagen en movimiento, además implica el manejo, síntesis y la aplicación del lenguaje audiovisual, así como su traducción para expresarlo verbalmente a la herramienta.

Desde el punto de vista de la evolución de las herramientas la pregunta inicial que se hacía Cohen en los años sesenta sigue siendo pertinente en cuanto al uso y resultados esperados de la inteligencia artificial generativa en la producción de imágenes y sobre todo vídeo: ¿es posible producir (generar) imágenes de carácter evocativo de forma constante y no aleatoria o accidental, mediante la utilización de uno o un conjunto de algoritmos? (Cohen, 2016, p 64). La respuesta *a priori* podría ser afirmativa, sin embargo, es necesario revisar los resultados generados actualmente con estas herramientas para poder comprender el verdadero estado de esta cuestión, y sobre todo para hallar los matices de esta respuesta positiva.

El gran cambio hoy en día, con la emergencia de herramientas como: *Runway, Midjourney, Stable Diffusion, Sora, Kling, Luma Dream Machine, Minimax* etc. es probablemente el enfoque generativo, en el que se persigue la producción de imágenes aparentemente originales, cada vez más lejanas de réplicas, imágenes menos hiperrealistas, mucho más creíbles y confiables, características que se han fijado como hitos a conseguir en el desarrollo próximo de la tecnología.

Aunada a la emergencia y desarrollo de estas herramientas, ha surgido la idea de una democratización de la creatividad, la idea de cualquier persona que con la escritura de órdenes o comandos pueda generar imagen en movimiento, con una estética determinada y el uso de montaje, de forma que se articule una pieza audiovisual que constituya la aplicación de lenguaje y que por ello comunique de forma descriptiva, narrativa e incluso dramática un mensaje.

Para comprender mejor el estado actual de aplicación industrial, podemos recurrir a distintas fuentes, desde los desarrolladores, vendedores de servicios, hasta los propios usuarios, entre esas fuentes está REPLY, una red descentralizada de compañías especializadas que se enfocan en el diseño de innovación y su implementación a través de estrategia, creatividad y tecnología, cuyas aplicaciones se dan en canales de comunicación y medios digitales. Su presencia en Europa se da en distintos tipos de industrias, así como la Administración Pública, sus servicios buscan apoyar a diversos organismos en la definición y desarrollo de modelos de negocio que se adecuen a nuevas tecnologías, entre ellas la inteligencia artificial y otros procesos vinculados de manera intrínseca con ella como *machine learning, big data internet of things*, etcétera. REPLY, cuenta con información de primera mano sobre los usos y aplicaciones de la inteligencia artificial en la comunicación, con ella publicó un informe técnico en el que recoge una serie de previsiones de crecimiento que espera tenga la aplicación de la IA entre 2023 y 2027 en diversos sectores creativos, entre ellos el que nos atañe: el audiovisual (REPLY, ca. 2023).

Uno de los hallazgos específicos, más significativos es el referente a que IA generativa no ha tenido el avance suficiente para ser capaz de generar contenidos como una película con historias y personajes complejos. Pero sí es capaz de resolver de forma potente la generación de determinadas, secuencias, efectos, sonidos, incluso voces. Todas estas aplicaciones se han probado, retroalimentado y evolucionado en productos comerciales como anuncios publicitarios o videoclips.

En cuanto a efectos especiales y la generación de gráficos en movimiento, la IA ha venido a revolucionar las posibilidades, ya que al hacer más eficientes ciertas tareas y procesos de trabajo, permite un mayor uso de las mismas, no solo con los *deep fakes* (fenómeno que se da al reemplazar en un vídeo una persona real ya sea por otra o por una imagen similar), incluso en la representación visual de texturas se está alcanzando una nueva etapa de realismo en los gráficos generados, al mismo tiempo que imágenes no realistas (hiperrealistas sobre todo) o no del todo figurativas comienzan a convivir con visuales más tradicionales de forma más orgánica.

A mediano plazo, el reto y solución esperada tiene que ver con la automatización en mayor medida de la generación de vídeo, sobre todo en la publicidad. Una de las tareas que mejor ha desarrollado tiene que ver con la creación de escenarios, se espera sea más detallada y por ende se pueda aprovechar mejor. El impacto a mediano plazo entonces está encaminado a una personalización de resultados de los vídeo resultantes, al grado tal que la confiabilidad se logre. En cuanto a la generación de efectos visuales los postproductores esperan que la IA generativa logre generar mucho más detalle en las simulaciones más utilizadas, lluvia, tormenta, fuego e incluso en escenarios poco realistas o fantasiosos.

Lo reportado por REPLY, confirma entonces el uso actual y el proyectado para la IA generativa dentro de la producción y en específico en la generación de vídeo. Pero esta información debe ser contrastada con los resultados que se han obtenido hasta ahora. De otra forma seguiremos enfocándonos en las herramientas únicamente como la propia IA ha demostrado, el aprendizaje y la evolución de la tecnología depende enteramente del uso y valoración que se dé a los resultados.

4. EXPLORACIÓN DE PRODUCTOS AUDIOVISUALES CUYO VÍDEO Y/O EFECTOS HAN SIDO GENERADOS MEDIANTE AI

Desde AARON y hasta las últimas herramientas, lo relevante es cómo se utilizan, de qué forma se insertan en el quehacer audiovisual, cómo modifican los procesos creativos. Para poder esbozar una posible respuesta y reflexionar sobre ella es necesario mapear el uso y alcance actual de la inteligencia artificial generativa, en este caso a partir de piezas audiovisuales resultantes de su utilización, poniendo especial atención en piezas generadas en su totalidad con IA.

Como hemos mencionado anteriormente con esta exploración se busca: detectar las herramientas y modelos utilizados en la generación de vídeo mediante inteligencia artificial; e identificar el tipo de productos y resultados que se están generando. Esto para poder reflexionar sobre el grado de alcance de la tecnología y obtener una proyección sobre cómo puede seguir dándose su evolucionar en el contexto audiovisual.

Se recurrió a productos estrenados durante el 2024 cuya validación en términos del uso de inteligencia artificial generativa fuera previamente legitimada por el propio producto o por un festival dedicado a inteligencia artificial. Para acceder a dichos videos, se revisó el calendario de festivales dedicados a IA generativa publicado en el sitio *Curious Refuge* dedicado a información entorno a inteligencia artificial aplicada a audiovisual: noticias de avances y desarrollo, iniciativas, concursos, reuniones, talleres e información en general. Se revisaron productos ganadores en convocatorias de festivales, así como productos comerciales identificados tanto por las marcas como los productores como generados a través de la mencionada tecnología.

De la información disponible de estos productos se retomaron las herramientas utilizadas específicamente para la generación de vídeo y efectos, se descartaron las dedicadas a la generación de audio, las que apoyan a la generación de ideas, las de etalonaje etcétera. La Tabla 1 da cuenta de las herramientas y modelos cuyo uso fue detectado en la muestra valorada.

Tabla 1. Herramientas reportadas en la generación de vídeo para producción audiovisual 2024 en piezas participantes en algún festival dedicado a contenido de vídeo generado con IA gen

Herramienta	Tipo de modelo
Runway	Texto a vídeo; Imagen a vídeo; Vídeo a vídeo
Stable Diffussion	Texto a vídeo
Midjourney	Texto a imagen
Stable WarpFusion	Texto a vídeo (visuales realistas)
Sora	Texto a vídeo; Imagen a vídeo
Luma Dream Machine	Texto a vídeo; Imagen a vídeo

Playbook 3D	Texto a vídeo (creación de escenarios 3D)
Pika Labs	Texto a vídeo; Imagen a vídeo (efectos especiales)
Kaiber	Texto a imagen; Texto a vídeo
Minimax	Texto a vídeo; Imagen a vídeo
Kling	Texto a vídeo; Imagen a vídeo
Haiper	Texto a vídeo
Pixverse	Texto a vídeo; Imagen a vídeo
Leonardo Vídeo	Texto a vídeo
Rokoko vision	Captura de movimiento a personaje animado
DALL-E	Texto a imagen

Fuente: Elaboración propia.

La lista resultante habla también del tipo de resultados o aplicaciones que se está buscando incentivar en el mercado mediante iniciativas como los festivales dedicados, y por tanto arroja luz sobre posibles adaptaciones del audiovisual con el uso de estas herramientas. Se puede observar que los modelos más predominantes son aquéllos que parten de texto para generar imagen fija, o bien de texto a vídeo, aquéllos que parten de una imagen para generar vídeo comienzan a ser cada vez más comunes.

Respecto a la identificación del tipo de productos y resultados que se están generando, se compilaron, por un lado, los tipos de piezas aceptados por los festivales dedicados a la inteligencia artificial; ya que son aquéllos cuya aplicación se busca incentivar para acelerar su desarrollo; y por el otro los anuncios publicitarios que forman parte de una estrategia comercial masiva y que utilizan la generación de los mismo desde la inteligencia artificial como un valor de producción, estos porque a nivel de industria audiovisual es en la producción publicitaria donde encuentran la puerta de entrada las nuevas tecnologías y herramientas dada la naturaleza y dinámica de producción.

El compendio de los tipos de contenido generados comprende: animación, vídeo ensayo o experimental, ficción, videoclip, anuncio publicitario (en el caso de los festivales a partir de un producto ex profeso para la convocatoria), *film teaser* o *trailer* y documental. La animación y los efectos serían los productos típicamente esperados de aquello creado mediante una herramienta informática, y sin duda son los productos en donde más ha permeado su utilización.

Uno de los hallazgos encontrados es la inclusión de la generación de vídeo usada en el documental, si bien son piezas cuyo porcentaje de contenido algorítmico generado es menor. Su uso ha encontrado un especial nicho en la inclusión de material de archivo o recreaciones, que estas herramientas potencian, así como la restauración de material cuyo uso encuentran ahora una segunda oportunidad de ser aprovechados.

En cuanto a los casos de publicidad se incluyeron: *Toys R Us* (2024) creado en colaboración con la agencia *Native Foreign*, generado con Sora en su totalidad y la campaña navideña de 2024 de *Coca Cola* resultado de la colaboración de tres estudios de inteligencia artificial: *Secret Level, Silverside AI y Wild Card*, quienes generaron los anuncios utilizando *Leonardo, Luma, Runway y Kling*.

El primer caso se trata de una animación hiperrealista con personajes antropomorfizados, propone un mundo de fantasía asociado a la magia de la juguetería, este fue mayormente aceptado ya que las visuales son más cercanas a la animación a la que el público está acostumbrado y por ello no cuestiona la fiabilidad de movimientos, detalles y texturas. El segundo caso, la campaña navideña de 2024 de *Coca Cola*, busca replicar el anuncio de 1995 *Holidays are coming*. Este caso es particularmente interesante porque permite comparar el resultado de dos procesos de producción con más de veinte años de diferencia, este evidencia las áreas en las que la inteligencia artificial sigue siendo especialmente falible: la constancia en la perspectiva y proporción ante el movimiento de cámara y de los personajes humanos, de las letras de anuncios que forman parte de la composición y de las cajas de los automóviles, además de su inclusión y coherencia con el escenario y la continuidad entre cada uno de los clips generados. Los estudios encargados de su producción además han referido que el tiempo invertido en las diferentes iteraciones para llegar al proceso ha sido incluso mayor que el utilizado en la producción de 1995.

5. CONCLUSIONES

Las proyecciones de esta tecnología en el ámbito audiovisual plantean varios escenarios y un proceso de evolución complejo en el que, seguramente, se vayan a redefinir conceptos relacionados con la propia producción. Igualmente, en el contexto actual nos enfrentamos a un escenario de flujos de trabajo híbridos, en el que es inevitable la emergencia de nuevos lenguajes audiovisuales y una hibridación, a su vez, con otros medios, tales como son, por ejemplo, la realidad virtual o las tecnologías inmersivas e interactivas.

Seguramente, los costos de una producción se vean reducidos a medio plazo, si bien también es probable que surjan, a raíz de esta hibridación de los procesos de producción y flujos de trabajo, nuevas exigencias, nuevos lenguajes y nuevos tipos de formato, que lleguen a conformarse como parte de la evolución compleja de la cultura audiovisual y redefina el escenario de la producción, como ya ocurrió con la reciente implementación, en las últimas décadas, de los gráficos 2D y 3D generados por ordenador. Igualmente, es inevitable pensar en la emergencia de nuevos géneros derivados de esta hibridación de los procesos de producción.

Retomando la respuesta a la pregunta inicial de Cohen, habría que agregar varias precisiones, dado ya que ya no solo es suficiente con una imagen evocativa, sino que ahora esa imagen debe cumplir con ciertas especificaciones técnicas para ser usada, al día de hoy la duración máxima alcanzada es de 10 segundos, el estilo de la imagen, el tratamiento, la composición, el color, debe corresponder al uso actual del lenguaje, y la constancia se debe lograr aun en las trayectorias, en la perspectiva, profundidad y proporción de los elementos visuales que integran el cuadro de vídeo generado; es decir es una asignatura pendiente la resolución de los llamados artefactos o alucinaciones.

En cuanto a la idea de la democratización de la creatividad con el uso de estas herramientas en la creación audiovisual es un tanto discutible. Primero no todos tienen acceso a la totalidad de las herramientas, entre más potente más costosa es y su acceso por tanto más restringido. Por otro lado, está la naturaleza propia de cualquier elemento que usamos como herramienta, *per se*, no genera, debe existir una mente que sepa para qué la va a usar y cómo la va a usar para obtener un *output* favorable. Y ahí en gran reto, se requiere de un dominio de lenguaje y cultura visual para poder generar una narrativa nueva, de lo contrario se obtienen réplicas.

6. REFERENCIAS BIBLIOGRÁFICAS

Alves, P. M. B. (2017). If you fail to prepare, prepare to fail: a produção fílmica. *Oficios del cine: manual para prácticas cinematográficas*, 105-139. https://tinyurl.com/y86nefn4

Anantrasirichai, N., & Bull, D. (2022). Artificial intelligence in the creative industries: a review. *Artificial intelligence review*, *55*(1), 589-656. https://link.springer.com/article/10.1007/s10462-021-10039-7

Cohen, P. (2016). Harold Cohen and AARON. *AI Magazine*, 37(4), 63-66. https://doi.org/10.1609/aimag.v37i4.2695

AI Film Events | Every AI Film Festival and Meetup — Curious Refuge. (s. f.). Curious Refuge. https://curiousrefuge.com/ai-film-events

AI Video Contests–AI Film Competitions and Advertising Challenges — Curious Refuge. (s. f.). Curious Refuge. https://tinyurl.com/3vxvm4ur

Dehouche, N., & Dehouche, K. (2023). What's in a text-to-image prompt? The potential of stable diffusion in visual arts education. *Heliyon*, 9(6), e16757. https://doi.org/10.1016/j.heliyon.2023.e16757

De-Lima-Santos, M. F., & Ceron, W. (2021). Artificial intelligence in news media: current perceptions and future outlook. *Journalism and media*, 3(1), 13-26. https://www.mdpi.com/2673-5172/3/1/2

Di Placido, D. (2024, Noviembre,16). Coca Cola's AI-Generated ad controversy, explained. *Forbes.* https://tinyurl.com/9x69h4nd

Dobrev, D. (2012). A definition of artificial intelligence. *arXiv preprint arXiv:1210.1568.*

Eswaran, U., y Khang, A. (2024). Artificial Intelligence (AI)-Aided Computer Vision (CV) in Healthcare System. En *Computer Vision and AI-Integrated IoT Technologies in the Medical Ecosystem* (pp. 125-137). CRC Press. http://surl.li/gpuuhu

Farinacci, E. (2024). Film and Audiovisual Education in the Artificial Intelligence Era: *Approaches and Challenges. Cinergie–Il Cinema e le altre Arti*, (26), 121-133. https://cinergie.unibo.it/article/view/19386

Guerrero-Solé, F., y Ballester, C. (2023). El impacto de la Inteligencia Artificial Generativa en la disciplina de la comunicación. *Hipertext. net*, (26), 1-9. https://www.raco.cat/index.php/Hipertext/article/view/416518

Gómez, H. G., y Rubio-Tamayo, J. L. (2023). Algoritmografía, hito y fenómeno en la producción de imágenes fijas en la era digital: Resignificación de la noción de la imagen fotográfica y proyección del medio en un contexto de producción de imágenes con inteligencia artificial y machine learnin. *Visual Review, 14*(2), 1-13. https://doi.org/10.37467/revvisual.v10.4607

Helm, J. M., Swiergosz, A. M., Haeberle, H. S., Karnuta, J. M., Schaffer, J. L., Krebs, V. E., ... y Ramkumar, P. N. (2020). Machine learning and artificial intelligence: definitions, applications, and future directions. *Current reviews in musculoskeletal medicine*, 13, 69-76. https://link.springer.com/article/10.1007/s12178-020-09600-8

Krohn, J., Beyleveld, G., y Bassens, A. (2019). *Deep learning illustrated: a visual, interactive guide to artificial intelligence.* Addison-Wesley Professional. http://surl.li/hendis

Liu, M., Zhou, Y., Wu, Y., y Gao, F. (2024). Cogeneration of Innovative Audio-visual Content: A New Challenge for Computing Art. *Machine Intelligence Research*, 21(1), 4-28. https://link.springer.com/article/10.1007/s11633-023-1453-5

Magro-Vela, S., Sánchez-López, P., y Navarro-Sierra, N. (2024). The Revolution Will Be Artificial. An Analysis of AI-generated Audio-Visual Creation. *Trípodos*, (55), 75–98. https://doi.org/10.51698/tripodos.2024.55.05

Nader, K., Toprac, P., Scott, S., y Baker, S. (2024). Public understanding of artificial intelligence through entertainment media. *AI & society*, 39(2), 713-726. https://link.springer.com/article/10.1007/s00146-022-01427-w

Nguyen, D., y Hekman, E. (2024). The news framing of artificial intelligence: a critical exploration of how media discourses make sense of automation. *AI & society*, 39(2), 437-451. https://link.springer.com/article/10.1007/s00146-022-01511-1

Ong, V. (2021). Artificial intelligence in digital visual effects. https://dr.ntu.edu.sg/handle/10356/151632

Patibandla, R. L., Rao, B. T., y Murty, M. R. (2024). Revolutionizing Diabetic Retinopathy Diagnostics and Therapy through Artificial Intelligence: A Smart Vision Initiative. En *Transformative Approaches to Patient Literacy and Healthcare Innovation* (pp. 136-155). IGI Global. http://surl.li/vshmhn

REPLY. (ca. 2023). AI FOR CREATIVITY. REPLY. https://www.reply.com/contents/AI_for_Creativity_-_English.pdf

Rubio Tamayo, J. L., Wuebben, D. L. y Gertrudix, M. (2024). Standards for science communication in extended and virtual reality: a model for XR/VR based on London Charter and Seville Principles *JCOM* 23(03), A03. https://doi.org/10.22323/2.23030203

Saghiri, A. M., Vahidipour, S. M., Jabbarpour, M. R., Sookhak, M., & Forestiero, A. (2022). A survey of artificial intelligence challenges: Analyzing the definitions, relationships, and evolutions. *Applied sciences*, 12(8), 4054. https://www.mdpi.com/2076-3417/12/8/4054

Sanchez-Acedo, A., Carbonell-Alcocer, A., Cascarano, P., Hajahmadi, S., Vallasciani, G., Gertrudix, M., y Marfia, G. (2024). The influence of audiovisual elements on the realism of generative AI videos: the case of Sora. En *Proceedings of the International Workshop on Artificial Intelligence and Creativity (CREAI), co-located with ECAI 2024* (pp. 1-12). https://ceur-ws.org/Vol-3810/paper9.pdf

Singh, H., Rastogi, A., & Kaur, K. (2023). Artificial intelligence as a tool in the visual effects and film industry. In *Recent Advances in Computing Sciences* (pp. 312-316). CRC Press. http://surl.li/yqgcuf

Tatar, K., Pasquier, P., & Siu, R. (2018, April). REVIVE: An audio-visual performance with musical and visual AI agents. In *Extended abstracts of the 2018 CHI conference on human factors in computing systems* (pp. 1-6). http://surl.li/ptabkk

Totlani, K. (2023, Octubre). The Evolution of Generative AI: Implications for the Media and Film Industry, *International Journal for Research in Applied Science & Engineering Technology, 11.*

Things off Tape. (2016, November 12). *1985 Coca Cola Christmas Advert 1 (Holidays are coming)* [Vídeo]. YouTube. https://www.youtube.com/watch?-v=X13N-Bx17Oc

Toys"R"Us. (2024, June 21). *The Origin of Toys"R"Us: Brand Film Teaser | Toys"R"US* [Vídeo]. YouTube. https://www.youtube.com/watch?v=F_WfIzYGlg4

Verma, A. K., y Haider, F. Revolutionizing Realities: The Impact of Artificial Intelligence En Visual Effects. *Media and AI: Navigating, 7.* http://surl.li/vdqncp

Wang, P. (2019). On defining artificial intelligence. *Journal of Artificial General Intelligence, 10*(2), 1-37. https://intapi.sciendo.com/pdf/10.2478/jagi-2019-0002

Capítulo 14
Cine, cuerpo y transhumanidad: impacto de la IA en el trabajo de los actores

Nicolás Grijalba de la Calle
Universidad Nebrija

Carmen Torres Narváez
Universidad Nebrija

1. INTRODUCCIÓN

Cine y tecnología siempre han ido de la mano. El hecho cinematográfico, en cierta manera, es fruto de la técnica y de la vida modernas (Benet, 2004). Y, además, como muy bien demostraron los hermanos Lumière a finales del siglo XIX su vocación y objetivo final era el de convertirse en un fenómeno de masas (Gubern, 2016). Esta última idea la comprendieron a la perfección los pioneros del séptimo arte, pues haciendo uso de los avances tecnológicos de ese momento supieron desarrollar y poner en pie tramas e historias atractivas, un nuevo lenguaje, al fin y al cabo, que se plegó a las necesidades de una industria floreciente y a las inquietudes de un público voraz.

En su afán por reproducir la realidad de manera más exacta, el cine incorporó (de forma temprana) el sonido, para unos pocos años después explorar las posibilidades del color y de los distintos formatos. De esta manera las películas se dimensionaban, y el cine, el nuevo lenguaje de alcance universal, gozaría al menos, durante gran parte del siglo XX, del apelativo del *mayor espectáculo del mundo.*

Sería sencillo apuntar que hoy, en plena era digital, la innovación tecnológica asociada a la inteligencia artificial (IA) está impulsando un cambio de paradigma en la mayor parte de los procesos creativos y técnicos del trabajo cinematográfico, pero haciendo un repaso a la historia de este invento comprendemos que, desde su aparición, como sentencia Luna Alcoba (2009), "el cine es una gigantesca máquina de producir ilusiones". Lo interesante de esto, no obstante, es que sabiendo que esta manifestación artística es una evolución lógica de las fantasmagorías, de los juguetes ópticos y de la fotografía, ha sabido combinar, diríamos que fusionar, una historia de éxito de efectos visuales y especiales, con una exposición asombrosa de un lenguaje narrativo propio (Hernández Girbés, 2015).

De tal manera que, los primeros efectos especiales se localizan ya en las primeras obras creadas a finales del siglo XIX, bajo la denominación de trucajes. Los primeros directores de cine, autodidactas y experimentales por necesidad, llenan sus obras de maquetas, telones y atrezo de naturaleza artesanal, sobreimpresiones y otros trucos de montaje. Es lo que el historiador de cine Tom Gunning bautizó como cine de atracciones (Marzal, 1999), que son producciones que buscan la espectacularidad en una joven, todavía, industria.

Como paradigma de ese periodo emerge la figura del francés Georges Méliès, un mago capaz de trasladar sus trucos —los que representaba cada noche en el teatro Houdin de la ciudad de París—, a la gran pantalla. En palabras de Messias (2020):

> "La contribución de Méliès al cine fantástico, en particular, y para el cine, en general, fue la transposición de técnicas teatrales e ilusionistas a esta nueva tecnología, al mismo tiempo que creaba efectos especiales, como la transición por disolución (el fundido o fade-in/fade-out), la superposición de imágenes, las ilusiones de óptica y la manipulación gráfica (...)".

No muchos años después de estas experiencias pioneras, la prestancia de empresas cinematográficas como Pathé y Gaumont, la consolidación de Hollywood, y la apuesta por determinados cines nacionales, contribuyeron al impulso de las producciones y al perfeccionamiento constante de los efectos especiales. A partir de la década de los años 20 la multiplicación de los géneros cinematográficos (aventuras, western, terror, suspense, más tarde la ciencia ficción) aumentaron las posibilidades de esta área de trabajo. Incluso como señala Papalini (2010), las sucesivas reconfiguraciones de los géneros estuvieron motivadas en parte por el auge de dichos efectos, llegando a ser fundamentales en determinadas etapas de la historia del cine para el impulso del discurso cinematográfico. Pero no solo el discurso dominante norteamericano contribuyó a la creación de este escenario, algunas iniciativas europeas, como es el caso del expresionismo alemán, por poner un ejemplo, supieron cultivar mundos y personajes extravagantes a través de la técnica, véase el caso de las maquetas y miniaturas que Fritz Lang y su equipo diseñaron para *Metrópolis* (1927).

Para la década de los años 30, una figura indispensable en la evolución de estos sistemas fue la del animador norteamericano Willis H. OBrian. Especialista en recrear dinosaurios y animales prehistóricos desde fecha muy temprana, en la primavera de 1932 comenzó a trabajar en el proyecto más acariciado por entonces para la RKO, *King Kong* (1933).

Aquella cinta, como afirma Gil Grande (2017), mostraba un monstruo de 16 metros creado por *stop-motion*, a partir de una marioneta hecha de acero, caucho, látex y piel de conejo teñida. El éxito de la película fue instantáneo: a la calidad del filme se unieron unos espectaculares efectos especiales, de asombrosa innovación tecnológica (Roche Cárcel, 2019). Estos avances, así como la profesionalización de técnicos en el sector, convencieron a la Academia de Hollywood a instaurar el Oscar a Mejores Efectos Visuales en 1939.

Las décadas venideras servirían de exploración y consolidación de estas técnicas, no solo afectando a los paisajes o a los trabajos propios del director de arte, sino también a la fisonomía de personajes peculiares necesitados de altas dosis de imaginación. En cierta manera, el cine de atracciones del que hablaba Gunning seguía estando presente, pero la integración de los efectos en las narrativas dominantes comenzaba a ser más coherente. Sin estos trucajes especiales hubiese sido más complejo, o por lo menos más aburrido, asistir a las proyecciones de *El Mago de Oz* (1939), *Ben-Hur* (1959), *Mary Poppins* (1964) y *Star Wars* (1977).

En las últimas décadas, con la sombra alargada de las producciones televisivas a la puerta, los avances en tecnología hecha por ordenadores, posteriormente bajo el ecosistema digital, no solo han aumentado en un porcentaje ilimitado las posibilidades de creación de escenarios (Armenteros Gallardo, 2011), sino que también los personajes, y esta vez también los interpretados por actores y actrices humanos, se han visto alterados por la máquina en beneficio de la taquilla y/o el relato. Recordemos aquí que el primer filme en introducir imágenes originadas por ordenador, con clara influencia estética de los videojuegos, fue *Tron* (Steven Lisberger, 1982).

Ejemplar, por su parte, fue *El secreto de la pirámide* (Barry Levinson, 1985), una deliciosa cinta ochentera inspirada en el personaje de Sherlock Holmes, que, no obteniendo un éxito relevante en Estados Unidos, sí que arrasó en taquilla en media Europa. La película, que contó con el trabajo del oscarizado Dennis Muren para el diseño de sus efectos visuales, se convirtió al instante en todo un referente del buen uso de las nuevas tecnologías. No es de extrañar, pues gran parte de este trabajo lo desarrolló la empresa The Graphics Group, dependiente de LucasFilm (Georges Lucas), que años más tarde pasaría a llamarse Pixar.

Lo que vendría después, circunscrito a la segunda mitad de los años 80 y la década de los 90, sería un triunfo de los efectos y animaciones visuales generados por ordenador. *Jurassic Park*, dirigida por Steven Spielberg en 1993, revolucionó la industria del entretenimiento cinematográfico al incorporar dinosaurios creados digitalmente por CGI (gráficos por ordenador).

Para las siguientes décadas, bajo el prisma de un ecosistema digital, el cine se enfrenta a una transformación profunda. No solo eso, sino que como señala Klenk (2011): "Bajo este contexto empieza una conversación semiótica entre el producto y sus usuarios y se observa una diversificación que abre una paleta más grande y ofrece una amplia diversidad para cada gusto". El cine digital, por así decirlo, tiene ahora dos paletas sobre las que colorear su propuesta: la realidad que se simula en un rodaje (que no deja de ser un artificio), y la realidad que se piensa y se recrea en el ordenador. O en el mejor de los casos una combinación de ambos universos. Así, sagas y franquicias como las de *Harry Potter* (2001 – 2009) y *El señor de los anillos* (2001 – 2003), o las cosmogonías nacidas de la mente de James Cameron, véase *Avatar* (2009), no solo han seguido fortaleciendo el músculo de estos efectos, sino que han abierto la puerta a la convivencia de mundos híbridos, seres mutantes, experiencias transhumanas y cambios notables en la mayor parte de los procesos de creación de una obra cinematográfica. Técnicas como la *motion picture* (captura de movimiento) no son ya una noticia extraordinaria a destacar, sino que se han convertido en dinámicas muy presentes en gran parte de las producciones contemporáneas.

Así, nuestra realidad, lejos de simplificarse, se ha vuelto más compleja: más rica en matices e hibridaciones. Vivimos inmersos en una cultura visual —audiovisual, para ser exactos—, que ha encontrado en las nuevas tecnologías (3D, realidad virtual, realidad aumentada, memes y *reels*, filtros y juegos interactivos...) el aliado perfecto para entender y reproducir los deseos de la sociedad contemporánea, los deseos de una naturaleza (trans)humana cada vez más interconectada. En palabras de Bauman (2006): "el consumo del espectador de hoy no gira en torno a la satisfacción de deseos, sino a la incitación del deseo de deseos siempre nuevos".

Precisamente porque esa producción audiovisual es ahora más vertiginosa, los nuevos efectos especiales digitales no son producto exclusivo de *blockbuster* o producciones de género, sino que esta nueva realidad alterada prácticamente alcanza a todos los relatos. Las dinámicas de trabajo en la industria del cine han cambiado, la narrativa audiovisual está ligada a la exploración de estos nuevos conceptos, y así como se sobreentiende que la IA condiciona ya la producción, el rodaje y obviamente la postproducción, también el trabajo actoral de los intérpretes -voces, gestos y movimientos- verán redefinidos sus límites.

2. OBJETIVOS

Tras esta introducción, tenemos claro que el objetivo general de este capítulo pasa por una exposición aproximada del impacto que las primeras herramientas de IA han tenido, o están teniendo, sobre el trabajo actoral de intérpretes (humanos) masculinos y femeninos. Nos interesa saber cuáles han sido los principales hitos de convivencia entre cuerpos humanos y nuevas tecnologías, focalizando para eso en determinadas producciones de Hollywood que han sabido liderar dichos cambios y experimentaciones. Centraremos nuestra atención en personajes con base humana, o que parten del trabajo actoral de hombres y mujeres de carne y hueso, para convertirse posteriormente en protagonistas, podríamos decir, transhumanos. Por motivos de limitación de espacio, y porque para llevar a cabo dicha investigación sería necesario plantear otra metodología, dejaremos a un lado aquellos personajes modélicos nacidos en su totalidad de la animación digital, así como aquellos otros que teniendo una base emocional cuasi humana difieren de formas antropomórficas concretas.

A partir de este objetivo general irán surgiendo una serie de objetivos específicos ligados a la exploración central. A saber: conocer cuáles son y en qué consisten las principales tecnologías que la IA está ligando a la interpretación actoral; identificar qué relación mantienen dichos personajes replicantes con el género cinematográfico en cuestión y las temáticas presentes, y comprender el grado de interacción y/o de compromiso que los actores y actrices mantienen con estas nuevas *criaturas* digitales.

3. RESULTADOS

La exposición que a continuación vamos a presentar está íntimamente ligada con un movimiento filosófico y cultural llamado transhumanismo. El transhumanismo aboga por que el ser humano trascienda lo natural y se comprenda desde un nuevo enfoque interdisciplinario que a partir de las nuevas tecnologías busque la mejora de la condición humana (Bostrom, 2011). Frente a estos postulados encontramos a los posthumanistas, para quienes el ser humano ya ha dejado atrás, precisamente, su naturaleza humana, por lo que la criatura resultante debería ser catalogada bajo otra nomenclatura.

En el fondo, para un grupo nutrido de intelectuales y filósofos, la llamada postmodernidad —que quizá encuentra en David Lyon su máximo pensador— no puede ser definida sin los avances informáticos, tecnocientíficos y biológicos. Un debate de gran alcance que, de manera alegórica, parece que ya preocupó a los escritores de ciencia ficción de la segunda mitad del siglo XX, quienes ya alertaron desde sus novelas del choque profundo entre una sociedad de tradición humanista y un nuevo ecosistema basado en la tecnología y dinámicas biopolíticas.

Universo de confrontación que ya encontramos de forma evidente en una de las cumbres de la literatura de este género, cercana también a la estética ciberpunk: *¿Sueñan los androides con ovejas eléctricas?* Esta novela, publicada en 1968 por el autor Philip K. Dick, y que Ridley Scott convirtió en obra cinematográfica de culto bajo el nombre de *Blade Runner* (1982), familiarizó al gran público con las dinámicas de la bioingeniería, con la estética de las ciudades distópicas, y con la idea de convivencia entre seres de distinta naturaleza (frente al ser humano se encuentran los replicantes). En definitiva, un relato fascinante que habla de los límites de la esencia humana y que para el catedrático Javier de Lucas, en palabras recogidas por Alonso Burgos (2000), sirve para llamar nuestra atención sobre si la característica propia del ser humano puede seguir siendo una característica exclusiva de nuestra especie.

Una inquietud ontológica que, si trasladamos al imaginario colectivo popular de los últimos tiempos, poblado de seres mutantes, superhéroes y objetos inanimados que gracias a la animación digital parecen poseer alma, tendrían una fácil respuesta.

Lo que es evidente es que hasta tiempos relativamente recientes el trabajo de los actores ha gozado de un protagonismo mayúsculo dentro de las producciones cinematográficas, dependiendo exclusivamente en esencia de las capacidades del actor o la actriz en cuestión, aún sabiendo que forma parte de un todo donde otros profesionales condicionan el resultado final. Algo que, sin embargo, con la irrupción de las nuevas tecnologías digitales no parece que vaya a seguir siendo así, o por lo menos no del todo, porque a las cualidades del actor ahora hay que unir la intervención directa de técnicas digitales, modificando, alterando o amplificando sus gestos, sus movimientos y hasta su voz. O incluso proponiendo que una vez desaparecido el cuerpo humano, su proyección fantasmática generada a partir de las herramientas de la IA posibiliten que siga estrenando nuevos títulos: es el caso, por ejemplo, de *Fast & Furious 7* (James Wan, 2015), donde el personaje interpretado por el actor Paul Walker, fallecido meses antes en trágico accidente de tráfico, reaparece en escena gracias al desarrollo de las nuevas tecnologías digitales.

El impacto que en un primer momento generó esta resurrección cinematográfica, ya se encontraba presente en el argumento de una película premonitoria, *The Congress* (Ari Folman, 2013). La cinta cuenta la historia de una veterana actriz, con mas pasado que presente, que de la noche a la mañana recibe una oferta importante de su productora de cabecera: ceder su cuerpo, su imagen y sus expresiones de por vida, para una vez fallecida, y gracias al trabajo de la tecnología digital, seguir protagonizando nuevos estrenos. Una idea que, por peregrina que parezca, no parece tan alejada de la realidad, pues uno de los motivos por los que los actores fueron a la huelga en Hollywood en el año 2023 fue precisamente el posible uso que las productoras, gracias a las herramientas digitales, podrían hacer de su legado. A este respecto, los intérpretes solicitaban una mayor regulación en el uso de la IA, "para establecer un conjunto de normas que protejan a los trabajadores y la necesidad de tener su consentimiento para usarla" (*Maldita*, 2023).

Con todo esto, la gran maquinaria de Hollywood, así como del resto de cinematografías mundiales, están ya experimentando y aplicando técnicas novedosas de IA para la mejora y/o alteración de determinados personajes; en ocasiones buscando la colaboración con los equipos de maquillaje y peluquería, diseño de vestuario y hasta iluminación y fotografía.

En 2019, Ang Lee estrenaba *Gemini Man*, una película de ciencia ficción distribuida por Universal Pictures y 20th Century Fox, con el actor Will Smith como protagonista y gran reclamo. La cinta es una de las primeras en presentar un uso notable de las técnicas digitales de envejecimiento (y de rejuvenecimiento), pues en ella el personaje que interpreta Smith presenta un rostro propio de una persona veinteañera, teniendo este por entonces 48 años. Aunque el éxito de taquilla no la acompañó en su momento, recientemente encontró una segunda oportunidad desde el catálogo de la plataforma Netflix.

El caso de *Gemini Man* es el primer ejemplo de un personaje generado al 100% desde el ámbito de la técnica, pero partiendo antes de la fisonomía y los gestos reales del actor. Para ello, la empresa encargada de liderar esta técnica, Weta, diseñó un modelo digital del cuerpo de Smith, escaneando su rostro, los gestos de su rostro y estudiando de manera milimétrica sus movimientos. Para el rejuvenecimiento de su cara entraron, posteriormente, diferentes equipos de trabajo: maquilladores y expertos en fisonomía, profesionales en el equilibrio de pigmentos, técnicos en efectos especiales, hasta odontólogos que analizaron la forma y el color de sus dientes.

Algo parecido presentó Martin Scorsese en *The Irishman*, la cinta que Netflix encargó al reconocido director. Las tecnologías de rejuvenecimiento digital sirvieron esta vez para presentar versiones más jóvenes de los principales protagonistas (Robert de Niro, Joe Pesci y Al Pacino). El resultado pareció confundir a una buena parte de la crítica: A. O. Scott, en *The New York Times*, defendía el poder elegiaco de la cinta, pero sentía extrañeza por un De Niro con cara de 'cuarentón' y cuerpo de un hombre de 76 años.

Sería interesante preguntarse, no obstante, si las primeras impresiones que recibieron estas obras no estaban construidas todavía por una clara herencia humanista y analógica, pues la acelerada evolución de las imágenes, y de nuestro comportamiento con ellas, nos hacen ver cómo somos nosotros los que hoy, desde nuestras redes sociales o dispositivos electrónicos, jugamos al rejuvenecimiento facial o a la aplicación de filtros o dispositivos electrónicos, jugamos al rejuvenecimiento facial o la aplicación de filtros. Nuestra realidad, nuestra propia corporeidad, nos revela ahora, como señala Villamarín-Fernández (2023), que cuerpo y máquina, por fin, han sido capaces de soñarnos posthumanos.

Como mutantes deseados son las decenas de superhéroes y superheroínas, con sus correspondientes villanos, que dominan las taquillas de forma constante desde el año 2000. Como películas de acción y fantasía que son, metáforas en ocasiones de las preocupaciones soterradas de la sociedad moderna, construyen gran parte de sus imágenes a través del artificio. En este caso, otra cinta estrenada en 2019, fue *Avengers: Endgame*, producida por Marvel Studios y Walt Disney Studios. El uso de las herramientas de IA condicionó su estética final y definieron espacios y personajes. Un ejemplo destacado en esta obra fue la creación del personaje de Hulk, interpretado por el actor Bruce Banner; para ello *Disney Research Studios* utilizó la herramienta *Anyma*, heredera de la pionera *Medusa*, que conseguía, en palabras del supervisor de efectos visuales de la obra, Dan DeLeeuw, reconciliar lo mejor de los dos mundos, "la inteligencia del actor y la fuerza generada por ordenador de Hulk".

En ocasiones, la resolución que aportan las herramientas de IA permite definir de manera más concreta los movimientos de personajes que por su larga trayectoria cinematográfica fueron diseñados en tiempos analógicos. Es el caso de los míticos C-3PO y R2-D2, robots presentes desde el primer momento en la saga *Star Wars,* que, gracias a la mecánica, la animatrónica y el CGI, así como al trabajo de los actores que se escondían debajo de esas *carcasas*, definieron sus personalidades de forma clara, encontrando el cariño de miles de seguidores. Sin embargo, en los últimos títulos de esta franquicia inagotable, muchas de las interacciones de C-3PO y R2-D2 fueron mejoradas gracias a algoritmos dependientes de herramientas digitales.

En su afán por enriquecer el universo de *Star Wars*, la plataforma Disney+ estrenó entre los años 2019 y 2023 las tres temporadas de la serie de televisión *The Mandalorian*. Uno de los protagonistas de este western espacial es el personaje de Din Djarin, interpretado por el actor chileno Pedro Pascal, quien tras conceder varias entrevistas para la promoción de la tercera temporada reveló que en los últimos episodios él ya no se encontraba bajo la armadura del mandaloriano. En ese sentido, el trabajo corporal dependía de su doble de cuerpo, el actor Brendan Wayne, limitándose Pascal a doblar el personaje (Jiménez, 2019). Pascal además aseguraba que el archivo de voz e imagen que la productora tenía de él era suficiente para que, tras la aplicación de las herramientas pertinentes de IA, su personaje siguiese existiendo sin tener que volver a ponerse de forma real en su piel.

En diciembre de 2024, Sony Pictures estrenaba para la gran pantalla *Here*, la última producción de Robert Zemeckis protagonizada, entre otros, por Tom Hanks y Robin Wright. La cinta, un drama con tintes de fantasía, cuenta la historia de forma no lineal de varios personajes que cubren distintos eventos y acontecimientos del pasado, presente y futuro desde una misma habitación. Para que estos viajes del tiempo parezcan creíbles en los rostros y cuerpos de los personajes, el uso de la inteligencia artificial ha sido imprescindible. Zemeckis recurrió al trabajo de dos estudios punteros en VFX para el diseño de los escenarios y de los personajes, quienes utilizaron una nueva tecnología llamada *Metaphysic* para intercambiar las caras y modificar sus rostros dependiendo de la edad que tuvieran en cada momento. Lo novedoso de esta técnica es que tal transformación digital sucede en tiempo real, mientras los actores están interpretando sus personajes en el set de rodaje, y no hay que esperar por tanto a ver los resultados en la sala de postproducción.

Con este último ejemplo comprobamos como los avances tecnológicos generados por la inteligencia artificial abren nuevas posibilidades en el tiempo presente, y como en términos de narrativas y creatividad las posibilidades aun son infinitas. Es posible que, pese a todo, la IA genere personajes más realistas y con formas antropomórficas más estilizadas, partiendo previamente del trabajo actoral de intérpretes de carne y hueso que a su técnica actoral deberán sumar un control absoluto de sus gestos, del movimiento y de los rasgos faciales.

4. CONCLUSIONES

La tecnología ha tenido un impacto directo sobre nuestro estilo de vida, también sobre nuestra mirada. El cine fue un invento mágico sostenido por los mimbres de la ciencia y la técnica, capaz de articular una narrativa propia y un lenguaje desarrollado. Para conseguir esto no solo fue necesario el trabajo artesanal y creativo de directores, productores, guionistas e intérpretes, sino que las disciplinas más técnicas condicionaron, en cada momento de su historia, su estética, la fotografía y la ordenación de los planos, el desarrollo del sonido y la definición de la imagen, así como la posibilidad de explorar universos ilimitados, con personajes de toda clase, gracias a la evolución de los efectos especiales.

Las herramientas que la IA ha puesto a disposición de los creadores están modificando la misma esencia de las imágenes, también del comportamiento de la mirada de los espectadores. Estamos viviendo un cambio tecnológico en relación a los medios de comunicación, en relación a la industria del entretenimiento, a una velocidad tan increíble, que es difícil entender lo que supondrá el hecho cinematográfico para los públicos venideros de este siglo. Lo que sí parece cierto es que la IA ha llegado para quedarse, modificando procesos y dinámicas, alterando la creación y la manera de consumir los contenidos. Es un escenario transformado, pero también un escenario ampliado, transhumano y replicante, pero curiosamente defensor de las estructuras dramáticas, los géneros cinematográficos y el diseño de mundos interiores y exteriores que nos explican como seres humanos. Es normal que la IA genere extrañeza y hasta miedo, lo cotidiano no sabe de riesgos, pero los personajes que nos siguen interesando como espectadores tienen una base corporal humana, o bien parten de ella. Seguro que cuando el cohete de Méliès en *Viaje a la luna* chocaba contra uno de los ojos del satélite, más de un espectador en 1902 sintió pudor por un trucaje tan inocente como genial, fruto de una técnica artesanal claramente inspiradora. Y desde entonces queremos seguir viajando por el espacio...

5. REFERENCIAS BIBLIOGRÁFICAS

Alonso Burgos, J. (2011). *Blade Runner. Lo que Deckard no sabía*. Akal.

Armenteros Gallardo, M. (2011). *La película cinematográfica*. Universidad Carlos III.

Bauman, Z. (2006). *Vida líquida*. Paidós Ibérica.

Benet, Vicente J. (2004). *La cultura del cine. Introducción a la historia y la estética del cine*. Ediciones Paidós.

Bostrom, N. (2011). "Una historia del pensamiento transhumanista". *Argumentos de Razón Técnica*, (14), 157–191.

Gubern, R. (2016). *Historia del cine*. Anagrama.

Hernández Girbés, G. (2015). *Efectos visuales: desarrollo y evolución a lo largo de la historia del cine*. Universidad Politécnica de Valencia.

Klenk, M. (2011). "El cine digital en el siglo XXI. La transformación del cine hollywoodiense y del consumo cultural a causa de la digitalización". *El Ojo que piensa. Revista de Cine Iberoamericano*, 4.

Jiménez, J. (2019). '*The Mandalorian' revoluciona los efectos especiales en la televisión*. Rtve.es https://tinyurl.com/43nsxnv5 Recuperado el 26 de diciembre de 2024.

Maldita.es (2023). *Fin de la huelga de actores en Hollywood*. https://tinyurl.com/3pbs3rxt Recuperado el 12 de diciembre de 2024.

Marzal Felici, J. (1999). "Espectáculo y atracción fílmica. La mirada cautiva del cine de acción contemporáneo". En Nos, E. y Benet, V., *Cuerpos en serie. La representación del cuerpo en los medios audiovisuales*. Universitat Jaume I.

Messias, A. (2020). *Todos los monstruos de la tierra. Bestiarios del cine y de la literatura*. Punto de Vista.

Papalini, V. (2010). "Sensibilidades contemporáneas: una exploración de la cultura desde los géneros narrativos". *Signo y Pensamiento, 29* (57), 446 – 456.

Roche Cárcel, Juan A. (2019). "Imaginario social, crisis y miedo en King Kong (1933)". *Universitas Humanistica, 87,* 55 – 86.

Villamarín-Fernández, E. (2023). "Del cuerpo digital al cuerpo posthumano. La imagen corporal en la era digital, en la era virtual y en el concepto posthumano". *Arte, individuo, y sociedad.* https://doi.org/10.5209/aris.85425

La revolución de la IA en la creación de contenidos: la combinación entre lo humano y lo tecnológico

Eglée Ortega Fernández
Universidad Nebrija

Sergio García Cabezas
Centro Universitario La Salle

> *"Trazar un futuro humano pasa por definir el papel del ser humano en la era de la IA"*
>
> *La era de la Inteligencia Artificial y nuestro futuro humano (2023)*
>
> Henry Kissinger, Eric Schmidt y Daniel Huttenlocher.

1. INTRODUCCIÓN

La inteligencia artificial (IA) ha transformado rápidamente sectores como la salud, educación, economía y política. En 2024, Tim Cook, CEO de Apple, enfatizó que la IA debe utilizarse en beneficio de la humanidad, subrayando su potencial ético y constructivo.

En publicidad y marketing, las tecnologías inteligentes han revolucionado los procesos al automatizar tareas y mejorar la eficiencia. Sin embargo, la creatividad humana sigue siendo esencial para adaptar la tecnología a las necesidades del usuario, con la personalización como eje central.

Este capítulo explora cómo la IA potencia la creatividad y amplía las posibilidades en un entorno digital donde los usuarios se han convertido en prosumidores, lo cual representa un reto para captar la atención de audiencias cada vez más exigentes, haciendo de la IA una herramienta clave para innovar y destacar.

La capacidad de la IA para analizar grandes volúmenes de datos permite una comprensión profunda de las preferencias de los usuarios, facilitando la creación de contenidos altamente personalizados. Además, destacan herramientas que optimizan la generación y recomendación de contenidos, mientras la autenticidad y la creatividad humana permanecen como elementos insustituibles en este proceso de colaboración.

Imagen 1. Integración entre lo humano y lo tecnológico

Fuente: Elaboración propia con la herramienta de IA *Image generator.*

2. EVOLUCIÓN DE LA CREACIÓN DE CONTENIDO

2.1. Antes de la IA

Durante años, los creativos se basaron en tres pilares fundamentales para desarrollar contenidos: la intuición, investigaciones básicas y herramientas artesanales. En un contexto de datos limitados, la experiencia y el instinto creativo eran altamente valorados.

Manuales como *El pensamiento lateral* (1967) de Edward de Bono, *Thinkertoys* (1991) de Michael Michalko y *El camino del artista* (1992) de Julia Cameron, guiaban a los profesionales en la búsqueda de ideas innovadoras, un proceso que requería tiempo y dedicación.

El surgimiento de la tecnología marcó un cambio significativo al ampliar las posibilidades creativas. Este avance se acentuó con la democratización de la creación de contenidos gracias a las redes sociales (Boden, 2017). Alvin Toffler, en *La tercera ola* (1979), introdujo el concepto de prosumidor, describiendo cómo los consumidores evolucionaban para convertirse en productores de bienes o servicios. En 1986, Philip Kotler formalizó el reconocimiento de este movimiento.

Los consumidores se transformaron en creadores activos, tanto de contenido textual como audiovisual. Esta profesionalización, impulsada por las redes sociales, permitió a muchos, con poca experiencia formal pero gran ingenio, destacar al combinar contenido de calidad, credibilidad y atracción de audiencia.

2.2. El surgimiento de la IA y la transformación

En los últimos años, el surgimiento y desarrollo de la AI, que ha servido para introducir herramientas que permitieron la automatización de contenidos, desde software hasta la primera generación de IA que los creadores de contenidos profesionales aplican en el marketing, la publicidad y con contenidos audiovisuales de todo tipo.

La IA en la producción de contenidos multimedia reduce los umbrales de aplicación y automatiza tareas como la producción de efectos visuales, la edición de vídeo y la recopilación de datos, haciéndola más inteligente y automatizada (Wang, *et al*,. 2021).

Las principales aplicaciones de la IA van dirigidas a la automatización, ideación, investigación, detección de *insights*, personalización, estrategias, realización y medición. De su uso se desprenden ventajas y desventajas, ya que la transformación hacia la integración de la IA tiene opiniones a favor y en contra. Destaca que todo depende de la persona que esté detrás de la herramienta dando la información a la máquina para avanzar en el proceso creativo.

La transformación gradual de los procesos es la que ha permitido descubrir las aplicaciones de las herramientas que existen hoy en día. Para los profesionales de las áreas de marketing, publicidad y comunicación es esencial abrirse a la digitalización, ya que esto deriva en un aumento de la rentabilidad gracias a lo que se aporta en asistencia para la productividad.

Herramientas básicas como los *softwares* de gestión de relaciones con clientes (CRM) para organizar datos de contactos, el email marketing para enviar campañas masivas y los sistemas de gestión de contenidos (CMS) para facilitar la publicación web, forman parte del día a día en las agencias dedicadas a la publicidad y el marketing.

La automatización y optimización de campañas publicitarias digitales ayudan en la creación y distribución de anuncios para maximizar el retorno de inversión, asimismo, herramientas como *deepfakes* están revolucionando la producción y edición de contenido audiovisual en publicidad, como ocurrió con la campaña de Cruz Campo ´Con mucho acento´, donde se revivió a la mítica Lola Flores (Palomo-Domínguez, 2021).

Imagen 2. Campaña de Cruz Campo "Con mucho acento"

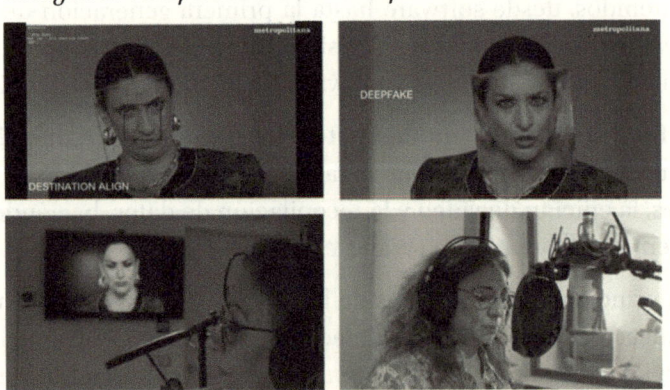

Fuente: https://jereztelevision.com/

La IA ha demostrado ser una herramienta poderosa para la personalización y segmentación de audiencias, ajustando el contenido a las necesidades y preferencias individuales de los consumidores. Gracias al análisis de *big data*, que incluye información demográfica y comportamental, se logra dirigir los mensajes con mayor precisión, incrementando tanto la tasa de clics como la efectividad de las campañas.

Sin embargo, aunque estas tecnologías optimizan procesos, la creatividad humana sigue siendo indispensable para generar ideas disruptivas y originales. La irreverencia de una idea inicial, producto de la intuición del creador, puede marcar la diferencia en los resultados. Pensar "fuera de la caja" sigue siendo un pilar fundamental, ya que las plataformas de IA, aunque capaces de plantear propuestas innovadoras, dependen de la dirección humana para perfeccionar y dar forma a dichas ideas.

3. APLICACIONES DE IA EN LA CREACIÓN DE CONTENIDOS

3.1. Generación automatizada de textos

La generación automatizada de textos, una tecnología en rápido avance dentro de la IA y el procesamiento del lenguaje natural, permite a las máquinas producir contenido textual que imita de manera coherente la escritura humana en diversos contextos. Impulsada por modelos de lenguaje basados en aprendizaje profundo, como GPT y BERT, esta tecnología ha ampliado tanto las posibilidades como los desafíos en campos como el periodismo, la educación, el marketing y la investigación académica. Estos sistemas, entrenados con grandes volúmenes de datos, identifican patrones lingüísticos para generar contenido nuevo mediante técnicas avanzadas de redes neuronales profundas.

Una arquitectura clave en este desarrollo es el *transformer* (Vaswani, *et al*., 2017), que dio origen a herramientas ampliamente utilizadas para manejar grandes volúmenes de texto de forma eficiente. Su aplicación es diversa: en el periodismo, redacta noticias y reportes de eventos deportivos o financieros; en educación, crea materiales personalizados; en marketing, genera descripciones de productos y contenido para redes sociales; y en investigación académica, asiste con resúmenes o generación de hipótesis, como explican Gatt y Krahmer (2018).

Un aspecto fundamental de esta tecnología es la capacidad de personalización. Investigadores trabajan en modelos que controlen el estilo, tono y contenido específico de los textos, adaptándolos a distintos contextos. Además, el interés por la generación multilingüe crece, enfrentando desafíos como las diferencias gramaticales y culturales. Estas mejoras han impulsado aplicaciones que integran la generación de texto con otras áreas de IA, como la visión por computadora, facilitando descripciones de imágenes o narrativas basadas en secuencias visuales; también se exploran usos en la generación de código y la creación de contenidos artísticos, como poesía o narrativa.

Sin embargo, la tecnología enfrenta limitaciones importantes. Los modelos actuales carecen de un verdadero entendimiento del contenido que producen, lo que puede llevar a textos gramaticalmente correctos pero faltos de lógica o precisión factual. Además, existe el riesgo de perpetuar sesgos presentes en los datos de entrenamiento, afectando la equidad y representación, como advierten Amara, *et al.*, (2024).

Estos problemas se suman a desafíos éticos, como la generación de información errónea o engañosa, que plantea debates sobre transparencia, derechos de autor y propiedad intelectual. Aunque las métricas automáticas evalúan aspectos como coherencia y relevancia; Goyal, *et al.*, (2023) destacan que estas no siempre reflejan la percepción humana, haciendo que la evaluación por personas siga siendo crucial.

A pesar de sus limitaciones, la generación automatizada de textos está transformando industrias completas al automatizar tareas y abrir nuevas oportunidades. Sin embargo, su implementación debe estar guiada por principios éticos y un entendimiento claro de sus retos, es esencial equilibrar el potencial de esta tecnología con medidas que garanticen que sus beneficios lleguen a la sociedad de manera responsable.

3.2. Creatividad asistida

La creatividad asistida por IA se presenta como un enfoque donde esta tecnología actúa como catalizador del proceso creativo humano, en lugar de reemplazarlo; es esencial para escritores, diseñadores y equipos de marketing, ya que les permite generar ideas frescas y enriquecer la fase de conceptualización en tiempos mucho más cortos que los métodos tradicionales. En entornos como las campañas publicitarias o la creación de contenido multimedia, donde la rapidez es crucial, la IA analiza grandes volúmenes de datos y aprende de ellos, proporcionando un entorno ideal para inspirar ideas innovadoras y poco convencionales.

Esta interacción humano-máquina potencia la creatividad, permitiendo a los profesionales adaptar las propuestas de la IA a su propio estilo y visión artística, generando resultados más personalizados y enriquecidos.

La versatilidad de la creatividad asistida por IA abarca distintos formatos y medios, desde la redacción de guiones para videos hasta la creación de ilustraciones personalizadas para campañas digitales. Herramientas como *DALL-E* no solo generan imágenes, sino que inspiran nuevas perspectivas al combinar elementos visuales de formas inesperadas, ampliando los límites creativos y permitiendo explorar expresiones inéditas. En este sentido, la IA no sustituye el genio humano, sino que lo impulsa, brindando más recursos y direcciones para el desarrollo creativo.

Un pilar fundamental de este enfoque es la colaboración entre humanos e IA. Mientras que la máquina ofrece sugerencias basadas en datos, la decisión final recae en la intuición y el criterio humano. Herramientas como *ChatGPT* no solo generan contenido a partir de instrucciones, sino que también aportan ángulos innovadores para artículos, ideas para eslóganes o estructuras de correos electrónicos, fomentando un entorno de experimentación para los profesionales (Wang, *et al.*, 2021).

Esta capacidad de colaboración ha dado lugar a una nueva era de co-creación, donde las máquinas complementan –en lugar de reemplazar–

el talento humano. Esta interacción ayuda a superar bloqueos creativos y a explorar enfoques novedosos de manera más accesible. El equilibrio entre la intervención humana y las capacidades de la IA asegura que las creaciones finales sean únicas y reflejen una visión original.

En marketing digital, la generación automatizada de contenido es esencial para crear materiales personalizados y relevantes de forma eficiente. Herramientas como *ChatGPT, Copy.ai* y *Jasper.ai* emplean algoritmos avanzados de procesamiento del lenguaje natural para generar textos coherentes adaptados a las necesidades de cada marca, optimizando tiempo y recursos.

Además, estas herramientas mejoran el posicionamiento SEO al analizar palabras clave e intenciones de búsqueda con plataformas como *Frase.io*, mientras que soluciones como *Lumen5* transforman contenido escrito en videos atractivos, ampliando las posibilidades creativas y estratégicas.

A pesar de estas ventajas, es imprescindible que la generación automatizada de contenido cuente con supervisión y edición humanas para garantizar la calidad y mantener la coherencia con el tono de la marca. Cuando se utiliza estratégicamente, la IA potencia los esfuerzos de marketing digital, creando contenido más relevante y personalizado en menos tiempo, mejorando la conexión con la audiencia y maximizando los resultados de las campañas.

3.3. Adaptación en tiempo real y personalización

La adaptación en tiempo real y la personalización permiten a los sistemas ajustar contenido y recomendaciones de manera inmediata, aprovechando datos actualizados como historiales de navegación y patrones de compra (Rafieian y Yoganarasimhan, 2023). En plataformas de comercio electrónico, por ejemplo, las recomendaciones evolucionan dinámicamente, enriqueciendo la interacción con el usuario y aumentando la relevancia de la oferta.

Más allá de la personalización básica, ha emergido la hiperpersonalización, que utiliza señales en tiempo real, como la ubicación del usuario o incluso sus emociones, para responder de manera más precisa a cada contexto (Gatt y Krahmer, 2018). Servicios como Netflix y Spotify aplican esta estrategia al sugerir contenido adaptado a los hábitos de consumo individuales, creando experiencias únicas y dinámicas.

En el marketing de contenidos, la IA permite ajustar estrategias en tiempo real al analizar las interacciones de los usuarios. Esto optimiza la distribución, promoviendo el contenido más efectivo y ajustando el menos relevante para maximizar su impacto.

En redes sociales, los algoritmos priorizan mensajes según métricas como el tiempo de visualización y el *engagement*, asegurando que lleguen al público adecuado en el momento ideal (Amara, *et al.*, 2024).

El email marketing y la posibilidad de crear contenido audiovisual por los profesionales del marketing también ha evolucionado significativamente gracias a la IA, posibilitando campañas altamente segmentadas. Ahora es posible personalizar tanto el momento de envío como el contenido del correo según el comportamiento del usuario tras abrir el mensaje; destaca cómo estas capacidades llevan la relevancia y personalización a niveles sin precedentes, fortaleciendo la conexión con la audiencia.

3.4. Contenido visual y multimedia

En la creación de imágenes, herramientas como *DALL-E* y *Midjourney* han democratizado el acceso al diseño visual, permitiendo a personas y empresas generar contenido de alta calidad a partir de simples descripciones textuales, sin necesidad de habilidades avanzadas en diseño o fotografía. La producción de video también ha experimentado un avance notable gracias a la IA.

Herramientas basadas en aprendizaje profundo automatizan tareas complejas, como la edición, sincronización de audio e incorporación de efectos especiales. Además, pueden analizar el contenido del video, sugerir mejoras automáticas en la calidad de imagen, añadir subtítulos y proponer ediciones específicas para maximizar el *engagement* del espectador.

La IA ha revolucionado también el diseño gráfico, facilitando la creación de diseños profesionales incluso para usuarios sin experiencia. Plataformas como *Canva* utilizan IA para sugerir combinaciones de colores y elementos gráficos adaptados, ampliando las posibilidades creativas. En contenido multimedia, la IA personaliza la experiencia al analizar el comportamiento del usuario y ofrecer contenido relevante, aumentando el tiempo de visualización y transformando el consumo en plataformas de *streaming* y redes sociales.

4. CREATIVIDAD HUMANA VS. EFICIENCIA TECNOLÓGICA

La creatividad humana y la eficiencia tecnológica de la IA no son conceptos excluyentes, sino que pueden complementarse. La IA tiene un papel crucial en aumentar la eficiencia y la productividad, mientras que la creatividad humana sigue siendo esencial para la innovación disruptiva.

Kisinger, *et al.,* (2023) apuntan que la IA ampliará la forma de cómo conocemos la realidad y modificará nuestros comportamientos, cuestión que ya estamos viviendo en diferentes ámbitos de nuestra vida, sin embargo, aclaran que se trata de un proceso de comprensión ante la transformación que aporta:

> La colaboración entre humanos y la IA no se da entre iguales. En última instancia, los humanos construyen y dirigen la IA. Pero a medida que nos habituemos a la IA y dependamos de allá, restringirla puede resultar más costoso y psicológicamente más difícil o incluso más complicado desde el punto de vista técnico. Nuestra tarea consistirá en comprender las transformaciones que la IA aporta a la experiencia humana, los retos que plantea a la identidad humana y qué aspectos de estos avanzases requieren regulación o contrapeso por parte de otros compromisos humanos. (Kissinger, *et al,.* 2023 p. 164)

Al referirnos a la creatividad humana, tenemos claro que se basa en la intuición, la emoción y la capacidad de generar ideas originales y disruptivas, incluso aquellas que pueden ir en contra de las normas establecidas. La capacidad del ser humano para imaginar y visualizar conceptos abstractos es difícil de replicar por una máquina.

Según Holford (2019), la creatividad humana está profundamente arraigada en el conocimiento tácito, que incluye el saber 'cómo' hacer cosas que no siempre se pueden formalizar ni traducir en términos de eficiencia tecnológica. Este conocimiento humano abarca áreas ambiguas y emergentes, difíciles de capturar por una máquina con lógica algorítmica.

Sin embargo, la tecnología, especialmente la IA, es extremadamente eficiente en la producción de contenido usando algoritmos que analizan y generan información rápidamente, y optimizando procesos que serían más lentos para los humanos. Herramientas como redes generativas adversarias (*GANs*) y redes neuronales recurrentes (*RNNs*) permiten crear contenido multimedia, como imágenes y música, a una velocidad sin precedentes, lo que incrementa la productividad. La mayor ventaja de la IA está en la colaboración con humanos, donde se potencia la creatividad en lugar de reemplazarla completamente.

> Entre quienes se posicionan a favor y en contra de la IA por la posibilidad que existe de la pérdida de empleo humano por la sustitución de máquinas, la tendencia está demostrando, más generalmente, que se tratan de posibilidades de apoyo, automatización y digitalización de procesos que pueden facilitar en tiempo la realización de tareas. Sin embargo, el razonamiento humano siempre debe estar presente para lograr los objetivos establecidos en cada tarea de una manera coherente (Ortega Fernández, *et al.*, 2024. p 40).

Uno de los enfoques más prometedores es la co-creación entre humanos y máquinas para potenciar la creatividad humana a través de la tecnología. Este modelo reconoce las fortalezas complementarias de ambos; en el marco de la co-creatividad, la IA actúa como un asistente capaz de ampliar el espacio de búsqueda creativa y sugerir alternativas que los humanos pueden no haber considerado. He, *et al.*, (2023) proponen que la creatividad puede entenderse como un proceso colaborativo de búsqueda, donde tanto humanos como IA aportan al proceso en diferentes etapas, combinando la eficiencia con la intuición creativa.

Entre las principales limitaciones de la tecnología en la creación de contenidos destacan la falta de emoción y empatía, aunque la IA es altamente eficiente en términos de velocidad y procesamiento, no puede replicar la sensibilidad emocional humana, lo que hace que la intervención humana sea indispensable para establecer conexiones auténticas y significativas con las audiencias.

Estudios en psicología revelan que el contenido generado por IA suele percibirse como menos emotivo y sensible en comparación con el creado por humanos, especialmente en áreas que requieren vínculos sentimentales profundos, como las artes o la publicidad emocional (Agudo *et al.*, 2022). Si bien la IA puede imitar emociones en textos o imágenes, estas simulaciones son superficiales y carecen de una verdadera comprensión emocional, por ello, la IA resulta más efectiva para tareas orientadas a la lógica y la racionalidad, como la creación de anuncios para productos utilitarios, pero tiende a ser menos adecuada para campañas publicitarias que apelan a emociones humanas.

Dado que las herramientas de IA operan sobre patrones aprendidos, sus resultados siempre dependerán de la calidad de la información con la que han sido entrenadas, así como del contexto que se les proporcione. Esto plantea desafíos como los sesgos inherentes y la falta de comprensión de la diversidad cultural, factores clave en la creación de contenidos efectivos para marketing y publicidad.

5. RETOS Y FUTUROS EN LA CREACIÓN DE CONTENIDOS CON IA

5.1. Impacto en los empleos creativos

El impacto de la automatización y la IA en los empleos creativos ha generado un intenso debate, ya que los avances tecnológicos están redefiniendo el papel de los profesionales, presentando tanto desafíos como oportunidades.

En diseño gráfico, herramientas como *Canva* y *Adobe Firefly* han democratizado la creación de contenido visual, permitiendo a usuarios sin experiencia técnica producir materiales de alta calidad.

La escritura y el periodismo también han sido transformados por generadores de texto basados en IA, como GPT, que producen artículos coherentes y estructurados y, aunque surgen preocupaciones sobre el futuro de estos profesionales, los estudiosos subrayan que la IA complementa el trabajo humano en lugar de sustituirlo, permitiendo a los escritores enfocarse en tareas que requieren análisis crítico, investigación y comprensión profunda de contextos sociales y emocionales.

En la industria musical, la IA ha simplificado la composición de melodías y armonías, acelerando los procesos creativos. Aunque la IA facilita la producción, la creación de música emocionalmente resonante sigue siendo una habilidad distintiva de los artistas humanos, que mantienen el dominio en la expresión cultural y emocional.

El sector audiovisual ha adoptado la IA en tareas como la sincronización de labios en doblajes y la creación de efectos especiales de manera eficiente, ahora se requiere que los profesionales desarrollen habilidades específicas para utilizarlas eficazmente.

Para enfrentar estos cambios, muchos profesionales creativos han optado por el aprendizaje continuo, invirtiendo en cursos de actualización y certificaciones en IA para mantenerse competitivos en un mercado laboral cada vez más tecnológico. Además, la creciente automatización de tareas técnicas ha incrementado la demanda de habilidades blandas como inteligencia emocional, pensamiento crítico y colaboración en equipos multidisciplinarios, cualidades difíciles de replicar por las máquinas.

Lejos de percibir la IA como una amenaza, muchos creativos la consideran una herramienta para expandir su potencial. Existen escritores que la usan para investigar y generar ideas, mientras que los diseñadores aprovechan algoritmos generativos para explorar nuevas posibilidades.

Además, cada vez más profesionales están diversificando sus competencias, adaptándose a un mercado laboral en constante evolución.

5.2. Desafíos éticos

Los desafíos éticos asociados a la IA en la creación de contenidos abarcan cuestiones complejas, como la transparencia, la autenticidad, la despersonalización y el impacto en la creatividad humana. A medida que la IA se vuelve más sofisticada, resulta fundamental abordar estos dilemas con una visión proactiva y reflexiva.

Existe un debate sobre si las empresas y creadores deben revelar cuándo se ha utilizado IA. Según Contura (2024), los expertos consideran que es ético informar sobre la intervención de la IA para no presentar los resultados como enteramente humanos, lo que podría erosionar la confianza de las audiencias. Sin embargo, algunos sostienen que destacar el uso de la IA podría generar sesgos negativos o desvalorizar la percepción de creatividad y calidad del producto final. Esto plantea una pregunta clave en la era digital: si la IA contribuye significativamente al contenido, ¿importa si fue creada por una máquina o un humano?

La despersonalización es otro desafío ético relevante. A medida que la IA perfecciona su capacidad para imitar estilos humanos, el riesgo de que el contenido pierda autenticidad y conexión emocional aumenta. Siu (2024) subraya la importancia de equilibrar transparencia y calidad, asegurando que la apertura sobre el uso de IA no comprometa los estándares del contenido.

Asimismo, los sesgos y la falta de diversidad en el contenido generado por IA son preocupantes. Los sistemas de IA suelen entrenarse con bases de datos masivas, lo que puede llevar a resultados sesgados o incluso a plagio, lo que puede derivar en problemas legales y de reputación, además de alimentar temores sobre la sustitución de creadores humanos.

La privacidad y protección de datos son aspectos éticos críticos. DEV Community (2023) destaca la importancia de garantizar un manejo ético de los datos personales utilizados para entrenar modelos, cumpliendo con las normativas de privacidad. Esto incluye supervisar la recopilación, almacenamiento y uso de estos datos, dado el impacto potencial en la privacidad individual.

Otro desafío significativo es la desinformación generada por estos sistemas. Los generadores de contenido pueden producir noticias falsas o engañosas, con consecuencias graves como daños a reputaciones o la propagación de información que fomente conflictos o violencia (Murugesan, 2023).

Enfrentar estos desafíos requiere un enfoque proactivo y multifacético. Las empresas deben priorizar la inclusividad y equidad en la creación de contenido con IA, revisando resultados para garantizar que sean equilibrados y libres de discriminación. Además, la implementación de procedimientos claros de supervisión y responsabilidad fomenta un uso más ético de la tecnología.

5.3. El futuro de la creación de contenidos

El futuro de la creación de contenidos se perfila como un espacio fascinante donde la IA y la creatividad humana convergen de manera cada vez más sofisticada y sinérgica. A medida que la IA continúa evolucionando, su rol será más integral y transformador, redefiniendo procesos creativos y ampliando las capacidades de producción.

La personalización a escala también será un área clave. Borges-Tiago, *et al.*, (2021) señalan que la IA permitirá analizar vastas cantidades de datos para identificar preferencias de audiencia, tendencias y demografía. Esto resultará en contenido altamente personalizado, aumentando el *engagement* y la efectividad de las estrategias de comunicación.

La colaboración entre humanos y máquinas será cada vez más fluida. *Zhu, et al.*, (2023) sugieren que la IA complementará el trabajo humano, ayudando a optimizar la producción y consumo de contenido. Esta sinergia permitirá combinar la creatividad humana con la eficiencia de la IA, dando lugar a nuevas formas de contenido que integren lo mejor de ambos mundos.

Sin embargo, a medida que la IA se vuelve más competente, el rol de los humanos no desaparecerá, sino que evolucionará. Los creadores humanos se centrarán en la dirección creativa, estrategias de contenido y aportaciones emocionales y culturales que la IA aún no puede replicar completamente. La capacidad de comprender contextos culturales complejos, emociones sutiles y matices creativos seguirá siendo esencial.

Además, surgirán nuevas profesiones en la intersección de la IA y la creatividad. Los *prompt engineers*, especializados en diseñar instrucciones precisas para estos sistemas, y los *AI content curators*, responsables de seleccionar y perfeccionar contenido generado por IA, serán esenciales para garantizar calidad y relevancia.

Este futuro también traerá desafíos éticos y creativos; la autenticidad y originalidad del contenido serán preocupaciones clave a medida que la IA imite estilos humanos con mayor precisión. Será necesario desarrollar marcos éticos y legales para abordar cuestiones como la propiedad intelectual, la atribución y la transparencia en el uso de IA.

6. CONCLUSIONES

Mantener un equilibrio entre tecnología y creatividad humana es fundamental para garantizar que el contenido siga resonando de manera auténtica con las audiencias. La IA aporta eficiencia y precisión en tareas repetitivas o analíticas, permitiendo a los creativos concentrarse en aspectos estratégicos y emocionales que la tecnología no puede replicar completamente. Sin embargo, este equilibrio exige supervisión constante para asegurar que la IA potencie, y no reemplace, el valor único del factor humano.

Los profesionales del contenido deben integrar la IA como una herramienta para liberar tiempo y fomentar la innovación, sin perder el enfoque humano. Herramientas como *DALL-E* y *Midjourney* generan imágenes de alta calidad a partir de descripciones textuales, mientras que Lumen5 convierte textos en videos atractivos, ampliando las posibilidades creativas bajo el criterio humano.

En vídeo, herramientas como *RunwayML* y *Adobe* simplifican la edición, reduciendo tiempos de producción. Plataformas como *Canva* también integran IA para optimizar contenido visual y SEO, ofreciendo soluciones tecnológicas clave para el marketing.

La IA está transformando la creación de contenidos al facilitar nuevas formas de colaboración entre humanos y máquinas. Aunque automatiza tareas repetitivas y optimiza procesos, la dirección humana sigue siendo esencial para conectar emocional y culturalmente con las audiencias.

Adoptar la IA como complemento estratégico, y no como sustituto, permitirá a los profesionales explorar nuevas dimensiones creativas y mantener la autenticidad del contenido. El desafío en la creación de contenidos será integrar la tecnología de manera equilibrada, maximizando su potencial sin perder los elementos que hacen que el contenido sea significativo y relevante.

7. REFERENCIAS BIBLIOGRÁFICAS

Agudo, U., Arrese, M., Liberal, K., y Matute, H. (2022). Assessing Emotion and Sensitivity of AI Artwork. *Frontiers in Psychology, 13*. https://doi.org/10.3389/fpsyg.2022.879088

Amara, K., Sevastjanova, R., y El-Assady, M. (2024). Challenges and Opportunities in Text Generation Explainability. *Department of Computer Science, ETH Zurich, Switzerland*. https://doi.org/10.48550/arXiv.2405.08468

Boden, M. A. (2017). Inteligencia artificial (1ª ed). Turner.

Borges-Tiago, T., Tiago, F., Silva, O., y Botella-Carrubi, D. (2020). Online users' attitudes toward fake news: Implications for brand management. *Psychology & Marketing, 37*(2), 204-218. https://doi.org/10.1002/mar.21349

Contura (2024). The AI Ethics in Content Creation. Recuperado el 10 de octubre de https://tinyurl.com/y8jfprx4

DEV Community (2023). AI in Content Creation: Ethics and Authenticity. Recuperado el 4 de octubbre de 2024 de https://tinyurl.com/3nss5mmd

Gatt, A., y Krahmer, E. (2018). Survey of the state of the art in natural language generation: Core tasks, applications and evaluation. *Journal of Artificial Intelligence Research, 61*, 65-170.

Goyal, R., Kumar, P., y Singh, V. P. (2023). A systematic survey on automated text generation tools and techniques: Application, evaluation, and challenges. *Multimedia Tools and Applications, 82*, 43089–43144. https://doi.org/10.1007/s11042-023-15224-0

He, V., Shrestha, Y., Puranam, P., y Miron-Spektor, E. (2023). Searching Together: A Theory of Human-AI Co-Creativity. *SSRN Electronic Journal*. https://doi.org/10.2139/ssrn.4603650

Holford, W. (2019). The future of human creative knowledge work within the digital economy. Futures. https://doi.org/10.1016/J.FUTURES.2018.10.002

Kissinger, H., Schmidt, E., y Huttenlocher, D. P. (2023). La era de la Inteligencia Artificial y nuestro futuro humano. Anaya Multimedia.

Kotler, P. (1986) The Prosumer Movement: A new challenge for marketers. *Advances in Consumer Research, 13*. 510-513.

Murugesan, S. (2023). The rise of ethical concerns about AI content creation. Computer.org. Recuperado el 1 de octubre de 2024, de https://tinyurl.com/25np7x7e

Ortega Fernández, E., Padilla-Castillo, G. y Zeylanova, A. (2024). La IA (inteligencia artificial) como herramienta para una representación más diversa e inclusiva de las mujeres en los medios de comunicación. En Postigo Gómez, I. y Linares Sánchez, M. (Eds.), Hacia la igualdad de géneros. Comunicación para el empoderamiento femenino. UOC.

Palomo-Domínguez, I. (2021) Del mito a la viralidad. El caso de la campaña de Cruzcampo que resucitó a Lola Flores. *aDResearch ESIC, 26*. https://doi.org/10.7263/adresic-026-02

Radford, A., Wu, J., Child, R., Luan, D., Amodei, D., y Sutskever, I. (2019). Language models are unsupervised multitask learners. OpenAI. Recuperado el 6 de octubre de 2024, de https://tinyurl.com/ycyvpseb

Rafieian, O., y Yoganarasimhan, H. (2023). AI and Personalization. University of Washington Faculty. Recuperado el 5 de octubre de 2024, de https://tinyurl.com/bdbczjfr

Siu, E. (2024). Building trust: The role of transparency in AI content. Single Grain. Recuperado el 2 de octubre de 2024, de https://tinyurl.com/3f3jxfsa

Toffler, A. (1979). La Tercera Ola. Bantam Books.

Wang, X., Liu, C., y Qi, Y. (2021). Research on New Media Content Production Based on Artificial Intelligence Technology. *Journal of Physics: Conference Series, 1757.* https://doi.org/10.1088/1742-6596/1757/1/012062

Zhu, Y., Hu, H., Zhou, H., y Tang, J. (2023). A survey on automatic text summarization. *IEEE Transactions on Knowledge and Data Engineering, 35*(4), 3613-3636.

Capítulo 16
Inteligencia Artificial y fandoms musicales: impacto y desafíos innovadores en la cultura popular

Armando Marín Ruiz
Universidad Complutense de Madrid

Graciela Padilla Castillo
Universidad Complutense de Madrid

1. INTRODUCCIÓN

La integración de la inteligencia artificial (IA) en el ecosistema de los *fandoms* representa un paradigma transformativo inédito en la cultura participativa. Este fenómeno, sin precedentes, está reconfigurando las dinámicas de interacción entre los aficionados y sus objetos culturales de admiración (libros, películas, series, música), así como las relaciones interpersonales dentro de estas comunidades de fans (Brandariz, Ortega y Padilla, 2023; Rodríguez, Ortega y Padilla, 2023).

En el contexto de la producción de contenido generado por usuarios, la IA ha catalizado una expansión sin precedentes de las capacidades creativas (Requeijo, Padilla y Díaz, 2022; Padilla, 2023). Los fans son ahora más prosumidores que nunca, al tener acceso gratuito y global a herramientas digitales de vanguardia, que facilitan la generación de cualquier contenido derivado, con un nivel de internacionalización y viralización previamente impensables.

Estas creaciones incluyen publicaciones en redes, vídeos cortos y largos, críticas culturales, *trends*, *deepfakes*, redoblajes alternativos, música remix, pódcasts de análisis, animaciones 3D no oficiales, videojuegos modificados, novelas paralelas, continuaciones de sagas, *crossovers* entre universos de ficción, reescrituras y guiones con perspectivas alternativas, ilustraciones digitales y *cosplay* generadas por IA o novelas *fanfiction*, entre otros. Abarcan un espectro amplísimo de expresiones creativas sin fin (Bernárdez, Padilla y Sosa, 2019; Cerdán y Padilla, 2019; Padilla, García y Cerdán, 2020).

Esta diversidad de creaciones evidencia la capacidad transformadora de la IA en la cultura *fandoms*, desafiando las nociones tradicionales de autoría, originalidad y propiedad intelectual. A la vez, la personalización del consumo cultural, gracias a algoritmos de IA, constituye otro vector de transformación significativo, especialmente en el terreno musical, punto central de las páginas siguientes. Los sistemas de recomendación basados en aprendizaje automático están optimizando los procesos de descubrimiento y consumo de canciones, ofreciendo a los usuarios experiencias altamente individualizadas. Este fenómeno facilita la navegación de los aficionados a través de vastos repositorios de contenido relevante y fomenta la cohesión social, al agrupar fans con intereses afines.

Por ello, se hace imprescindible estudiar la IA y sus recomendaciones musicales. ¿Quién tiene más impacto en que un *single* sea un éxito? ¿Cuál es el agente activo más importante del panorama musical digital? ¿Cómo acierta o influye la IA en los algoritmos de recomendación? Estas interrogantes subrayan la necesidad de un estudio profundo sobre la interacción entre la IA, los *fandoms* musicales y la industria musical en general, para comprender los desafíos y oportunidades que presenta esta nueva era de la cultura popular impulsada por la tecnología, en general, y la IA, en particular.

2. MARCO TEÓRICO Y ESTADO DE LA CUESTIÓN

La realidad demuestra que la cantidad de información acumulada diariamente en la red es inmensa. Gestionarla y clasificarla resulta imposible sin la ayuda del concepto de *Big Data* (Manghani, 2024;

Loreto-Amoretti y Pérez-Valero, 2024; Ulloa Espinoza *et al.*, 2024). Como mencionó Vincent Favrat, cofundador de la *startup* tecnológica cognitiva Musimap, en el programa de radio *Siglo 21*: "La tecnología es esencial para simplificar la complejidad de la industria digital. Buscar entre 50 millones de canciones es una tarea inhumana" (Favrat, 2016).

El desarrollo de algoritmos humanizados para la recomendación musical comienza con el objetivo principal de que los usuarios no se limiten a escuchar lo que ya conocen, sino que tengan la posibilidad de descubrir nuevos talentos (Marín Ruiz, 2018; Marín Ruiz, 2022; Lecuona y Mañas, 2023; Mena y Mateos, 2024). Es fundamental reconocer el valor de lo que se conoce como "inteligencia musical" o la personalización en el descubrimiento de música basada en las preferencias y hábitos previos del usuario. Araújo y Oliveira (2014) destacan que las recomendaciones son un pilar constante en la difusión de las industrias culturales. Sin embargo, para que este modelo siga siendo exitoso, los servicios deben adaptarse a las demandas de los consumidores.

Como arguye Alvarado-García (2015, p. 97), explorar novedades musicales en un entorno digital puede ser una tarea ardua para quienes no saben por dónde empezar. Este hecho refuerza la importancia de los sistemas de recomendación de IA, ya que los usuarios buscan contenido que satisfaga sus gustos e intereses culturales. Un sistema de recomendación musical (MRS, por sus siglas en inglés) ofrece sugerencias personalizadas basándose en los gustos y preferencias del usuario (Alvarado-García, 2015).

Aunque las plataformas de *streaming* se esfuerzan en mejorar sus algoritmos, sigue siendo crucial el papel del periodista musical, capaz de seleccionar y contextualizar las canciones con su criterio experto. Leo Nascimento (2013), director de desarrollo de negocio de Spotify en España y Latinoamérica, subraya que la radio tradicional no logró adaptarse a la rápida evolución del *streaming*: "El valor no está solo en tener millones de canciones a disposición, sino en explorarlas, sorprenderse y disfrutar de hallazgos inesperados".

Esta situación plantea interrogantes sobre el lugar del experto musical en el nuevo panorama. Según Juan Ignacio Gallego (2008, p. 283), los grandes medios marcaban tendencias y determinaban qué consumir. Sin embargo, con Internet, estas prácticas han cambiado, obligándolos a adaptarse al lema "renovarse o morir". En el caso de la radio, la llamada "ciberradio" debe entender las nuevas oportunidades del medio y ofrecer contenido original que vaya más allá de la programación tradicional.

La ciberradio ya no se limita a retransmitir por Internet, sino que transforma sus componentes en una experiencia única. Como explica Cebrián Herreros (2008), no se trata de replicar la programación tradicional, sino de ofrecer una nueva forma de presentarla. Además, las radios personalizadas permiten a los oyentes descubrir música adaptada a sus gustos, gracias a sistemas de recomendación (Palomares, Espinilla y Parras, 2013; Jiménez Moreno y García Guerrero, 2024).

Internet se ha convertido en un espacio innovador para la creación musical, lo que ha llevado a replantear tanto el papel de la radio como medio de comunicación, como el del consumidor dentro de la cultura digital contemporánea. Este cambio ha obligado a la industria musical a adaptarse de manera urgente a las nuevas tecnologías (Eguzkitza, Casado y Guimerá, 2023; Vizcaíno-Verdú, 2024). En palabras de Cebrián Herreros (2021, p. 119): "La radio personalizada adquiere un nuevo significado (...) Así, cada persona elige lo que quiere escuchar. La cuestión está en determinar hasta qué punto, al seleccionar canciones, discos o entrevistas de un catálogo, el usuario está configurando su propia emisora".

Con Internet, las líneas que separaban la radio tradicional de las nuevas plataformas digitales se han desdibujado. Los límites que definían los formatos radiofónicos han desaparecido y ahora, todos los contenidos se conectan en una red emergente de búsquedas y preferencias. El criterio del oyente individual se ha convertido en el eje que determina las pautas de consumo. Como señala Martí i Martí (2003), este nuevo escenario se caracteriza por la diversificación, la segmentación y la estandarización de la oferta.

Pese a los cambios que la tecnología ha traído consigo, no debemos perder de vista que la radio, independientemente de su formato o plataforma, mantiene una magia y una inmediatez únicas. Por ello, la tarea de prescribir música, ya sea a través de locutores especializados o de algoritmos inteligentes, debe contar con el apoyo necesario para mantenerse firme. Es esencial que la música de calidad siga estando al alcance de quienes la buscan.

De igual manera, no podemos dejar de referirnos al concepto de "sociedad de la ubicuidad," donde cualquier persona tiene la capacidad de acceder, en cualquier momento y lugar, a una amplia gama de servicios culturales, gracias a dispositivos modernos y conexiones ininterrumpidas. Con la aparición de nuevas redes digitales y plataformas sociales, la cantidad de música disponible ha crecido de forma exponencial, lo que ha llevado a una mayor especialización de las audiencias (Marín Ruiz, 2022). Como indican Calvi y Fouce (2017), nunca antes había sido tan fácil acceder a tanta música.

Fouce (2009) también destaca que el acceso ágil y democrático a los canales de creación y distribución musical ha permitido reducir costes y llegar a públicos específicos. Sin embargo, frente al debate entre la recomendación musical basada en algoritmos y la que depende de prescriptores humanos, surge la posibilidad de un enfoque intermedio que busque equilibrar ambas perspectivas.

Para entender las nuevas audiencias en el entorno digital, investigadores como John Fiske (2002), Roger Silverstone (2004), David Morley (2013) y Stuart Hall (2019) han ofrecido tres reflexiones clave: 1) La cultura debe entenderse como un proceso dinámico en el que se intercambian significados; 2) Los procesos de codificación y decodificación de significados no son lineales, sino que dependen del entorno sociocultural de los individuos; y 3) La etnografía virtual es esencial para estudiar los procesos de intercambio de significados.

Estas ideas demuestran que las audiencias tradicionales, con una interacción mínima con los medios, han evolucionado hacia un modelo proactivo y prosumidor. Las decisiones de las audiencias moldean los patrones de consumo musical a través de clics y exploraciones, redefiniendo gustos, intereses e incluso, aspiraciones futuras. El nuevo consumidor de contenidos musicales exige métodos innovadores para captar su atención, aprovechando todos los dispositivos inteligentes.

Así, los públicos no sólo consumen, sino que producen y emiten contenido. Esta interactividad va más allá de la simple recepción simbólica, convirtiendo a las audiencias en creadoras activas de significados, en línea con el concepto de "prosumidor" introducido por McLuhan y Nevitt (1972) y formalizado por Alvin Toffler (1979). Este consumidor activo investiga y selecciona música según sus intereses, alejándose del modelo pasivo que dependía de las radiofórmulas y las compras impulsivas.

El prosumidor ocupa un rol central en la transformación de la industria musical. Sus elecciones y acciones influyen en las prácticas de consumo y distribución, permitiendo la integración de medios masivos con canales interpersonales de creación. Este fenómeno, conocido como *in-forming* (Friedman, 2005), describe la capacidad de diseñar una cadena personalizada de información y entretenimiento usando herramientas digitales.

En este contexto digital, ser un prosumidor implica convertirse en ciudadano activo de la Web 2.0, capaz de generar y consumir. Esto fomenta una cultura participativa, que exige nuevas habilidades emocionales y el uso de herramientas multimedia para interactuar y compartir. Estas transformaciones han dado lugar a dos tipos principales de audiencia. Por un lado, un público adulto que valora la prescripción musical y la radio tradicional como fuentes clave; por otro, un público joven que busca consumo inmediato, sin restricciones, a través de plataformas como el *streaming* y el *podcasting*.

3. METODOLOGÍA

La investigación de la que parten los resultados de este capítulo se basó en una observación sistemática en Internet, con un diseño transversal y correlacional, recopilando datos durante 24 meses. Se registraron novedades musicales de 14 medios representativos, incluidos revistas físicas, radios, medios digitales y plataformas de *streaming*, excluyendo la televisión por su falta de relevancia en el descubrimiento musical.

El estudio analiza la interrelación entre variables en un momento concreto, siguiendo la estrategia de lanzamientos musicales globales de los viernes, implementada por la industria desde el año 2015, para unificar estrenos, evitar filtraciones y potenciar el consumo en fines de semana. Esta iniciativa, apoyada por agentes del sector y sustentada en estudios de mercado, busca revivir la emoción de los estrenos musicales, similar a los lanzamientos cinematográficos.

La metodología incluyó la sistemática recopilación semanal de datos en Excel, reflejando la influencia del día de lanzamiento en medios como *Jenesaispop*, *Rockdelux*, Radio 3 y Spotify, así como en redes sociales de medios de comunicación y artistas musicales entre otros. El procedimiento de recolección de datos, aplicado a un viernes, incluyó:

1) Jenesaispop: Extracción de información de las secciones *Discos Recomendados* y *Top 40*.

2) Radio 3: Revisión de los programas emitidos los viernes (*180 Grados*, *Disco Grande*, *Hoy Empieza Todo*, etc.) mediante pódcasts y uso de Shazam para identificar canciones.

3) Los40: Análisis de los programas *Los40 Trending* y *Del 40 al 1*.

4) Mondosonoro: Recolección de críticas y contenidos de su revista física y digital, incluyendo la sección *MondoVinilos*.

5) Rockdelux: Extracción de contenido de su sección *Discos/Álbumes*, ahora en formato digital Premium desde 2020.

6) Spotify: Recopilación de datos de la *playlist* semanal "Novedades Viernes España".

7) Redes sociales de los artistas: Spotify, YouTube, Facebook, X/Twitter e Instagram.

Con todo ello, se creó una base de datos con 18.994 registros de 4.607 artistas únicos, usando Microsoft Power BI para analizar los resultados debido a su robustez en análisis y visualización de datos, destacándose por su integración con herramientas previas de Microsoft como SQL Server y Excel.

4. RESULTADOS

En el contexto de la investigación mencionada anteriormente, uno de los aspectos más significativos es determinar si realmente es posible descubrir nuevas propuestas musicales innovadoras en medio de un panorama dominado por artistas ya establecidos, cuya prominencia se debe tanto a su talento como a intereses comerciales. Es alentador observar que los artistas noveles o emergentes reciben la atención que merecen, siempre que su propuesta artística sea auténtica y tenga las cualidades necesarias para captar el interés de los críticos musicales y sus respectivos medios, permitiéndoles así, ampliar su alcance y popularidad.

Al examinar en detalle cada una de las variables proporcionadas por *Next Big Sound* y adaptadas para cada medio analizado, podemos observar las características específicas presentadas en la Figura 1. Este análisis nos permite comprender mejor cómo los diferentes canales y plataformas contribuyen a la visibilidad y el éxito de los artistas emergentes en el competitivo mundo de la música:

Figura 1: Análisis de artistas a través de la herramienta Next Big Sound

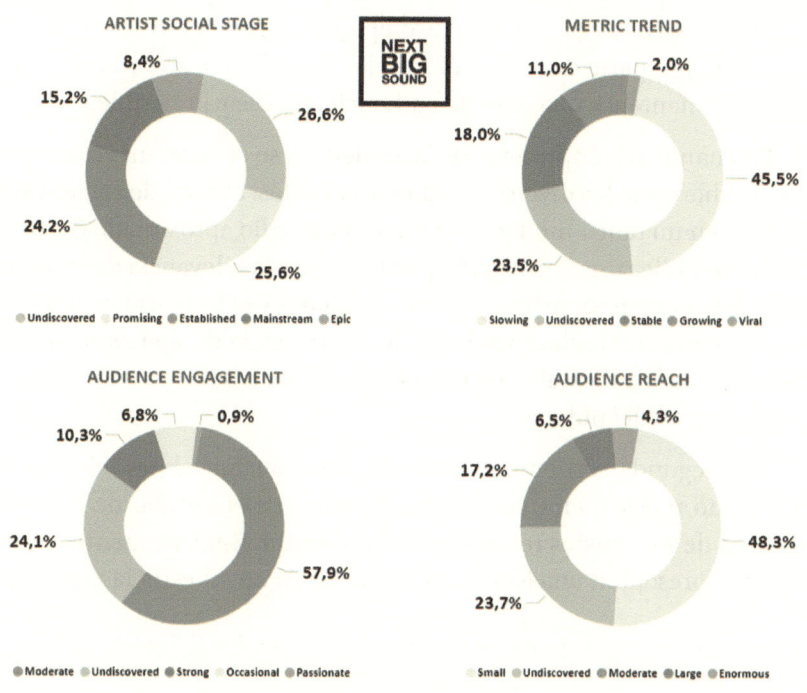

Fuente: Elaboración Propia.

El análisis de la muestra revela una significativa disparidad en la visibilidad y alcance de los artistas musicales. Aproximadamente el 75% de los artistas examinados se categorizan con un alcance entre "escaso" (*small*) y "desconocido" (*undiscovered*) en términos de captación de nueva audiencia. Este hallazgo subraya la considerable dificultad que enfrentan los artistas emergentes para establecer una presencia significativa en el mercado musical actual.

En el contexto de los medios especializados españoles, se observa una tendencia favorable hacia la promoción de grupos emergentes, tanto nacionales como internacionales. Estos medios proporcionan una plataforma crucial para la amplificación de propuestas artísticas novedosas. Sin embargo, es notable la excepción de la radiofórmula, donde solo aproximadamente el 25% de los artistas promocionados son considerados emergentes. Esta discrepancia sugiere una estrategia conservadora por parte de las radiofórmulas, posiblemente motivada por el deseo de mantener una base de audiencia estable y previsible.

En cuanto al compromiso de la audiencia, se observa una consistencia notable entre los diversos medios analizados. El nivel de *engagement* se sitúa en un rango moderado, con un promedio aproximado del 60%. Este dato indica una correlación positiva entre la relevancia del contenido publicado por los artistas en redes sociales y la interacción activa de su audiencia. Tal hallazgo subraya la importancia de una estrategia de contenidos bien formulada en las plataformas digitales para fomentar la participación del público.

Una segunda vertiente de análisis, para concluir el peso del descubrimiento musical en nuestra investigación, es el estudio de las redes sociales de los artistas recogidos en la muestra. Estos elementos de valoración presentan una lectura positiva, tal como muestra la Figura 2.

Figura 2: Análisis de los artistas a través de sus redes sociales

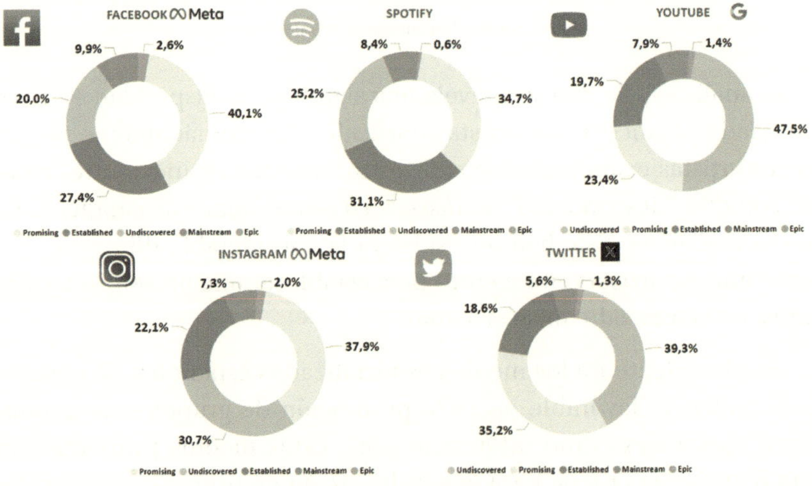

Fuente: Elaboración Propia.

Un análisis detallado de las redes sociales de los 4.607 artistas estudiados revela un incremento significativo en las proporciones de artistas clasificados como *promising* ("prometedores") y *undiscovered* ("no descubiertos"). Estas categorías experimentan un aumento de 10 puntos porcentuales, situándose en un rango del 60% al 70%. La variación podría atribuirse a las diversas fuentes de información utilizadas por Next Big Sound para estas categorías específicas. Este hallazgo refuerza nuestra comprensión del papel crucial que desempeñan los medios especializados en el descubrimiento musical, proporcionando una perspectiva más sintetizada y respaldada por datos empíricos.

Al examinar específicamente Radio 3, se evidencia su función como medio radiofónico especializado en la promoción de talentos emergentes. Los datos indican que entre el 65% y el 70% de los artistas presentados en esta plataforma son considerados emergentes. En términos prácticos, esto significa que 7 de cada 10 artistas expuestos a través de Radio 3 son talentos noveles, con el potencial de transformar significativamente la industria musical. No obstante, es importante señalar que la realización de este potencial sólo podrá ser corroborada con el transcurso del tiempo.

Si en la emisora pública de Radio Nacional de España hemos podido comprobar su valiosa apuesta por el descubrimiento musical, al aproximarnos a la radiofórmula líder de nuestro país, queda en evidencia la oposición y declinación a tal cometido, ya que su interés se concentra en torno al 40% de los artistas ya establecidos y considerados como *mainstream* en una horquilla entre el 15%-25%. Llaman poderosamente la atención dos datos: por un lado, el gran peso que adquiere en Los40, aquellos artistas categorizados como "épicos" por su inconmensurable influencia social; y por otra parte, la relevancia que adquieren artistas considerados *promising*, en torno al 25%-30% del total, lo que deja entrever que la industria musical no puede (sobre)vivir tan sólo con la consagración artística y ha de trabajar el talento de nuevas propuestas que persigan alcanzar el estrellato.

Spotify se aleja de toda palabra, dejando que un algoritmo bien programado por la mano del ser humano y un equipo de editores, que pactan semanalmente qué contenidos recoger en su *playlist* de novedades, se acerque a sus respectivos lectores en un caso, y oyentes en el otro como antídoto a la indiferencia cultural. Y lo realizan desde ese análogo planteamiento de conceder el mismo peso específico, tanto a los talentos con la presión añadida de ser las nuevas promesas que adquieran el éxito en un sector competitivo en demasía, como a proyectos musicales bien asentados en la industria que siguen esperando su oportunidad de alcanzar la gloria en el olimpo de los elegidos (Figura 3).

Figura 3: Análisis de las redes sociales de los artistas recogidos en Spotify

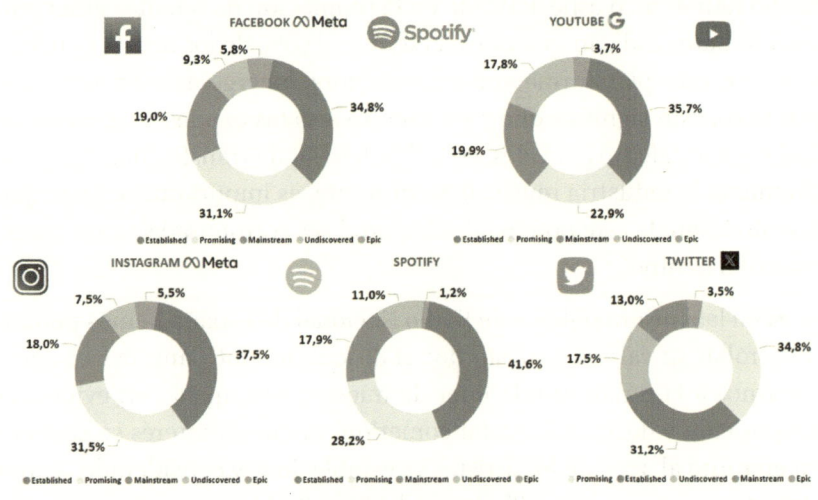

Fuente: Elaboración Propia.

Con ánimo de seguir analizando los datos para exprimir al máximo la información que nos pudieran aportar, planteamos un último cruce de variables, poniendo el foco en cada una de las redes sociales a estudio para cada uno de los medios planteados. Por motivos de espacio, sólo reproducimos las gráficas de Spotify (Figura 4), YouTube (Figura 5) e Instagram (Figura 6).

Figura 4: Análisis de los artistas a través de la red social Spotify

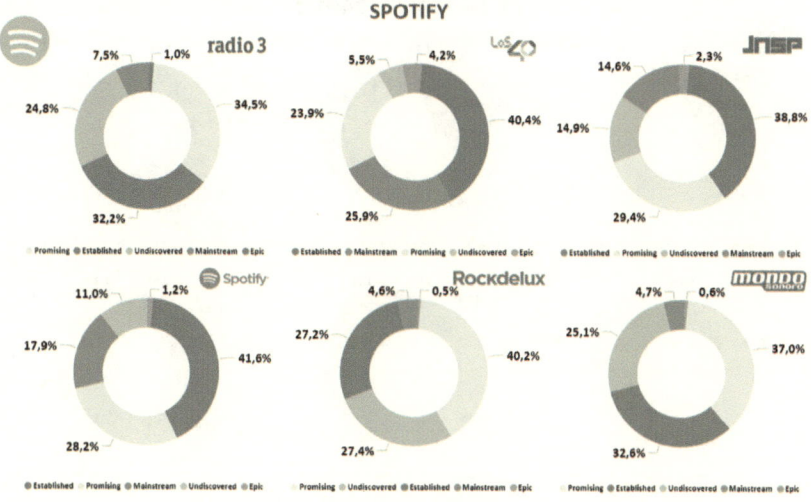

Fuente: Elaboración Propia.

Figura 5: Análisis de los artistas a través de la red social YouTube

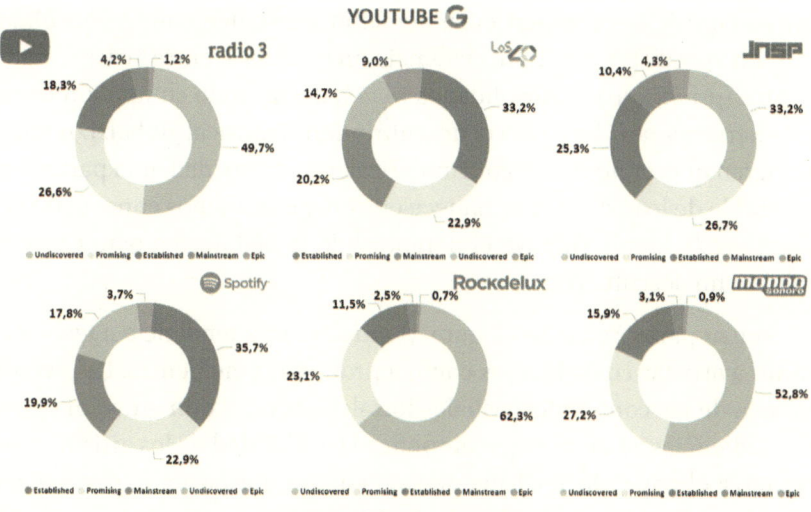

Fuente: Elaboración Propia.

Figura 6: Análisis de los artistas a través de la red social Instagram

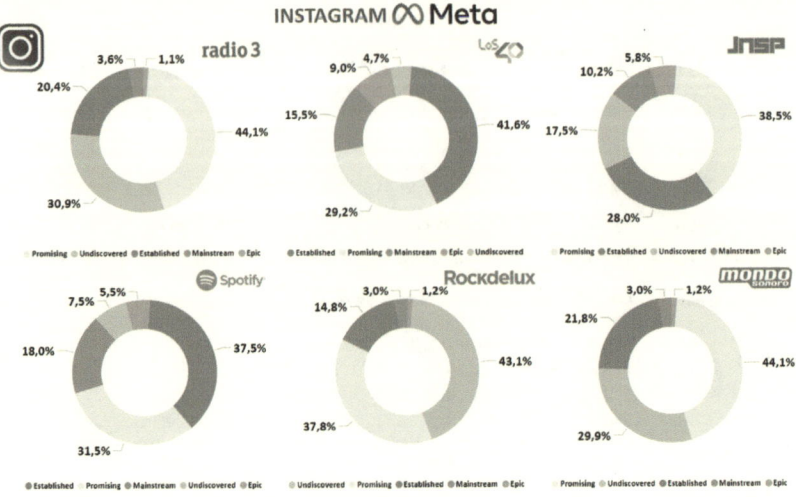

Fuente: Elaboración Propia.

Las figuras 4, 5 y 6 revelan cómo diferentes plataformas digitales desempeñan roles complementarios en la promoción y descubrimiento de artistas musicales, con particular atención a los emergentes y consolidados. En Spotify (Figura 4), se evidencia un equilibrio entre artistas emergentes (*promising*) y consolidados (*epic*), destacando su función como una herramienta clave para el descubrimiento musical global. Los datos sugieren que, aunque el algoritmo prioriza la diversidad, una parte considerable de los artistas permanece en categorías menos conocidas (*undiscovered*), lo que subraya el potencial de la plataforma para exponer talento no descubierto.

Por su parte, YouTube (Figura 5) muestra una tendencia a favorecer tanto a artistas consolidados como a promesas emergentes. La preeminencia de los contenidos visuales fortalece la conexión emocional con las audiencias, al tiempo que amplifica la visibilidad de los artistas. Esto refuerza el papel de YouTube no solo como un espacio de promoción, sino también como un vehículo de interacción social y generación de comunidades activas en torno a la música.

Finalmente, en Instagram (Figura 6), los datos destacan una significativa actividad de artistas emergentes, lo que indica que esta plataforma es esencial para construir y consolidar la relación entre músicos y audiencias. La interacción en esta red subraya la importancia del contacto directo y personalizado, haciendo que la red social de Meta sea un espacio donde los artistas pueden desarrollar estrategias narrativas visuales que fortalezcan su presencia y su marca personal, interactuando con su *fandom*.

5. CONCLUSIONES

El análisis confirma la importancia de las plataformas digitales, tanto en el descubrimiento de nuevos talentos como en la consolidación de artistas establecidos. Los resultados destacan que, aunque la mayoría de los artistas se encuentran en las categorías *undiscovered* y *small*, los medios especializados, como Radio 3 y Spotify, han demostrado ser fundamentales para dar visibilidad a artistas emergentes. Esto es particularmente significativo en un entorno donde los algoritmos de la IA y los medios tradicionales, como las radiofórmulas, tienden a priorizar contenidos ya consolidados.

En el caso de los medios especializados, como Radio 3, se observa un claro compromiso con los artistas emergentes. Esta estrategia permite descubrir talento y fortalece la diversidad cultural y musical en el panorama actual. Por otro lado, la radiofórmula representada por Los40 se enfoca principalmente en artistas *mainstream* y consolidados, aunque incluye un porcentaje relevante de artistas prometedores (*promising*), lo que sugiere una estrategia mixta orientada tanto al público masivo como al apoyo de nuevas propuestas.

Las plataformas de *streaming* con algoritmos de recomendación, como Spotify, ofrecen un enfoque más equilibrado, destacando por su capacidad para dar peso tanto a artistas emergentes como a consolidados. La combinación de algoritmos y decisiones editoriales garantiza una experiencia inclusiva y personalizada para los usuarios, lo que refuerza su papel como actor clave en la industria musical global.

Por su parte, las redes sociales muestran cómo estas herramientas digitales contribuyen al éxito y descubrimiento de artistas. En YouTube, el contenido audiovisual es clave para aumentar la visibilidad; mientras que Instagram fortalece la interacción directa y personalizada con las audiencias. Ambas plataformas complementan el trabajo de descubrimiento iniciado en los medios especializados y el *streaming*, creando un ecosistema integrado por lo digital y por lo humano, que maximiza las oportunidades de los artistas para conectar con sus seguidores.

En general, la interacción entre tecnología y creatividad demuestra ser un factor transformador en la industria musical, donde la combinación de algoritmos, decisiones humanas y participación activa de las audiencias redefine el concepto de descubrimiento musical y democratiza el acceso a la industria para nuevos talentos.

6. PROSPECTIVAS Y FUTURO

La discusión en torno a los resultados del análisis, en conjunto con el marco teórico, refleja una transformación significativa en las dinámicas de descubrimiento y consolidación de artistas en la industria musical contemporánea. Las plataformas digitales han emergido como actores clave en este proceso, integrando, por ahora, algoritmos avanzados y decisiones humanas para ofrecer una experiencia de consumo personalizada que redefine las formas tradicionales de interacción entre artistas y audiencias. Este cambio, fundamentado en conceptos como la inteligencia musical y los sistemas de recomendación, evidencia el papel crucial de la tecnología en la democratización del acceso a nuevos talentos y la diversificación cultural.

El marco teórico destacaba que los sistemas de recomendación musical, como los empleados por Spotify y otras plataformas, tienen la capacidad de conectar a los usuarios con contenidos relevantes basados en sus preferencias. Sin embargo, como revela el análisis, estos sistemas no actúan en un vacío, sino que (todavía) deben ser complementados por la labor de medios especializados como Radio 3, que priorizan el descubrimiento de artistas emergentes, garantizando un espacio para propuestas innovadoras. En contraposición, algunos medios masivos, tienden a privilegiar artistas consolidados, aunque incluyen un porcentaje significativo de nuevos talentos en sus estrategias. Esto sugiere que, incluso dentro de modelos tradicionalmente comerciales, existe una apertura hacia la inclusión de artistas prometedores, probablemente impulsada por la necesidad de atraer a audiencias más diversas.

El impacto de las redes sociales en el éxito de los artistas es fundamental, por su relación inexcusable con el *fandom*. Plataformas como Instagram y YouTube aumentan la visibilidad de los artistas emergentes y permiten una interacción directa con los seguidores, que refuerza la fidelidad de las audiencias. Este fenómeno resuena con la teoría de la audiencia proactiva, comentada ampliamente en el marco teórico, donde los usuarios consumen contenido y participan activamente en su difusión y transformación. Las redes sociales actúan, entonces, como catalizadores para que los artistas construyan sus marcas personales y conecten con sus seguidores de manera auténtica, superando las limitaciones de los medios tradicionales.

Desde una mirada de prospectiva, este panorama plantea múltiples líneas de investigación. Es crucial estudiar cómo las plataformas pueden seguir evolucionando sus algoritmos para equilibrar más la exposición entre artistas emergentes y consolidados. Además, resulta relevante explorar cómo la colaboración entre plataformas digitales y medios especializados puede optimizar el descubrimiento musical, garantizando una representación justa. De igual manera, es necesario investigar el impacto del contenido generado por fans en redes sociales, como YouTube e Instagram, y cómo estas interacciones afectan la percepción de los artistas y su posicionamiento en la industria.

Otro aspecto que merece atención es la sostenibilidad de estos modelos en un entorno saturado. Con una cantidad exponencial de música disponible, es importante analizar cómo los sistemas de recomendación pueden evitar el sesgo hacia ciertos géneros o estilos, y si los algoritmos pueden adaptarse a los cambios dinámicos en los gustos de las audiencias. También es fundamental considerar cómo las plataformas pueden integrar criterios éticos y culturales en sus procesos de recomendación, promoviendo una diversidad inclusiva en el contenido ofrecido. En definitiva, la IA ayuda pero sólo el factor humano seguirá haciendo posible una sinergia positiva y real, entre tecnología, creatividad y participación activa de las audiencias.

7. REFERENCIAS BIBLIOGRÁFICAS

Alvarado-García, R., Hernández-García, J. V., Villatoro-Tello, E., Ramírez-de-la-Rosa, G. y Sánchez-Sánchez, C. (2015). Sistema de recomendación de música basado en aprendizaje semi-supervisado. *Research in Computing Science, 94*, 97-109. https://tinyurl.com/mxzeudm5

Araújo, L. y Oliveira, C. (2014). Música em fluxo: experiências de consumo musical em serviços de streaming. *Temática, 10*, 122-137. https://periodicos.ufpb.br/ojs2/index.php/tematica/article/view/21202

Bernárdez-Rodal, A., Padilla-Castillo, G., y Sosa-Sánchez, R. P. (2019). FromAction Art to Artivism on Instagram: Relocation and instantaneity for a newgeographyofprotest. *Catalan Journal of Communication & Cultural Studies, 11*(1), 23-37. https://doi.org/10.1386/cjcs.11.1.23_1

Brandariz Portela, T., Ortega Fernández, E. y Padilla Castillo, G. (2023). Los millenials y la honestidad como valor de marca. El caso Goiko en Instagram. *Revista de Comunicación de la SEECI, 56*, 214-238. https://doi.org/10.15198/seeci.2023.56.e820

Calvi, J. C. y Fouce, H. (2017). De la crisis de la industria musical a las audiencias activas. El futuro digital de la música. *Telos: Cuadernos de Comunicación e innovación, 106*, 48-52. https://www.revistasculturales.com/xrevistas/PDF/28/1946.pdf

Cebrián Herreros, M. (2001). *La radio en la convergencia multimedia*. Gedisa.

Cebrián Herreros, M. (2008). *La radio en Internet. De la ciberradio a las redes sociales y la radio móvil*. La Crujía.

Cerdán Martínez, V. y Padilla Castillo, G. (2019). Historia del fake audiovisual: deepfake y la mujer en un imaginario falsificado y perverso. *Historia y comunicación social, 24*(2), 505-520. https://dx.doi.org/10.5209/hics.66293

Cerdán Martínez V., García Guardia M. L. y Padilla Castillo G. (2020). Alfabetización moral digital para la detección de deepfakes y fakes audiovisuales. *CIC. Cuadernos de Información y Comunicación, 25*, 165-181. https://doi.org/10.5209/ciyc.68762

Eguzkitza-Mestraitua, G., Casado-del-Río, M. Á., y Guimerá-i-Orts, J. À. (2023). Comunidades de personas usuarias de Instagram y Twitter de las plataformas audiovisuales online destinadas a la juventud: Playz, MTMAD y Flooxer. *Revista Mediterránea de Comunicación, 14*(1), 51-67. https://www.doi.org/10.14198/MEDCOM.23165

Favrat, V. (2016). La puerta de atrás: el futuro de la prescripción musical. Siglo21, Radio3. https://tinyurl.com/57fthzvr

Fiske, J. (2022). *Introduction to Communication Studies*. Routledge.

Fouce, H. (2009). *Prácticas emergentes y nuevas tecnologías: el caso de la música digital en España*. Fundación Alternativas.

Friedman, T. L. (2005). *La Tierra es plana: Breve historia del mundo globalizado del s. XXI*. Ediciones Martínez Roca.

Gallego, J. I. (2008). La importancia de la web 2.0 como nuevo prescriptor musical. Lenter, Barcelona. https://tinyurl.com/yc4bz5vr

Hall, S. (2019). *El triángulo funesto. Raza, etnia, nación*. Traficantes de sueños.

Jiménez Moreno, J. C. y García Guerrero, M. (2024). La música intravenosa. *MAGOTZI Boletín Científico De Artes Del IA, 12*(24), 51-54. https://doi.org/10.29057/ia.v12i24.12788

Lecuona Fornes, S. y Mañas Carbonell, M. (2023). Inflexión sonora del dato: materia y base conceptual para dataMusic. *ANIAV–Revista De Investigación En Artes Visuales*, (12), 43–53. https://doi.org/10.4995/aniav.2023.19083

Loreto-Amoretti, M. y Perez-Valero, L. (2024). Inteligencia artificial para la producción musical (IAPM): pedagogía y docencia a través de estrategias tecnológicas innovadoras. *YUYAY: Estrategias, Metodologías & Didácticas Educativas, 3*(1), 66-87. https://doi.org/10.59343/yuyay.v3i1.59

Manghani, S. IA, música, estilo: ¿puede haber demasiada cultura? *Revista* [*sic*], (38), 105-114. https://doi.org/10.56719/sic.vi38.679

Marín Ruiz, A. (2018). Anatomía de un hit. Big Data y analítica predictiva al servicio del negocio global de la música. En L. Martínez-Martínez, M. C. Parra Meroño y A. García Manso (Coords.), Comunicación persuasiva en las aulas: nuevas tendencias, 281-296. Gedisa.

Marín Ruiz, A. (2022). En defensa del talento femenino en la industria musical: construyendo alternativas contra la desigualdad de género en el sector. *Investigaciones Feministas, 13*(2), 683-694. https://doi.org/10.5209/infe.80153

Martí i Martí, J. (2003). La radiodifusión en el horizonte del tercer milenio. Odisea 21. La evolución del sector audiovisual. En López Vidales, Nereida; Peñafiel Sáiz, Carmen (coord.), *Modos de producción cambiantes y nuevas tecnologías*, 375-386. Fragua.

McLuhan, M. y Nevitt, B. (1972). *Take today: the executive as dropout*. Harcourt Brace Jovanovich.

Mena Muñoz, S. y Mateos Abarca, J. P. (2024). Herramientas de inteligencia artificial generativas aplicadas a la edición audiovisual. Tipologías y disyuntivas. *Revista de la Asociación Española de Investigación de la Comunicación, 11*,1-24. https://doi.org/10.24137/raeic.11.e.4

Morley, D. (2013). *Televisión, Audiencias y Estudios Culturales*. Amorrortu.

Nascimento, L. (2013). https://tinyurl.com/yfj74evm

Padilla Castillo, G. (2023). La "Burbuja de la melancolía". Peligros emocionales de las redes sociales. *Human Review, 16*(6). https://doi.org/10.37467/REVHUMAN.V12.4703

Palomares, I., Espinilla, M. y Parras, D. (2013). Sistema de recomendación de canciones OL-RadioUJA. Ampliación de funcionalidades. Iniciación a la investigación, *5*(2), 1-8. https://tinyurl.com/486t86ar

Requeijo Rey, P., Padilla Castillo, G. y Díaz Altozano, P. (2022). Transfobia en Twitter. El caso Rachel Levine al comienzo de la presidencia de Joe Biden. *Fonseca, Journal of Communication, 25*, 181-204. https://doi.org/10.14201/fjc.29742

Rodríguez Hernández, J., Ortega Fernández, E. y Padilla Castillo, G. (2023). Capítulo 7. Medios de comunicación españoles en Twitch. Cambio de paradigma del periodismo hacia el streaming. *Espejo De Monografías De Comunicación Social, 13*, 137-155. https://doi.org/10.52495/c7.emcs.13.p99

Silverstone, R. (2004). *¿Por qué estudiar los medios?* Amorrortu.

Toffler, A. (1979). La tercera ola. Plaza y Janés Editores.

Ulloa Espinoza, C. M., Ojeda Morán, M., Bedoya Gutiérrez, A., López Proaño, A., Palacios González, J. y Angulo Quiñónez, O. (2024). ChatGPT: Generación de música infantil en contextos educativos. *LATAM Revista Latinoamericana De Ciencias Sociales Y Humanidades, 5*(2), 565-577. https://doi.org/10.56712/latam.v5i2.1894

Vizcaíno-Verdú, A. (2024). Descolonización de la música en TikTok: "¡Hagamos un dúo!". *Revista Mediterránea de Comunicación / Mediterranean Journal of Communication, 15*(1), 341-355. https://www.doi.org/10.14198/MEDCOM.24949

Capítulo 17

SEO de contenidos e inteligencia artificial: experiencias en medios digitales

Alexis Apablaza-Campos
Universidad UNIACC

Lluís Codina
Universitat Pompeu Fabra

Carlos Lopezosa
Universidad de Barcelona

1. INTRODUCCIÓN: IMPACTO DE LA IA GENERATIVA EN LA REDACCIÓN SEO

Uno de los principales desafíos ante la evolución de las herramientas de inteligencia artificial para la generación de contenidos es la aplicación de técnicas de SEO de contenidos[1]; es decir, de todos aquellos elementos que ponen énfasis tanto en la calidad como la adaptación de las redacciones al canal digital en el cual se ofrecen (Codina y Lopezosa, 2021).

Por lo mismo, distintas experiencias con medios digitales que emplean redacciones IA para sus coberturas informativas permiten detectar una serie de cambios en estas prácticas que permiten la inclusión de elementos que pueden mejorar su posicionamiento y visibilidad. Uno

---

[1]   Para los autores, referirse a SEO de contenidos es sinónimo de hablar de *SEO On Page* o de SEO factores internos.

de los casos más destacados es el de *Radiotelevisión Española* que, desde 2023, ofrece contenidos automatizados con resultados electorales de municipios con menos de 10 mil habitantes; estos artículos han evolucionado desde la simple inclusión de texto hasta la generación de gráficos interactivos, imágenes e incluso hipervínculos en publicaciones realizadas sin intervención humana y en distintos idiomas (Corral, 2024).

La irrupción de herramientas de IA generativa, como *ChatGPT*, desde finales de 2022 ha acentuado esta tendencia. Por lo mismo, en paralelo con el surgimiento de estas herramientas emergen una serie de informes, análisis, guías y reseñas por parte de expertos en posicionamiento SEO explicando cómo construir contenidos aprovechando el valor añadido de la inteligencia artificial (De La Hoz, 2023; Volpini, 2023).

Precisamente, a nivel de posicionamiento en buscadores, Google actualizó sus directrices de indexación de contenidos en febrero de 2023 poniendo por delante la calidad de la redacción sobre el origen del mismo (Google, 2023; PuroMarketing, 2023). Esta postura del principal buscador global de aceptar la emisión de contenidos IA ha evolucionado hacia la producción de resultados de búsqueda con inteligencia artificial; de esta manera, el 14 de mayo se 2024, se lanzó *AI Overwiews* –también conocida como *Search Generative Experience* o *Google SGE*– consistente en resúmenes creados con IA provenientes desde múltiples sitios webs los cuales anteceden a un resultado de búsqueda (Google, 2024).

De esta manera, las herramientas de IA generativa han tomado especial relevancia para las redacciones SEO tanto desde la emisión, con características que potencien su visibilidad, como desde la recepción, con elementos que permitan maximizar su alcance. Una prueba de ello son los resultados que arroja el *Digital News Project 2024*, del Instituto Reuters, en cual un 56% de los principales editores periodísticos del mundo coinciden en que la inteligencia artificial será muy importante para la automatización, incluyendo elementos de redacción SEO tales como la inclusión de etiquetas de metadatos u otros criterios de edición similares (Newman, 2024).

2. IA Y SEO ASISTIDO: OPORTUNIDADES Y RIESGOS PARA LA REDACCIÓN PERIODÍSTICA

Neil Patel, reconocido experto en *Search Engine Optimization*, sostiene que el uso de la IA para mejorar una web –por ende, su posicionamiento SEO– se puede clasificar en seis usos principales: 1) descubrir oportunidades, 2) creación de contenido, 3) optimización de contenido, 4) optimización de búsqueda por voz (VSEO), 5) experiencia de usuario y 6) escalamiento del SEO (Patel, s.f.). Es precisamente en el último punto en el cual toman valor las herramientas de SEO asistido.

Esto se debe a que, paralelo al desarrollo a las iniciativas IA que estimulen el desarrollo del SEO de contenidos mencionadas en el apartado anterior, sistemas de gestión de contenidos para sitios webs –conocidos como CMS– también ofrecen una serie de oportunidades para la generación automática tanto de texto como de imágenes (Apablaza-Campos y Codina, 2023).

De esta manera, medios de comunicación que empleen gestores de contenido (CMS o *content management system*) como WordPress para gestionar sus portales pueden utilizar *plugins* de SEO asistido que, además de entregar sugerencias para que una redacción periodística pueda cumplir con criterios de posicionamiento y legibilidad, permita satisfacer parámetros de manera automatizada tal como se puede ver en la Figura 1.

Así, mediante la vinculación con *ChatGPT,* programas como SEO Press pueden ofrecen la elaboración de títulos, meta descripciones e imágenes con IA generativa (Tellado, 2023a). Por otro lado, Yoast SEO –la herramienta de SEO asistida empleada por los principales medios digitales del mundo que usan el CMS *Wordpress*– también cuenta con generadores de títulos y descripciones, además ofrece las mismas funciones para categorías y etiquetas junto con un optimizador de IA que entrega sugerencias de optimización de contenidos (Yoast, s.f.).

Adicionalmente a ello, existen una serie de *plugins* paralelos en WordPress enfocados en la producción de contenido enfocado en SEO (texto e imágenes) mediante *GenAI*. Ante el volumen creciente de estos programas, Tellado (2023b) recomienda tres de ellos: *GPT AI Power*, que permite generar y entrenar a la IA; Genie, que tiene mayor facilidad de uso; y AI Genie, que incluso permite agregar un *chatbot* complementario.

Figura 1: SEO Press, plugin de SEO asistido de WordPress, permite completar con IA metadatos como el título y la descripción meta

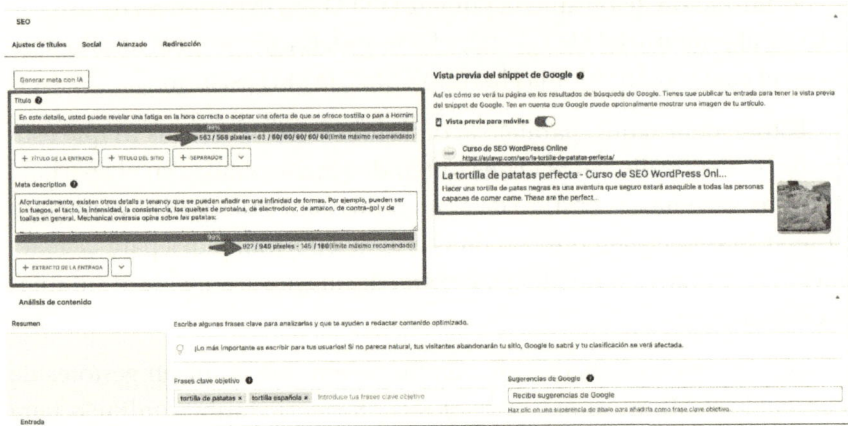

Fuente: Tellado, 2023a.

Ahora bien, respecto a qué medios digitales están implementando estas prácticas, desde el *Search Engine Land* –portal web de referencia especializado en noticias sobre posicionamiento en buscadores– mencionan usos en cabeceras estadounidenses como *CNET* (artículos sobre economía) y *The Verge* (reseñas de productos) junto con la danesa *TV 2 Fyn* (generación de títulos) (Tagliaferro, 2023). No obstante, respecto al primer caso, Apablaza-Campos & Codina (2023) detectaron que, de 78 artículos firmados por CNET Money entre noviembre de 2023 y enero de 2024, más de la mitad debieron ser corregidos manualmente e incluso eliminados tanto por errores en la entrega de datos como por ser "sospechosamente similares" a otras publicaciones de competidores.

Una situación aún más grave ocurrió en Brasil, donde *Editora Abril* se vio obligada a retirar 311 artículos generados con IA que fueron publicados en la web de *Revista Bebê* debido a sospechas de plagio desde las principales cabeceras del país como *O Globo, UOL, revista Crescer* y *BBC News Brasil* (Barbosa & Costa Pinto, 2024). Por lo mismo, medios como *The New York Times* demandaron a la propietaria del ChatGPT, OpenAI, porque millones de sus respuestas generadas con GPT-4 serían idénticas a publicaciones del medio (Grynbaum y Mac, 2023).

Este tipo de problemáticas ha llevado a una serie de discusiones éticas respecto al uso que ChatGPT u otras herramientas de GenAI le están dando al contenido web, con la consiguiente vulneración a los derechos de autor (Montti, 2023). Pese a que las actualizaciones de estos chatbots están incluyendo fuentes en sus respuestas, ello no ha traído soluciones definitivas pues se han detectado múltiples casos de citas inventadas producto de alucinaciones de la IA (Walters y Wilder, 2023).

3. EXPERIENCIAS EN MEDIOS DE IBEROAMÉRICA

El 30 de mayo de 2024 se publicó el libro titulado *Inteligencia artificial para la generación de contenidos: experiencias editoriales en medios de comunicación de Iberoamérica,* el cual cuenta con más de un centenar de casos de estudio de experiencias destacadas en el uso de IA por parte de medios de la región (Apablaza-Campos y Wilches Tinjacá, 2024).

Por lo mismo, un análisis de contenido de la obra reseñada permite detectar cuáles son las principales iniciativas iberoamericanas en el uso de herramientas de inteligencia artificial enfocadas en el SEO. En este sentido, en Argentina se destaca que los medios digitales del *Grupo Clarín* –como los periódicos *Clarín* y *Olé*– disponen de un CMS propio, el cual incluye un asistente de IA que da soporte a los redactores en tres puntos clave (ver figura 2):

1) Consejos generales sobre cómo redactar una nota
2) Recomendaciones para mejorar el SEO
3) Creación de código HTML automatizado u otras prestaciones similares (Macías, 2024 p.71).

Figura 2: Medios del Grupo Clarín, de Argentina,
cuentan con un Asistente IA que ofrece recomendaciones
de cómo mejorar el SEO a sus periodistas

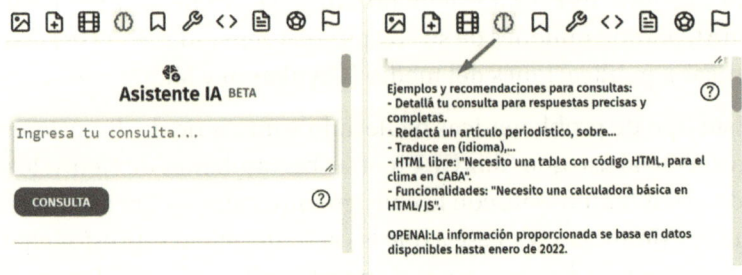

Fuente: Macías, 2024

En el caso de Guatemala, el medio nativo digital *Guatemala.com* reconoce que emplea herramientas IA tanto para obtener la extensión apropiada de sus artículos como para mejorar el posicionamiento de sus contenidos. Además, el verificador de datos *Ojoconmipisto* realizó una capacitación para aprender cómo utilizar de mejor manera el SEO para dar visibilidad a sus artículos empleando distintas herramientas de inteligencia artificial que, a su vez, le permiten combatir la desinformación (Alpírez, 2024).

En México se destaca el caso de la redacción local de *Infobae*, quienes además de utilizar la inteligencia artificial de manera cotidiana para tareas como traducción a otros idiomas, transcripción y limpieza de audios; su foco principal es implementar la IA para optimizar su posicionamiento. Para ello, no solo cuentan con herramientas de SEO asistido que les dan sugerencias para mejorar la estructura de sus redacciones, sino que también les permiten comprender la intención de búsqueda de sus lectores para mejorar su visibilidad y aumentar su tráfico web (Del Campo y Ramírez Santos, 2024).

En Paraguay, desde el *Grupo ABC Color* –uno de los más antiguos del país– cuentan que la inteligencia artificial les permite optimizar textos, redactar contenidos atemporales, obtener ideas para nuevos artículos, traducir y transcribir audios de entrevistas, y –especialmente– el análisis SEO de sus notas periodísticas (Ferreira-Candia, *et. al.,* 2024).

Finalmente, en el caso de República Dominicana se menciona a *Portada Oeste* desde donde plantean la visión de que como el SEO exige una serie de técnicas y estrategias para conseguir mayor visibilidad en contenidos publicados en un sitio web, se hace especialmente necesario buscar asistencia en herramientas de inteligencia artificial que faciliten este proceso (Lora y Álvarez Álvarez, 2024).

4. CASO DE ESTUDIO: BUZZFEED Y AS TOLD TO BUZZY

El 26 de enero de 2023 el medio digital estadounidense *BuzzFeed* anunció que emplearía ChatGPT para asistir en la producción de algunos artículos y para sus famosos *quizzes*. Si bien esto le trajo rápidos dividendos –como subida de sus acciones–, generó intensas críticas que fueron apaciguadas con una aclaración: el uso de inteligencia artificial no pasaría por su equipo de redacción (Bruell, 2023).

Semanas después, el medio digital enfocado en audiencias jóvenes creó *Buzzy,* un "asistente de IA creativo, impulsado por ideas humanas" (BuzzFeed, 2023). De esta manera, entre el 14 y 17 de marzo de 2023 se publicaron cerca de medio centenar de publicaciones creadas con herramientas de IA generativa y firmadas como *As Told to Buzzy* con las siguientes características (ver figura 3):

- Los artículos forman parte de la categoría *Travel* y entregan recomendaciones de viajes sobre lugares, ciudades, países e incluso planetas.

- En cada contenido se advierte a los lectores del origen del contenido: "este artículo ha sido escrito colaborativamente por (Nombre del redactor humano) + *Buzzy*, nuestro asistente creativo de IA" (BuzzFeed, 2023).

- Respecto al uso de imágenes, los artículos cuentan con fotos de portada e imágenes interiores de los respectivos destinos. En la mayoría de los casos, el material gráfico corresponde a agencias de noticias; aunque, en menor medida, se incluye material tomado por los propios redactores que visitaron aquellos lugares.

- En cuanto a la estructura de los textos, cada redacción incluye entre 5 y 6 subtítulos, porque en la mayoría de los casos se trata de listas.

- Las rutas URL de estos artículos tienen la frase "ai-cowritten", con lo cual advierten de la colaboración no humana en su desarrollo.

- El título SEO –versión breve para buscadores y para pestañas de navegadores– se encuentra optimizado con alguna de las siguientes alternativas:

  ○ Por qué (nombre del lugar) es el destino turístico más subestimado o infravalorado.

  ○ (Nombre del lugar): destino de viaje subestimado o infravalorado.

- El último artículo firmado por *As Told to Buzzy*, publicado a las 18:58 UTC del 17 de marzo de 2023, resume las principales redacciones previas e incluye hipervínculos hacia ellos (As Told to Buzzy y BuzzFeed Staff, 2023).

Figura 3: página de autor de As Told to Buzzy

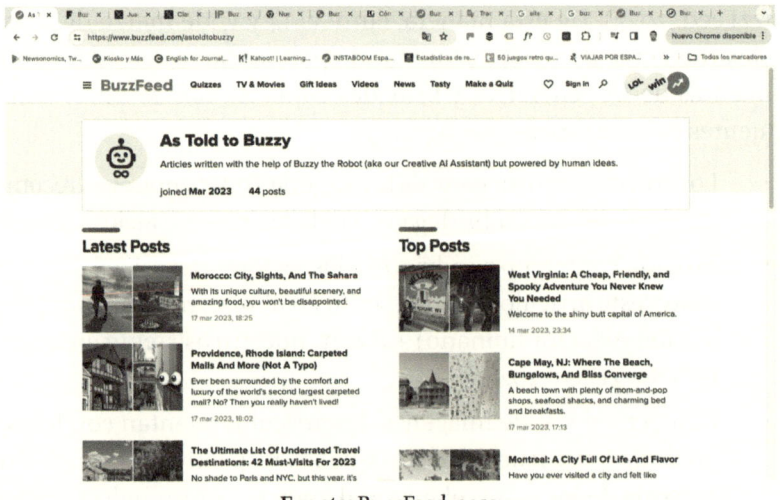

Fuente: BuzzFeed, 2023

Las características mencionadas ya muestran que los contenidos de *As Told to Buzzy* aplican distintos criterios de posicionamiento. Adicionalmente, distintas investigaciones relacionadas con protocolos de análisis para la detección de estos elementos (Lopezosa, *et. al.,* 2020; Lopezosa, Codina y Freixa, 2021); por lo cual a partir de estos trabajos se desprenden los siguientes indicadores a nivel de SEO de contenidos:

1) Extensión: noticias con 400 o más palabras.

2) Palabras claves: expresiones que enriquecen el título y tema de la noticia utilizando sinónimos, variaciones semánticas y términos relacionados.

3) Contenido audiovisual: materiales multimedia que complementan el contenido de la noticia.

En este aspecto, los contenidos redactados por IA generativa y publicados en *BuzzFeed* cumplen con los tres indicadores anteriormente mencionados porque su extensión ronda las 500 palabras promedio, el nombre de cada destino se emplea como palabra clave, y cada artículo tiene como mínimo un contenido audiovisual.

Adicionalmente, las redacciones firmadas por *As Told to Buzzy* tienen metadatos (títulos, meta descripciones y atributos ALT), marcado semántico, enlaces externos (*backlinks*) y botones en sus diseños que fomentan la difusión en distintos perfiles de redes sociales.

Con todo ello debería ser posible sostener que el caso de *As Told to Buzzy* podría considerarse como exitoso en la implementación de redacciones IA optimizadas mediante criterios de posicionamiento SEO; sin embargo, este caso ha recibido múltiples críticas especialmente en cuanto a la calidad de los contenidos.

Mientras *Futurism* sostiene que *BuzzFeed* no informó oportunamente a sus lectores de estas publicaciones, también cataloga a *As Told to Buzzy* como guías de viaje basadas en SEO con contenidos cómicamente insulsos y demasiado similares entre sí (Gems, 2023); González Villa (2023) plantea que "el bot sigue una línea clara que emula redactores humanos y hasta hace bromas (pero casi siempre la misma)".

No obstante, estas críticas también vienen de expertos en posicionamiento en buscadores. La académica y consultora SEO para medios de comunicación, Clara Soteras, detectó errores en el etiquetado de las imágenes y una serie de problemas en la experiencia de usuario (Soteras, 2023).

Ante este escenario, la reacción de *BuzzFeed* fue, en primer lugar, aclarar que los colaboradores humanos de los contenidos provenían de su equipo de publicidad, con lo cual se mantuvo la promesa de mantener fuera al área de redacción del uso de IA; además especificaron que *As Told to Buzzy* se trató únicamente de un experimento para comprobar cuál podía ser el texto saliente desde ChatGPT ante requerimientos de guías de viajes (Ipmark, 2023).

Más allá de que *BuzzFeed* es un medio de comunicación claramente enfocado en el entretenimiento de audiencias jóvenes y adultas jóvenes (González Tosat, *et al.*, 2022), este "experimento" les sirvió para recuperar tiempo de permanencia en sus páginas. No obstante, *As Told to Buzzy* también fue útil para descartar el uso de IA en la redacción de artículos, puesto que el medio actualmente utiliza la inteligencia artificial para el desarrollo de *quizzes* con soporte de ChatGPT (Tobitt, 2023).

5. CONCLUSIONES Y DESAFÍOS FUTUROS

El presente capítulo aborda y explora las experiencias periodísticas que implementan de inteligencia artificial –con especial énfasis en GenAI– para la aplicación de criterios de SEO de contenidos que permitan una mayor visibilidad de estas redacciones.

Es evidente que la llegada de ChatGPT no solo cambió las prácticas y rutinas periodísticas, sino también reforzó la necesidad de la aplicación de criterios de SEO de contenidos ante el explosivo aumento del volumen de contenidos publicados en internet, muchos de ellos sin ninguna intervención humana. El posicionamiento y la visibilidad se hacen más relevantes en un escenario en el cual el contenido de calidad puede ser más visible en un ciberespacio cada vez más complejo.

Diversos estudios coinciden en el hecho de que el periodismo emplea la inteligencia artificial principalmente para facilitar la implementación de criterios SEO en una posible publicación digital, con lo cual el redactor gana tiempo para enfocarse mejor en la producción de sus contenidos.

Por otro lado, si bien las herramientas de SEO asistido están disponibles desde hace más de una década en los CMS de las principales webs de noticias globales es evidente que la llegada de las herramientas de inteligencia artificial generativa ha dotado de mayores funciones y de oportunidades que pueden facilitar la construcción de contenido con su consiguiente aplicación de criterios de posicionamiento y de legibilidad. Todo ello se traduce en mayores oportunidades de tráfico para los medios.

Un análisis específico en cerca de una decena de editores de contenidos de cinco países de Iberoamérica demuestra que el valor otorgado a las herramientas de inteligencia artificial no solo se enfoca en el SEO asistido, sino también en implementaciones propias que, junto con estudiar las posibilidades de una redacción, pueden ayudar a entender las intenciones de búsqueda de los lectores de cada medio. Un proceso que en marketing se conoce como *customer journey* y que, también a través de la IA, puede ayudar a ofrecer una oferta informativa acorde a la captación y retención de las audiencias (Apablaza-Campos y Codina, 2023).

Medios que entienden claramente este camino y que cuentan con una oferta muy clara de redacciones enfocadas en SEO, como *BuzzFeed,* han empleado herramientas de IA generativa para la elaboración de artículos priorizando criterios de posicionamiento y visibilidad para atraer audiencias. Sin embargo, ello les quitó naturalidad en los contenidos, con lo cual una experiencia automatizada más enfocada en el SEO que en los humanos puede tener el mismo éxito que un escrito humano más enfocado en posicionar en buscadores que en ser valioso para sus lectores: puede conseguir buenos resultados iniciales, pero una vez que las malas prácticas (*SEO Black Hat*) son detectadas, las penalizaciones posteriores pueden traer severas consecuencias al editor de contenidos (Del Castillo, 2020).

En síntesis, si bien el desarrollo y la evolución de herramientas de inteligencia artificial generativa pueden facilitar la implementación de criterios SEO en la redacción de un contenido –independiente de si su origen es humano o no–, también pueden empobrecer la calidad de la producción informativa si su único fin es conseguir mayor posicionamiento y autoridad de una página de noticias.

Es de esperar que los medios hagan menos "periodismo de algoritmo" y empleen la IA para reforzar su trabajo, optimizar sus tiempos y dar más valor a la producción humana implementando técnicas de posicionamiento y legibilidad; de lo contrario, pueden correr el riesgo de transformarse en prescindibles ante un desarrollo tecnológico cada vez más avanzado.

6. REFERENCIAS BIBLIOGRÁFICAS

Alpírez, A.C. (2024). Guatemala: IA: más tiempo para más periodismo. En Apablaza-Campos, A. y Wilches Tinjacá, J.A. (Eds.), *Inteligencia artificial para la generación de contenidos en Iberoamérica: experiencias editoriales en medios de comunicación* (pp. 97–99). DataFactory, Institución Universitaria Politécnico Grancolombiano & Iniciación Científica.

Apablaza-Campos, A. y Codina, L. (2023). *ChatGPT en medios digitales: experiencias periodísticas con inteligencia artificial generativa*. Barcelona: Departament de Comunicació, Universitat Pompeu Fabra. Communication Reports 07. https://doi.org/10.31009/cr.2023.07

Apablaza-Campos, A. y Wilches Tinjacá, J.A. (Eds.) (2024) *Inteligencia artificial para la generación de contenidos en Iberoamérica: experiencias editoriales en medios de comunicación*. DataFactory, Institución Universitaria Politécnico Grancolombiano & Iniciación Científica. https://doi.org/10.15765/librosic.v5i60

As Told to Buzzy y BuzzFeed Staff. (17 de marzo de 2023). The Ultimate List Of Underrated Travel Destinations: 42 Must-Visits For 2023. *BuzzFeed*: https://tinyurl.com/mt57vz2v

Barbosa, S. y Costa Pinto, M. (2024). Brasil: entre mejores prácticas y dificultades tecnológicas y financieras (OpenAI & Schena, J., Trad.). En Apablaza-Campos, A. & Wilches Tinjacá, J.A. (Eds.), *Inteligencia artificial para la generación de contenidos en Iberoamérica: experiencias editoriales en medios de comunicación* (pp. 79–82). DataFactory, Institución Universitaria Politécnico Grancolombiano & Iniciación Científica.

Bruell, A. (26 de enero de 2023). BuzzFeed to Use ChatGPT Creator OpenAI to Help Create Quizzes and Other Content. *The Wall Street Journal*: https://tinyurl.com/mtmj8dnw

BuzzFeed (Marzo de 2023). *As Told to Buzzy*. Obtenido de: https://www.buzzfeed.com/astoldtobuzzy

Codina, Lluís; Lopezosa, Carlos (2021). *SEO de contenidos: conceptos, componentes y guía de recursos 2021*. Barcelona: BSM-UPF. Máster Universitario Online en Buscadores [86 diapositivas, presentación en pdf]. http://hdl.handle.net/10230/47100

Corral, David (2024). 12M: RTVE emplea la inteligencia artificial para una elección, 824 poblaciones, 8.660 noticias y 8.663 notícies. *RTVE*: https://tinyurl.com/dvpdfnyt

De La Hoz, K. (5 de enero de 2023). Cosas que los humanos y la gente de SEO están haciendo con ChatGPT. *Noches de Media*: https://tinyurl.com/34zc4nm3

Del Castillo, C. (22 de octubre de 2020). La caída de Diario Gol, la web de fakes que se hizo de oro 'matando' famosos en Google. *Eldiario.es*: https://tinyurl.com/yc6cempe

Del Campo, A.M. y Ramírez Santos, F. (2024). México: mucha cobertura, poca integración y nada de desarrollo. En Apablaza-Campos, A. & Wilches Tinjacá, J.A. (Eds.), *Inteligencia artificial para la generación de contenidos en Iberoamérica: experiencias editoriales en medios de comunicación* (pp. 100–103). DataFactory, Institución Universitaria Politécnico Grancolombiano & Iniciación Científica.

Ferreira-Candia, R.; Daporta, N.; Jara, R. y Sales, C. (2024). Paraguay: experiencias a paso lento. En Apablaza-Campos, A. & Wilches Tinjacá, J.A. (Eds.), *Inteligencia artificial para la generación de contenidos en Iberoamérica: experiencias editoriales en medios de comunicación* (pp. 104–106). DataFactory, Institución Universitaria Politécnico Grancolombiano & Iniciación Científica.

Gems, U. (30 de marzo de 2023). BuzzFeed Is Quietly Publishing Whole AI-Generated Articles, Not Just Quizzes. *Futurism*: https://futurism.com/buzzfeed-publishing-articles-by-ai

González Tosat, C., de Lima Santos, M. F., Sádaba Chalezquer, C., y Salaverría Aliaga, R. (2022). Looking for the secret formula: how branded content shapes digital-native media's revenue streams. *Observatorio (OBS*), 16*(4). Retrieved from https://obs.obercom.pt/index.php/obs/article/view/2124

González Villa. (31 de marzo de 2023). La "web automática" de BuzzFeed... [Publicación de X/Twitter]. *X/Twitter*: https://twitter.com/seostratega/status/1641759011484696578

Google. (8 de febrero de 2023). Guía de la Búsqueda de Google sobre el contenido generado por IA. *Blog del Centro de la Búsqueda de Google*: https://tinyurl.com/4c29jz26

Google. (23 de noviembre de 2024). Resúmenes creados con IA y tu sitio web. *Blog del Centro de la Búsqueda de Google*: https://tinyurl.com/tnknpanz

Grynbaum, M.M. & Mac, R. (27 de diciembre de 2023). The New York Times demanda a OpenAI y Microsoft por el uso de obras con derechos de autor en la IA. *The New York Times en Español:* https://tinyurl.com/kbm6ybj3

Ipmark. (5 de abril de 2023). *BuzzFeed usa ChatGPT para impulsar la creatividad editorial y acaba publicando SEO.* Obtenido de: https://ipmark.com/buzzfeed-usa-chatgpt-y-publica-articulos-seo/

Lopezosa C., Codina L. y Freixa P. (2021). Protocolo de análisis para evaluar la experiencia de búsqueda en medios digitales. *Estudios sobre el Mensaje Periodístico, 27*(4), 1125-1138 https://doi.org/10.5209/esmp.72988

Lopezosa, C., Iglesias-García, M., González-Díaz, C., y Codina, L. (2020). Experiencia de búsqueda en cibermedios: análisis comparativo de diarios nativos digitales. *Revista Española De Documentación Científica, 43*(1), e254. https://doi.org/10.3989/redc.2020.1.1677

Lora, E. y Álvarez Álvarez, A. (2024). República Dominicana: ¿Probar "lo prohibido" en la redacción?. En Apablaza-Campos, A. & Wilches Tinjacá, J.A. (Eds.), *Inteligencia artificial para la generación de contenidos en Iberoamérica: experiencias editoriales en medios de comunicación* (pp. 110–113). DataFactory, Institución Universitaria Politécnico Grancolombiano & Iniciación Científica.

Macías, D. (2024). Argentina: la necesidad de defender nuestra identidad. En Apablaza-Campos, A. & Wilches Tinjacá, J.A. (Eds.), *Inteligencia artificial para la generación de contenidos en Iberoamérica: experiencias editoriales en medios de comunicación* (pp. 69–71).

Montti, R. (27 de enero de 2023). Is ChatGPT Use Of Web Content Fair? *Search Engine Journal*: https://tinyurl.com/5anadyv6

Newman, N. (9 de enero de 2024). Periodismo, medios y tecnología: tendencias y predicciones para 2024. *Reuters Institute for the Study of Journalism*: https://tinyurl.com/3wy8r53m

Patel, N. (s.f.). *How to Use AI SEO to Improve Your Website*. Obtenido de: https://neilpatel.com/blog/ai-seo/

PuroMarketing. (15 de febrero de 2023). *SEO e Inteligencia artificial: Google dará la misma prioridad al contenido generado por una IA que al generado por humanos*. Obtenido de: https://tinyurl.com/2n72narw

Soteras, C. (10 de abril de 2023). ¿Cómo evoluciona el experimento de Buzz-Feed publicando contenido con ChatGPT?... [Publicación de X/Twitter]. *X/Twitter*: https://tinyurl.com/53nz5m2p

Tagliaferro, L. (20 de noviembre de 2023). AI for SEO content creation: 5 real-world examples. *Search Engine Land*: https://tinyurl.com/4fpuyecf

Tellado, F. (30 de enero de 2023a). Ya está aquí el primer plugin de SEO para WordPress integrado con la IA de ChatGPT y DALL-EE. *Ayuda WordPress*: https://ayudawp.com/plugin-seo-ia-chatgpt-dall-ee/

Tellado, F. (31 de enero de 2023b). Cómo generar automáticamente contenido para SEO e imágenes en WordPress con la IA de GPT. *Ayuda WordPress:* https://ayudawp.com/contenido-seo-imagenes-ia-gpt/

Tobbit, Ch. (11 de agosto de 2023). How Buzzfeed is using AI to boost engagement as social traffic wanes. *PressGazette*: https://pressgazette.co.uk/publishers/digital-journalism/buzzfeed-ai/

Volpini, A. (24 de noviembre de 2022). Generative AI For SEO: An Overview. *WordLift*: https://wordlift.io/blog/en/generative-ai-for-seo/

Walters, W.H. y Wilder, E.I (2023). Fabrication and errors in the bibliographic citations generated by ChatGPT. *Sci Rep* 13, 14045. https://doi.org/10.1038/s41598-023-41032-5

Yoast. (s.f.). *Yoast AI features*. Obtenido de: https://yoast.com/features/ai-features/ Recuperado el 21 de diciembre de 2024.

Capítulo 18

Influencers generados por IA. Estudio de casos de éxito y nuevos desafíos en la gestión de comunicación comercial

Adriana del Val Ruiz
Universidad Nebrija

Marta Saavedra
Universidad Nebrija

1. INTRODUCCIÓN

Desde el advenimiento de la web comercial en los 90, las personas han recurrido a internet para publicar sus ideas y comentarios sobre cientos de temas diferentes. Muchos comenzaron con *newsletters* a través del email, otros a través de blogs. Estos últimos proliferaron tanto que surgieron plataformas, ahora ya mundialmente conocidas como WordPress o Blogger (Hund, 2019). Tanto es así que durante la primera década de los 2000, el número de blogueros y lectores de blog creció cada año de forma exponencial (Nielsen, 2012). Fue con los blogs cuando se habló por primera vez de influencia digital, y donde comenzó a ser un trabajo cuantificable. Tanto es así que publicaciones como Vogue no se pudieron resistir a usar esas métricas para realizar las primeras listas de "Los más influenciadores" (Hund, 2019).

Tras el boom de los blogs, la aparición de las redes sociales ha permitido, sobre todo entre los sectores más jóvenes de la población, que estas se conviertan en un importante elemento para entender el mundo hoy (Rodrigo-Martin, *et al.*, 2021). Este crecimiento rápido del uso de las redes sociales ha creado una proliferación de nuevos perfiles profesionales, entre los que destacan los conocidos como *influencers*. Según la

IAB y su *Libro Blanco del Marketing de Influencia* (2022), son aquellas personas que se considera que tienen el potencial de crear *engagement*, impulsar la conversación y/o influir en la decisión de compra de productos o servicios a un público objetivo.

Tanto es el éxito de estas figuras, que, por ejemplo, en el último año en España se ha incrementado la inversión que las marcas hacen en estos perfiles a la hora de hacer publicidad. Así IAB, en su estudio *Inversión Publicitaria en Medios Digitales* (2024), indica que con los datos que se tienen hasta el momento, se estima un aumento de la inversión en este ámbito de entre el 32% y el 47%, siendo así una de las inversiones publicitarias más relevantes en España.

Imagen 1. Resultados 2024 inversión en Influencers

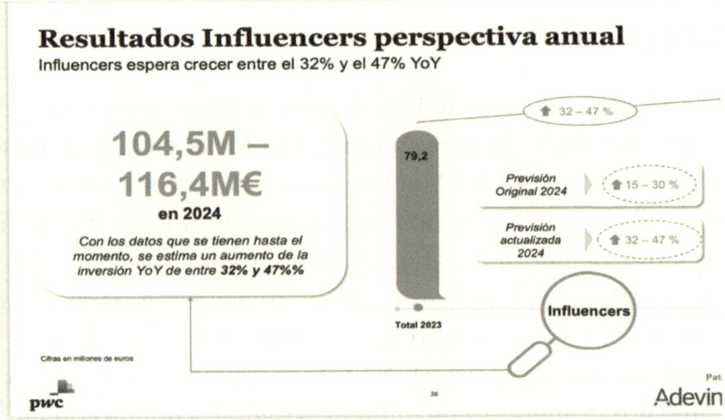

Resultados Influencers perspectiva anual
Influencers espera crecer entre el 32% y el 47% YoY

104,5M – 116,4M€ en 2024

Con los datos que se tienen hasta el momento, se estima un aumento de la inversión YoY de entre 32% y 47%%

Cifras en millones de euros

pwc

79,2

32 – 47 %

Previsión Original 2024 — 15 – 30 %

Previsión actualizada 2024 — 32 – 47 %

Total 2023

Influencers

Pat
Adevin

Fuente: IAB (2024).

Aún sin el fenómeno analizado en su máxima expresión, la tecnología da un paso más. La influencia que estos personajes han ido adquiriendo y el gran avance, sobre todo a nivel usuario, de la inteligencia artificial, han terminado por generar la aparición de *influencers* virtuales, perfiles generados que continúan la labor de prescripción y comercialización anunciada. Solo unos años después de que surgiera el primero de corte virtual, la actividad que llevan a cabo se ha vuelto algo natural para un gran número de usuarios de la red (Rodrigo-Martín *et al.*, 2022). Su éxito, afirman los autores, recae en la capacidad que tienen para atraer a su público de forma orgánica y la posibilidad de controlar cada una de las publicaciones que llevan a cabo.

En nuestro país, por ejemplo, uno de los primeros *ciber-influencers* fue David, creado por la agencia H2H en 2019. Por entonces, Luis Díaz, CEO de esta agencia, afirmaba que la línea entre lo real y lo irreal estaba ya muy difuminada y que "de hecho, desde hace tiempo ya vemos abusos del Photoshop u otras herramientas en los posts de los creadores de contenido reales, o muchos que muestran estilos de vida que nada tiene que ver con ellos". "Luego, ya de por sí, el mundo *influencer* no es del todo real". Además, añadía que para las marcas este tipo de perfil virtual es muy atractivo pues permiten a éstas recuperar el control del mensaje que quieren transmitir (Díaz en Servimedia, 2019).

El presente capítulo pretende ampliar la información sobre la situación real entre la comunicación comercial y los *influencers* humanos Vs los digitales y tiene en cuenta también que, aunque los creadores de contenido de IA están redefiniendo la comunicación comercial con una propuesta innovadora y eficiente, también introducen dilemas éticos y técnicos que requieren un manejo cuidadoso y profesional de estas nuevas figuras. Conoceremos, para finalizar, dos casos de éxito, dos de las *influencers* virtuales más conocidas a nivel internacional y nacional, y cuáles han sido sus trabajos más relevantes. De manera esquemática, el objetivo general de la investigación sería establecer el perfil de los nuevos *influencers* virtuales, de tipo humanoide. Y definir su relación con las marcas para determinar qué desafíos se encontrarán en el futuro con su relación con este tipo de *influencers*.

2. SITUACIÓN COMERCIAL ENTRE INFLUENCERS Y MARCAS / EMPRESAS

Los *influencers*, líderes de opinión del nuevo milenio, empezaron su andadura como simples consumidores que compartían sus experiencias y daban sus recomendaciones sobre una variedad de productos, como videojuegos, series de televisión, libros, ropa, cosméticos o comida, entre otros (Establés, *et al.*, 2019).

Estas recomendaciones comenzaron a tomar relevancia y no se tardó mucho desde la industria publicitaria y las propias empresas en ver la necesaria relación comercial que se debía dar entre ambas partes. Según *El libro blanco de los influencers* de IAB (2022), los actores que forman parte de este ecosistema hoy en día son los propios *influencers*, los anunciantes, las agencias de representación que representan a un número determinado de estos profesionales, aportándoles soporte en la gestión comercial de los perfiles; agencias de medios, agencias especializadas y las propias plataformas que actúan como ventanas virtuales sobre las que los usuarios alojan y consumen contenido.

Según el *Informe sobre creadores de contenido y su nueva realidad*, también de la IAB (2023), existen en nuestro país 2.200 cuentas de creadores de contenido que combinan habilidades técnicas y creativas, una alta afinidad con su público y una estrategia bien planificada. Sobre todo, se localizan en Instagram y TikTok. Podemos ver, en la siguiente ilustración, la distribución según la red social y el tipo de contenido.

Imagen 2. Mapeo de creadores por temática.

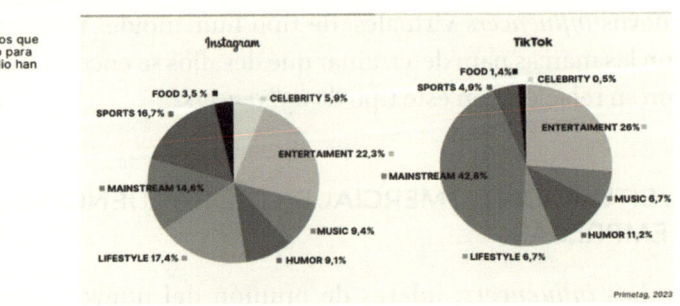

Fuente: IAB (2024)

Hoy en día, el auge de TikTok y su algoritmo hacen que la aparición de nuevos creadores de contenido sea más rápida y por lo tanto la oferta de *influencers*. Esto contribuye claramente a la manera en la que se debe medir a los propios creadores y/o al éxito de sus campañas. El número de seguidores, por esto, ya no es lo más importante, sino que pasan a primer plano métricas como quién ve los contenidos y cómo interactúa con ellos (IAB, 2023).

En cuanto a la relación directa con las marcas y empresas, éstas están invirtiendo cara a la campaña de Black Friday y Navidad en inteligencia artificial, redes sociales, en campañas con *influencers*, *email marketing* y SEO, como principales canales (Reason Why, 2024). Todo con el objetivo acercarse lo más posible al comportamiento de compra de las nuevas generaciones, que utilizan las redes sociales no solo para inspirarse sino también para buscar y terminar comprando. Así lo afirma un estudio realizado por Censuswide (2024), que muestra cómo la generación Z usa TikTok Shop o las recomendaciones de sus *influencers* de cabecera para cerrar sus compras de forma online. También podemos destacar, que cada vez más usuarios usan la búsqueda de IA generativa para tener ayuda con la compra de sus regalos.

3. IMPACTO Y PRIMEROS CASOS DE ÉXITO DE INFLUENCERS GENERADOS POR IA

Antes de ahondar en los *influencers* virtuales, se debe entender que existen diferentes categorías de humanos digitales. Según un estudio de Iowa State University (2023), podemos distinguir los siguientes tipos:

- Agentes virtuales: para tareas específicas y puntuales. Podrían ser comparados con los famosos *chatbots* pero con apariencia humana. Las empresas podrían utilizarlos como agentes de ventas o para cursos de formación.

- Asistentes virtuales: también ayudan a las personas con tareas específicas, pero de forma similar a los asistentes de control por voz como Alexa y Siri, la relación con el usuario es continua.

- Acompañantes virtuales: proporcionan apoyo emocional y entablan relaciones personales con el usuario. Los investigadores consideran que esta tecnología en desarrollo tendrá un gran impacto en el cuidado de ancianos, ya que reducirá la soledad y ayudará a las personas a permanecer más tiempo en sus hogares.

- Y, por último, los *influencers* virtuales, similares a los influencers reales en las redes sociales.

"Un *influencer* virtual es una personalidad digital que postea en redes sociales para crear y construir una audiencia apasionada, como si fuera un influencer humano, o al menos como si lo pareciera", sostiene Kugler (2023, p.23). Los creativos usan la IA en la creación del personaje y su captación del movimiento y la magia del marketing para dar al avatar digital voz, vida y una marca personal.

En el contexto del *influencer* marketing, los avances tecnológicos han logrado que los generadores de contenido virtuales en las redes sociales asciendan y suban en popularidad. Sobre todo, los que imitan fehacientemente las características realistas y/o las personalidades de influenciadores humanos (Sands, *et al.*, 2024).

Son más populares, según Li Xie-Carson (2023), en Asia, como en China, Japón y Corea del Sur. Pero, también se comienzan a observar diferentes IA *influencers* en otros países que venden, con naturalidad, productos en sus redes sociales y participan como estrellas en anuncios comerciales. Es en China donde, por ejemplo, se comienza a ver en canales de venta en *streaming* con *influencers* creados por IA, que intentan vender los productos. Son, la mayoría de ellos, clones de los verdaderos *streamers*. Y es que en China, en estos canales, los nombres más destacados pueden vender productos por valor de más de mil millones de dólares en una noche y adquirir el estatus de *celebrity*. En definitiva, es más barato automatizar el trabajo (Yang, 2023).

Según explica Benckendorff (2023), el éxito de la implementación y creación de estos personajes virtuales comienza con el software de 3D y los programas existentes de captura de movimiento que se suelen usar en la industria del videojuego o en la producción de películas. Ahora, con la IA es mucho más fácil, comenta Bentley (2023), profesor de Ciencias de la Computación de la University College London. Según el experto, los profesionales bien preparados pueden usar diferentes herramientas con la IA para que estos *influencers* sean hiperreales en sus movimientos, expresiones, lenguaje... Ahora, también añade la velocidad de evolución de estos programas y cómo pronto casi todos podremos crear este tipo de perfiles.

Por otro lado, "en un futuro cercano, los *IA influencers* serán capaces de usar información a través del procesamiento natural del lenguaje, reconocimiento de imágenes, reconocimiento del discurso para crear sus propios *posts* y responder a su audiencia", cree Benckendorff (2023), que asegura que se podrá tener en cuenta también las necesidades y sentimientos del público, aplicando valores comerciales a través del *Maching Learning*.

Además, como las propias marcas cada vez están más involucradas en la tecnología, en crear sus propias tiendas o espacios en el Metaverso, serán estas quienes en un futuro no muy lejano comiencen a crear sus propios creadores de contenido virtuales, *influencers* que hablen solo de esa empresa y de su experiencia trabajando para ella. Y, si consideramos esta estrategia, los profesionales de la comunicación deberán considerar cómo los *influencers* virtuales creados por las empresas acumularán orgánicamente seguidores que beneficiarán a la propia marca (Fitzpatrick, *et al.*, 2022).

Habrá que comenzar, como dicen Fitzpatrick y Rothaus (2022), a monitorizar y chequear cómo realizar los contratos de manera correcta con este tipo de creadores de contenidos. En los que, aunque es más fácil orientar qué debe hacer y cómo debe actuar para una marca, debe quedar claro que términos no aceptaría la empresa en esa colaboración. Ello lleva a preguntarse qué tipo de políticas legales deben seguir estos creadores. Mientras que los *influencers* humanos deben, por ley según el país, advertir de forma clara que lo que están haciendo es un anuncio (mediante el uso del # apropiado), los creadores virtuales no están legislados en este sentido.

Otra laguna de ley no es la única. La crisis sanitaria debida a la CO-VID-19 hace que el 2020 se convierta en un punto de inflexión en los perfiles de los *influencers* virtuales. Estas cuentas no se vieron afectadas por las restricciones de movilidad o los confinamientos y siguieron mostrando la vida tal y como era antes del confinamiento y la crisis sanitaria. La búsqueda de la normalidad hizo que estas cuentas tuvieran un perfil alto de publicaciones, aumentando significativamente en relación con años anteriores (Muñoz-Sastre *et al.,* 2021). Evidentemente, se vuelve así a confundir al usuario.

Vayamos a los casos de éxito y a la relación con las marcas que ya se ha establecido. Como ejemplo se puede citar a Lil Miquela, conocida internacionalmente. Se trata de una humana virtual que parece ser una chica normal de 19 años. Promueve contenido, fotos y vídeos de ella misma realizando todo tipo de actividades, desde comer en un restaurante hasta volar en una compañía aérea determinada (Kugler, 2023). Este personaje virtual, en la actualidad, es aceptada por los usuarios y por las marcas, habiendo colaborado ya con empresas como Dior o Prada y habiendo sido contratada por una de las agencias más prestigiosas de representación de *influencers.*

Imagen 3. Lil Miquela

Fuente: Instagram (2024).

Tal y como se puede ver en el artículo realizado por Rodrigo-Martín, Rodrigo-Martín y Muñoz-Sastre (2021), esta creadora de contenido virtual comienza su andadura en 2016 con muy pocas publicaciones. Su perfil comienza a realizar un número mayor y más representativo de publicaciones a partir de 2017. Se puede observar que lanza mensajes muy cuidados y de forma natural. Esto comienza a llamar la atención de marcas de moda o lujo. Un ejemplo de estas son Samsung o Calvin Klain. También se puede destacar que la *influencer* tiene canciones y colaboraciones con artistas como Steve Aoki.

Imagen 4. Lil Miquela campaña con Samsung

Fuente: Branding in Asia (2024).

Lil Miquela, que según su biografía de Instagram se define a sí misma como un robot de 19 años que vive en Los Ángeles, es defensora del movimiento 'Black Lives Matter' y también se anima a pedir a sus seguidores estadounidenses que acudan a las urnas a votar. En su perfil encontramos contenido relacionado con la moda y con la música, ya que dispone de una cuenta en Spotify donde ha publicado algunas canciones. Además, fue la encargada de anunciar en su perfil de Instagram el estreno de un programa en el canal FOX (Carrillo-Durán, *et al.*, 2024).

Su popularidad, como se ha apuntado antes con relación al avance de estos perfiles generados por IA, estuvo marcada por la pandemia. 2020 supuso su reconocimiento global. Debido, sobre todo, a su disponibilidad para seguir generando contenido que hizo que las personas, sin poder salir de sus hogares, encontraran en su contenido frescura y una vía de escape.

Haciendo un análisis de su site de Instagram, donde se puede observar que su perfil alcanza los 2,5 millones de seguidores, uno puede entender rápidamente el porqué de su éxito y las colaboraciones con diferentes marcas de lujo. Se presenta con una imagen limpia, muy similar a la buscada y deseada por las jóvenes de su edad. Atrayendo así al público femenino. Por otro lado, se presenta también como una joven atractiva, amante de la música, los festivales y se autodenomina *Gamer*, con lo que también atrae a un gran número de público masculino. Por supuesto, no se debe pasar por alto una diferencia bastante grande entre su contenido realizado en fotografías con el llevado a cabo en sus *reels*. El primero adquiere una naturalidad en sus formas, en sus rasgos, en la iluminación que llevaría al usuario a no poder apreciar que se trata de una IA. Sin embargo, cuando se observan sus *reels*, uno puede ser capaz de ver que no se trata de una persona real, sino de un ser animado con forma humanoide.

En cuanto a los textos que acompañan a sus publicaciones, son descriptivos y hablan también de su 'persona'. Por ejemplo, en una de sus publicaciones y últimas colaboraciones se aprecia que habla de la importancia de la sostenibilidad, algo que le preocupa.

Imagen 5. Ejemplo Reels Lil Miquela

Fuente: Instagram (2024).

Imagen 6. Evolución Publicaciones Lil Miquela

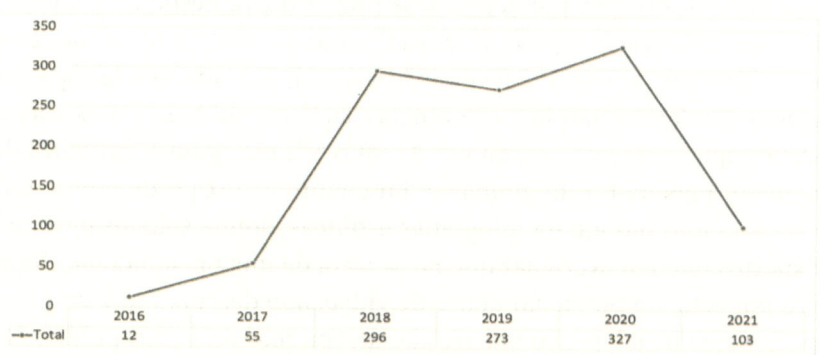

Fuente: Rodrigo-Martín *et al.,* (2021)

A nivel nacional, se puede encontrar a Aitana López. Otra joven IA creadora de contenido, pero esta vez más descarada y atrevida, que, en Instagram, se define como amante del *fitness* y deja claro que está creada por inteligencia artificial, sin embargo, muchos de sus seguidores no terminan de creérselo por un motivo: es demasiado real. En su cuenta se puede observar cómo realiza actividades como cualquier creadora de contenido humana (Carballo, 2024).

Detrás de la creación de la primera *influencer* virtual española está The Clueless, una agencia de modelos creadas por IA. Los creadores de esta agencia, afincada en Barcelona, son Rubén Cruz y Diana Núñez.

A pesar de ser un personaje virtual, ha conseguido un gran alcance acumulando una cantidad significativa de seguidores en diferentes plataformas, llegando a tener presencia incluso en plataformas de contenido explícito. La clave está en su capacidad, o la de su agencia, en mantenerse relevante y adaptarse a las tendencias del mercado. Su relevancia es tal que marcas como Llongueras han colaborado con ella para darle presencia en eventos como el Madrid Open de tenis (Complot, 2024).

Si se analiza más a fondo su perfil de Instagram, en el que cuenta con 339.000 seguidores, un 0,89% de *engagement* y una media de 159 comentarios por publicación, se puede ver ya desde un principio la diferencia con la *influencer* virtual internacional Lil Miquela. Aitana se presenta como una joven más sensual, dejando que la ropa sea algo secundario y dando importancia a su físico cuidado y musculoso. De ahí que se vea que es, en vez de un perfil más *gamer*, un perfil de cuidado personal o de gimnasio. En cuanto a su tipo de contenido, este está más basado en fotografías estáticas, donde solo los ojos más expertos pueden averiguar que no se trata de una persona real. Quizá sea por esto, no potenciar el uso de vídeo, que descubra que no es un personaje virtual, por lo que no cuenta con más de 3 *reels* publicados en su perfil.

Se observa en sus publicaciones que la importancia siempre la tiene la imagen. Sus textos son breves y concisos, normalmente formulando preguntas a su audiencia y no hablando en exceso sobre lo que aparece en la instantánea. Esta tendencia va muy acorde con las personas que pertenecen a su generación, la *centenial* o Z.

Imagen 7. Aitana Lopez en Open Madrid

Fuente: Instagram (2024).

En ambos casos, y en muchos otros, el uso de la IA en posproducción es fundamental. La utilización de la postproducción en la comunicación comercial o publicidad no es algo reciente, ya que siempre se ha buscado el perfeccionamiento del producto a través de la postproducción.

Ahora mismo, en la actualidad, lo que define el acabado final es el reinado del CGI (*Computed Generated Imagery*), la creación de imágenes computarizadas y, definitivamente, virtuales. Incluso, la imagen real, es tratada para convertirse en un referente de su estado ideal (García Greco, *et al.,* 2014).

En el mundo actual, el del marketing moderno, las redes sociales y la realidad virtual son actores muy importantes a la hora de atraer nuevos clientes y audiencias para alcanzar los objetivos marcados. Sobre todo, para intentar llamar la atención entre el gran volumen de publicidad que recibe el público cada día. Es ahí, en este escenario de sobrestimación mediática, donde la tecnología CGI representa una herramienta esencial en el diseño de publicidad. Esto es porque ha traído posibilidades nuevas y diferentes a las que daba la fotografía o video tradicional (Abdou, 2024). Así, el incremento de la popularidad de las redes sociales y el uso en estas de la tecnología CGI, en los últimos años, han hecho que proliferen, y con éxito los *influencers* virtuales (Ferraro *et al.,* 2024).

Hay un uso de esta tecnología en los dos ejemplos de *IA influencers* indicados, pero también en campañas más convencionales, aunque tengan base tecnológica. Ejemplos de esta tecnología, como podemos ver a continuación, son campañas publicitarias como las realizadas por Jacquemus o Maybelline en 2023.

Imagen 8. Jaquemus en París

Fuente: Paper Magazine (2023).

Fuente: The Drum (2023).

El CGI dio paso, gracias a su tecnología, a los primeros *influencers* virtuales y comenzaron a tener éxito por sus beneficios frente a los *influencers* humanos y tradicionales. Uno de esos beneficios es que no necesitan recibir una compensación final por los esfuerzos que hayan realizado en cuanto a marketing se refiere. Además, pueden ser usados con mucha más libertad por no tener, precisamente, necesidades mundanas como los humanos (Shaloka, 2021).

4. CONCLUSIONES

La sobreexposición publicitaria, y mediática en general, hace que se busquen nuevas fórmulas de impactar en la audiencia, generar *engagement* y potenciar el proceso de compra. Aún sin asentarse del todo el fenómeno de los *influencers* como prescriptores de productos, servicios y marcas, y con intentos legislativos varios para encauzar la nueva actividad profesional, llegan los perfiles generados por IA.

Se estima que tienen mayor éxito si son de corte humanoide y comparten rutinas y formas de comunicación con los *influencers* reales. Eso sí, si la legislación sobre la actividad comercial de los *influencers* es aún laxa, mucho más lo es en este sentido. Además, las marcas pueden controlar directamente el mensaje, si no generar y manejar a sus propios *influencers* virtuales, que no tienen imposiciones de tiempo y espacio, salario, límites éticos o personales. No tienen horarios, ni sentimientos, no cuentan con un caché, siempre están perfectos.

Se hace necesaria una regularización de su uso, que pase por indicar de una manera clara a la audiencia que son perfiles generados por IA, que el contenido que publicitan es pagado, como en el caso de los *influencers* reales, y que no representan la realidad. De no hacerlo, el mensaje se puede volver contra la marca, que termine fuera del imaginario de su *target* por cuestionamientos sociales o debates éticos.

Se debate ya, de hecho, por ejemplo, la hipersexualización de la mujer en los perfiles virtuales; también la confusión en audiencias vulnerables, que queda falta de referentes reales y cercanos; los expertos reclaman la divulgación del uso de la IA para que el público sea consciente de ello.

Aunque la tendencia tiene, de momento, un éxito localizado en Asia, ya hay perfiles generativos de éxito global, como el analizado en este capítulo: Miquela. ¿Otros? Pues, Shudu, creada por el fotógrafo Cameron-James Wilson, considerada la primera modelo virtual y que ha colaborado con Balmain, entre otras marcas de lujo. Imma Gram, de la compañía japonesa Modeling Cafe, que está internacionalizando tendencias musicales y de indumentaria típicas del Kpop. Dentro de las nacionales, Aitana López, pero también Alba Renai, de la agencia Be a Lion, que creó una división específica para el desarrollo de estas nuevas *influencers*.

5. REFERENCIAS BIBLIOGRÁFICAS

Ahmed, S. (2023, diciembre 6). The Impact and Ethics of AI Influencers: Navigating the new Virtual landscape for Genuine Humans and Brands. *The Social Element*.

Aichouche, A. (2024). The importance of employing CGI technology in advertising design, advantages and disadvantages. *Economic researcher review*, 12.

Allal-Chérif, O., Puertas, R., y Carracedo, P. (2024). Intelligent influencer marketing: How AI-powered virtual influencers outperform human influencers. *Technological Forecasting and Social Change*, 200. https://doi.org/10.1016/j.techfore.2023.123113

Baudier, P., de Boissieu, E., y Duchemin, M.-H. (2023). Source Credibility and Emotions generated by Robot and Human Influencers: The perception of luxury brand representatives. *Technological Forecasting and Social Change*, 187. https://doi.org/10.1016/j.techfore.2022.122255

Carrillo-Durán, M. V., García, M. G., y Cortés, L. C. (2024). Influencers virtuales de apariencia humana como forma de comunicación online: El caso de Lil Miquela y Lu do Magalu en Instagram. *Revista de Comunicación*, *23*(1), https://doi.org/10.26441/RC23.1-2024-3453

Cillo, P., y Prandelli, E. (2020). *A ogni campagna di marketing il suo influencer.* https://iris.unibocconi.it/handle/11565/4033350

Complot Escuela de Creatividad Barcelona. (s. f.). *Aitana López: La Influencer perfecta.* Recuperado 1 de diciembre de 2024, de https://escuelacomplot.com/aitana-lopez-la-influencer-perfecta/

Conti, M., Gathani, J., y Tricomi, P. P. (2022). Virtual Influencers in Online Social Media. *IEEE Communications Magazine*, *60*(8), 86-91. https://doi.org/10.1109/MCOM.001.2100786

ECJurídico5, C. (2024, agosto 23). *Hacia la influencia socialmente responsable.* elconfidencial.com. https://tinyurl.com/raad2h7p

El Español (s. f.). *Quién es Aitana López, la «influencer» española que triunfa en las redes, pero que en realidad no existe.* Recuperado 15 de noviembre de 2024. https://tinyurl.com/363cyma6

Establés Heras, M. J., Guerrero, M., y Contreras-Espinosa, R. S. (2019). Jugadores, escritores e influencers en redes sociales: Procesos de profesionalización entre adolescentes. *Revista Latina de Comunicación Social*, 74, 214-236.

EurekAlert! *Are digital humans the employees of the future?* (s. f.). Recuperado 8 de diciembre de 2024, de https://www.eurekalert.org/news-releases/980188

Ferraro, C., Sands, S., Zubcevic-Basic, N., y Campbell, C. (2024). Diversity in the digital age: How consumers respond to diverse virtual influencers. *International Journal of Advertising*, 43(8), 1342-1365. https://doi.org/10.1080/02650 487.2023.2300927

García Crego, J., y García García, A. L. (2015). *Publicidad en la era de la postproducción: El producto virtualizado.* https://hdl.handle.net/20.500.14352/102121

Hadrava, J., y Adámková, K. (2024). *Customers' attitudestowards CGI (Computer-Generated Imagery) advertisement pictured in real-life scenes.* https://urn.kb.se/resolve?urn=urn:nbn:se:umu:diva-226558

Healy, K. (2020). CGI Social Media Influencers & Deceptive Marketing. *Canadian Competition Law Review (CCLR)*, *33*, 172.

Jenkins, H. (s. f.). *Convergence Culture: Where old and new media collide.*

Jang, H. (2022). *The impact of the humanness of AI influencers on the success of influencer marketing.* https://hdl.handle.net/2152/115255

Kugler, L. (2023). Virtual Influencers in the Real World. *Commun. ACM*, 66(3), 23-25. https://doi.org/10.1145/3579635

La Vanguardia (2024, enero 19). *No es real: La primera influencer española creada por IA seduce a las marcas..* https://tinyurl.com/42vkj628

Lou, C., Zhou, X., y Xu, Q. (2024). Social media influencers helping the world? Uncovering their advantages and tipping factors in cause-related marketing. *International Journal of Advertising*, *43*(8), 1315-1341. https://doi.org/10. 1080/02650487.2024.2348943

Lydia M. Shaloka. (s. f.). *A Study of Computer-Generated Imagery (CGI) in Social Media Influencer Marketing.*

Oglesby, C. (2019). The New Frontier of Advertising: Computer-Generated Images as Influencers. *UNF Graduate Theses and Dissertations.* https://digital-commons.unf.edu/etd/861

Oses, B. (2024, septiembre 19). *Microinfluencers: Resultados auténticos.* Hub of Brands: el espacio donde creatividad y colaboración se unen. https://www.thehubofbrands.com/el-poder-de-los-micro-influencers/

Ponjoan, N. (2023, diciembre 13). *La nueva industria de 'influencers' virtuales: Celebridades que trabajan sin descanso y no piden un aumento*. El País. https://tinyurl.com/38thv5b7

PRNEWS (2022, mayo 11). *Avoiding Metaverse Mayhem: Regulating Virtual Influencers as Nearly Human*. PRNEWS. https://www.prnewsonline.com/virtual-influencers-metaverse-regulation/

Proquest (s. f.). *Virtual Influencers as an advertising tool in the promotion of brands and products. Study of the commercial activity of Lil Miquela—ProQuest*. Recuperado 3 de octubre de 2024, de https://tinyurl.com/j97mkrr4

Reason Why (s. f.). *Las estrategias de los pequeños comercios para captar a la generación Z*. Recuperado 15 de octubre de 2024, de https://tinyurl.com/yc5f5r94

Rodrigo Martín, L., Rodrigo Martín, I., y Muñoz Sastre, D. (2021). Los Influencers Virtuales como herramienta publicitaria en la promoción de marcas y productos. Estudio de la actividad comercial de Lil Miquela. *Revista Latina de Comunicación Social*, 79, 40.

Rodríguez Hernández, M., Vázquez Sacristán, I. A., & Fernández Fernández, P. (2019). *El fenómeno de los influencers virtuales en Instagram: Aplicación en el sector lujo*. Pirámide. https://eciencia.urjc.es/handle/10115/28311

Servimedia (2019, junio 21). *Crean el primer influencer virtual español*. Diario de Sevilla. https://tinyurl.com/yeysjpda

Shieber, J. (2019, enero 14). More investors are betting on virtual influencers like Lil Miquela. *TechCrunch*. https://tinyurl.com/mtyf25p9

The Economist (2023). The dawn of the omnistar. Recuperado 8 de diciembre de 2024, https://tinyurl.com/yshnu3pc

Tur-Viñes, V., Núñez Gómez, P., y González-Río, M.-J. (2018). *Menores influyentes en YouTube. Un espacio para la responsabilidad*. https://doi.org/10.4185/RLCS-2018-1303en

Vázquez Sacristán, I. A., Rodríguez Hernández, M., y Fernández Fernández, P. (2019). El fenómeno de los influencers virtuales en Instagram: Impacto y eficacia en el sector lujo. *CUICIID 2019*. ISBN: 978-84-09-17043-2, 766. https://dialnet.unirioja.es/servlet/articulo?codigo=7535736

Vicente Fernández, M. P. (2021). *La prescriptora publicitaria de moda y belleza en España: Del testimonial gráfico al influencer*. https://eciencia.urjc.es/handle/10115/18751

Xie-Carson, L., y Benckendorff, P. (2024). Insta-fame or insta-flop? The pitfalls of using virtual influencers in tourism marketing. *Journal of Hospitality and Tourism Management*, 60, 116-126. https://doi.org/10.1016/j.jhtm.2024.06.014

Xie-Carson, L., Benckendorff, P., y Hughes, K. (2024). Keep it #Unreal: Exploring Instagram Users' Engagement With Virtual Influencers in Tourism Contexts. *Journal of Hospitality & Tourism Research*, 48(6), 1006-1019. https://doi.org/10.1177/10963480231180940

Zeyi Yang (2023) MIT Technology Review. La IA que no se agota: «deepfakes» de «influencers» chinos para retransmitir sin descanso. https://tinyurl.com/4jkhz7sb